数字素养丛书

（於兴中主编）

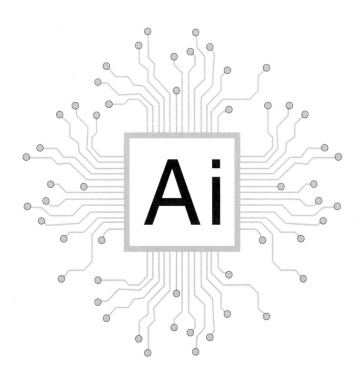

AI 时代的法学入门

跨学科视角

[日] 太田胜造 编著　　　林偶之 译

上海人民出版社

/// 其他作者简介

笠原毅彦 1982 年毕业于庆应义塾大学法学部，曾任德国萨尔大学经济与法学部助理、福岛学院大学专职讲师、常磐大学专职讲师，现任桐荫横浜大学大学院法学研究科教授，主要研究法律信息学、网络安全等。

佐藤健 1981 年毕业于东京大学理学部，曾任富士通研究所及北海道大学工学部助理教授，现任日本国立信息学研究所教授，主要研究人工智能基础、AI 与法。

西贝吉晃 2004 年毕业于东京大学工学部电子信息工学科，曾任日本国立信息学研究所特聘研究员、东京大学大学院法学与政治学研究科讲师、日本大学法学院副教授。现任千叶大学大学院社会科学研究院副教授，主要研究刑法学、网络安全与刑法、AI 与法等。

新田克己 1975 年毕业于东京工业大学工学部，曾任工业技术院电子技术综合研究所研究室主任、（财）新世代计算机技术开发机构研究室主任、东京工业大学大学院综合理工学研究科以及信息理工学院教授等，现任东京工业大学名誉教授、东京工业大学信息理工学院特聘教授、日本国立信息学研究所特聘教授，主要研究 AI 与法、对话信息学、数理议论学等。

福泽一吉 1975 年毕业于早稻田大学文学部，1978 年获美国西北大学大学院语言病理学系博士学位，曾任东京都老人综合研究所（现东京都健康长寿医疗中心研究所）康复医学系言语听觉研究室研究员、早稻田大学文学部助理教授，现任早稻田大学名誉教授、早稻田大学文学学术院心理学课程教授，主要研究语言病理学、神经心理学、认知神经心理学等。

序

  本书由对文理融合跨学科研究感兴趣的法学、法社会学、人工智能研究和脑科学的研究人员共同撰写。本书出版的最大契机源于清水千香老师，她将那些因共同研究和家庭聚会熟络起来的朋友们组织起来，并建议共同出版一本法学入门教科书。

  其实，这本书的出版还有一个背景。那是很久以前的事了。当时一位（日本）大三就通过司法考试的学生在大四这一年参加了跨学科的小班研讨会。在会上这位学生指出，"共主观性""可证伪性"和"自然主义谬误"等概念，不仅是科学方法论的基础知识，也是社会科学方法论基础中的基础，法学方法论中理应学到这些知识，但他此前却闻所未闻。

  作为研讨会的老师，我感到惊讶的同时，也痛感当前法学教育理论的匮乏。幸运的是，这位20岁就通过了日本司法考试的学生头脑灵活、思维敏捷，他快速吸收了经验科学的基本方法论和社会科学的基本知识（心理学、经济学、统计学、社会学等）。研讨会结束后的多年，他的成长已达到可被称为跨学科研究者后备军的程度了。如果他只接受了传统法学教育，可能会在智力无法得到充分激发的情况下，进入司法研究所吧。

成为执业律师并在大型律所掌握了涉外法律事务技能后，该生进入企业从事项目融资工作，目前正在自主创业，开发法律事务方面的人工智能系统。他的这种个人经历，成为策划本书，即第一本文理融合的、跨学科的法学入门教科书的重要缘起。

进入20世纪后，在互联网所带来的社会变革的背景下，深度学习取得了突破性进展，随着自动驾驶汽车的普及、iPS细胞的广泛利用、PCR和CRISPR-Cas9的技术革新，以及量子计算机的发展，人工智能时代将会持续飞跃发展。

本书的撰写者中，有以一己之力推进人工智能时代变革的研究者，也有不满足于传统法学，致力于跨学科研究的研究者。这些研究者的年龄跨度从30岁到60岁不等。虽然我们是一个多样化和拥有不同学术背景的研究者团队，但我们共同关注一个问题，那就是人工智能时代对新型法学的需求。

提起法学，人们往往会联想到法学研究者们无休止地争论条文和判例的细微措辞，这也不是，那也不是，纠缠于细枝末节，以及法律实务工作者们（律师、检察官、法官）日复一日地重复千篇一律的实务操作惯例。正如大多数人印象中的那样，法学研究者和法律实务工作者的形象包含了三分真假与七分对错。

三成的法学研究者所做的是介绍域外的法律制度与理论。这种研究并非毫无意义，但在为日本现实社会的当代问题提供法律解决方案方面却几乎没有发挥作用。那么剩下七成的法学研究者在做什么呢？他们在法律政策上支援政府、行政部门和地方公共团体，以及通过撰写意见书和参与律师团来支援律师和法官。法律研究者们也在致力于改善社会。

确实，三成的法律实务工作者可能是墨守成规的"死脑筋"，但剩下七成的法律专家们却在拼命解决社会上每天出现的问题。这就是为什么消费者投诉的问题和公司丑闻爆发后总会寻求、参考法律实务工作者的意见。例如：关于非婚生子女继承份额的违宪判断和要求退还多付的高利贷利息的诉讼等，法律实务工作者作出的判断对社会产生重大影响的例子不胜枚举。

然而，学生在进入大学后接触的第一本法学入门书，大多是在只考虑到上述三成的法律实务工作者的情况下编写的。对此，本书作者们的一致意见是："糟糕，日本危矣！"

因此，我们开始构想为人工智能时代编写一本法学入门教材，在弘文堂的会议室里，本书的作者们历经一番激烈讨论最终确定了本书的内容编排。撰写本书的目的是为21世纪的法学和法律实务工作者重新打造法学入门教材。

学习法律，无疑是指通过学习条文和判例、先例，了解这些法所支配的社会领域的现状与动态。如果能够理解社会的现状与动态，我们就能洞察为何要制定这些条文，在这些判例、先例中，法院为何会作出这样的判断等，从而知晓法与社会的互动作用。

为深入了解法与社会的互动作用，我们认为，关注那些变化最大、极易产生法律冲突和最需要通过法律手段解决的领域，是开始学习法律的捷径。本书各章将会涉及这些领域。

我们相信，本书的内容将为研究新的社会问题的法学研究者和法律实务工作者们提供各种有参考价值的信息和分析方法。同时，本书也会带领大家了解人工智能时代的新概念和新理论。

最后，我想由衷地感谢弘文堂的清水千香老师对本书出版的帮助。她在严峻的出版形势下建议出版本书，协调时常不在状态的研究团队，并给予许多速度较慢的作者以不懈的鼓励。没有她的倡议与支持，这本书是不可能完成的。请允许我们再次对她表达感谢！

2020 年 5 月吉日

执笔者　全体

福泽一吉 / 笠原毅彦 / 太田胜造
西贝吉晃 / 新田克己 / 佐藤健
（按首字母顺序）

目　录

第三章　法与决策（福泽一吉） / 063

第四章　社会秩序与法（太田胜造）/ 098

第七章　迈向神经法学（福泽一吉）/ 229

前言——处于跨学科领域的法学

太田胜造

　　法律的对象是人和社会。法律是人类创造的工具，用来规范百姓营生和社会秩序。

　　法律之用途，非限于诉讼。相反，于法律而言，诉讼源于规制失败，或者说是一种社会病理现象。在人类的交往和生活过程中，纠纷与冲突总是以大于零的概率发生，这是无法避免的。而最理想的方式是通过对话协商来化解，而非诉诸法庭。

　　当然，这并不意味着没有法律会更好。相反，没有法律，人与社会将不复存在。无论多么日常、琐碎的活动，都直接或间接地受到法律的规制。

　　早餐选择喝咖啡还是茶，也受到法律保护。法律并不强迫你在早餐时喝咖啡，也不禁止你这样做，而是将其视为个人的自由权利给予法律保护。所以，即使别人强迫你选茶，你也可以拒绝；如果你被强迫喝茶，还可以依法请求阻止对方的强迫行为或赔偿损失，再或者报警求助。

　　在自动售货机上购买果汁的行为同样受到法律的保护。如果投入硬币后果汁却没出来，那么，向自动售货机安装管理人员投诉是一种合法行为，对方必须退钱或交付果汁。

　　这样一来，法律的制定是为了让人们享受安全和保障的同时自由地从事社会活动，社会实践活动也受到法律的保护。

当然，人们所有的选择和行动并非都能得到法律同等程度的支持或保护。法律自身也有目的，即创造一个符合公平、正义的，更高效、更好的社会，并以此目的对人们的选择和行动进行加权评估。

法律旨在遏制那些不符合法律目的的行为。作为刑事制裁对象的犯罪行为是一个典型的例子，此外还可以由政府颁布禁令，通过税收进行规制，甚至以受害者接受赔偿的形式进行规制。

相对的，对于符合法律目的的行为，法律往往采取某种形式，保护该行为不受他人的干预。

为促使社会有效运行，法律还建立了降低交易成本的体系。法律设立公司等法人，让多人组织像自然人一般作为权利和义务的主体进行交易的理由在于，比起还原多人之间的独立权利义务关系与独立意思决定权，这种体系更有利于减少磋商，减少误解和错误，使交流和交易更加顺利、流畅。

综上所述，法律对于人们生活和社会的维护、发展是不可或缺的，也是有意义的。

可以说，法律直接或间接地渗透到人们生活的每个角落和社会的每个角落，即所谓的"鼓腹击壤"形象（见专栏1）。当法律使国民能够在不知不觉中自由地过上富足的生活时，法律已经在发挥最佳功能了。此时，人们在不自觉间实现了法秩序，并遵守着法律生活。

这表明，理解法律并不意味着阅读和背诵条文和判例。

法律是为了理解人和社会并将人和社会视为规制对象的东西。不理解人和社会却理解法律，这是不可能的事情。理解人意味着理解人们的价值观、心理、认知结构以及行为选择，理解相互依存的社会成员之间的互动方式和动力（动态），进而理解由多样的、多数的人组成的社会的性质、结构和动力。

不深入理解人和社会，就不可能理解法律。

法律如何影响人们的价值观、心理和认知结构以及行为选择？如何影响人与人的互动方式和动力？如何影响社会的性质、结构和动力？对这些问题的理解就是对法律的理解。

法律由法律规范组成，而法律规范可能包含其他内容，由立法和裁判从多样的法律规范选项中进行挑选并形成实定法。

如果法律规范的内容与现行法不一致，我们也必须理解它是如何对人和社会产生不同影响的，否则我们就无法理解法律。

理解法律就是理解人、理解社会，理解法与社会之间的互动。

研究法律，必须要具备跨学科视角，并能将其统合起来、融会贯通。

理解人，则有必要掌握自古以来人文系各学科积累的学问，并对社会科学领域各学科（心理学、认知科学、社会学、经济学、意思决定论、教育学、文化人类学、考古学等）积累的理论、模型和结论有基本了解。进入 21 世纪以来，知识领域发生创造性变革，鉴于此，我们很有必要关注跨越文理壁垒的学科（人工智能与法律、行为经济学、认知脑科学，等等），并对其最新进展有初步了解。

为理解人与人之间的相互作用，除了上述理解人时所涉及的跨学科领域外，我们还需要对以相互依存性和战略为研究对象的学科（博弈论、政治学、谈判学等）有初步了解。

为了理解社会，除了上述理解人和理解人与人之间的相互作用时涉及的各种学科外，我们还需要对以秩序和价值为研究对象的跨学科领域（社会哲学、福利经济学、社会选择理论等等）有初步了解。

如此一来，以理解法律为目的的法学研究，必然要求培养跨越文理壁垒的跨学科视野，并学会综合看待人、社会和法律。

专栏 1

鼓腹击壤和科斯定理

鼓腹击壤是赞扬古代中国伟大的皇帝尧和舜所治盛世的逸话（《十八史略》）。

尧帝因其高尚的仁德而深受人们的尊敬。尧在治理天下五十年后，为了看看人们对自己的统治是否满意而去了大街上。

路边的孩子们唱道，"立我烝民，莫匪尔极，不识不知，顺帝之则"。

有位老人拍着鼓起的肚子，用脚拍着地打着节拍唱道："日出而作，日入而息，凿井而饮，耕田而食，帝力何有于我哉？"

尧听了老人唱的歌确信了自己的治理是正确的。尧从心底喜悦道，"并不需要让人们刻意意识到这一点，只要人们能自由地经营着富足的生活便实现了最好的盛世。人们在不知不觉间遵守着秩序和道德"。

法经济学这门跨学科的学问正在发展。作为该领域核心定理之一的"科斯定理"是指，当交易费用相对小到可以无视的程度时，不论法的内容为何，人们都能通过交涉实现有效率的社会。

在可以忽视交易成本的科斯世界里，人们把法的内容作为不必说明的前提，互相交换意见直至双方满意。这样一来便可以达至有效率的双赢。于是，纠纷发生后裁判和法律没有正面、直接的表现机会。在法的荫蔽下，社会秩序自发地形成了。

这么看来，鼓腹击壤的社会与科斯定理的社会便出现了重合。伟大帝王的统治渗透到社会中，支持人民自由地经营富足的生活，却没让他们意识到这一点。科斯社会里的法也不会用强制的方式显现于人前，而是通过支持着人们自由地谈判交涉，由人们自己去使有效率的社会自然而然地生发出来。

于是，就像皇帝的仁德如空气般遍布并支持着世间那样，科斯世界的法也如空气一般充满且支撑着世间。

专栏 2

法学教育的幽默

罗伯特·赫钦斯教授在担任耶鲁大学法学院院长时被邀请到美国联邦最高法院的法官们的欢迎派对上。在宴席上，当时联邦最高法院最有傲气的老法官——大概是麦克雷诺兹法官或者巴特勒法官——找赫钦斯教授搭话道：

"赫钦斯院长，听说你觉得我们的判决不对，还在教耶鲁大学法学院的学生具体哪里不对，是这样吗？"

赫钦斯教授立刻回答道:

"哪有啊。我可没有教那些。我只是帮助学生自己去找到错误罢了。"

[Reported in Mortimer J. Alder, *Philosopher*, p.138 (1997)]

第一章
何谓法的解释适用？

太田胜造

小剧场

A 和 B 报考了法学专业，立志成为法律实务专家服务于社会。然而，在他们法学院的同学之中，很少有人想要成为法律实务专家。惊讶之余，两人拜访了就业指导办公室。据就业办老师介绍，从法学院毕业后成为法律实务专家的学生仅为少数，大部分学生从法学院毕业后成为公司的员工或公务员，在社会上发挥着各种积极作用。在成为法律实务专家的学生中，除了律师、检察官和法官之外，还有司法代书人、行政代书人、社会保险与劳务保险代办人、专利代办人等，积极从事专门法律工作的也不在少数。

在法律基础通识课上，A 和 B 了解到从人们的日常生活到商业活动，再到国际关系，法律作为一种基础设施（社会基础）支撑和规制着人类活动的方方面面，这使得两人恍然大悟，理解了为何法学院的毕业生可以活跃于社会各行各业，也更有动力去学习法律。两人围绕法学学习展开了以下讨论：

A：所谓审判，就是根据证据等判断当事人主张的事实是否属实，然后再判断被认定为正确的事实是否符合法律的要件吧。

B：是的。如果符合法律的要件，具有法律效力的权利与义务就会得到承认。这样的判断不断累积最终生成判决。

A：无论是诸如死刑、惩役等关系个人生命与自由的刑事裁判，还是决定财产归属、夫妻关系、亲子关系之有无的民事裁判，都是按照这种判断方法进行吧。

B：看来法律判断不仅责任重大，而且是难度极大的专业判断。我今后究竟能不能做好这份工作呢？

A：我们必须努力学好法学。而且，即使不成为法律实务专家，也有可能成为司法裁判员，无论如何都得通过裁判作出法律判断。

思考题

- 对法和规则的解释与应用是法律专业人士的特殊思维方式，还是一般市民日常工作的延伸呢？
- 法官基于证据或经验法则，判断当事人主张的事实是否成立，这是法律专业人士的特殊思维方式，还是一般市民日常工作的延伸呢？
- 法律实务专家利用"满足法律要件即会产生法律效果"的法律规则进行法律推理进而得出法律结论，这是法律专业人士的特殊思维方式，还是与一般市民在日常生活中使用的与逻辑推理相差无几的思维方式呢？
- 在立法过程、司法过程或行政过程中，当法律被制定与实施时，只需要对法律概念进行逻辑操作即可，还是说仍需使用自然科学和社会科学的一系列成果和数据？

第一节　规则的解释适用——从日常生活中的例子切入

人们可能会认为，法的解释适用是一种非常专业、特殊的判断行为。诚然，这是法律实务专家们的专业判断行为，但它与普通人在日常生活中作出的判断与推理并无太大区别，理应被视为其延伸。通过下面的例子我们将能理解这一点。

一、交换佳肴的故事：A 与 B 的例子

A 与 B 是关系要好的小学同年级同学。有一天，A 对 B 说："明天我们互相交换午餐便当里的部分菜肴好不好呀？我的父母擅长烹饪鱼，他们亲手给我做便当。你的父母擅长烹饪肉，他们也亲手给你做便当。但我喜欢肉，而你喜欢鱼。"

B 非常赞成 A 的提案。B 说道："是的呢，这样一来我俩的便当就会有各式各样的菜了，更何况，我们是好朋友！""那我们就约定好了哟！""嗯嗯，好的。"

第二天午餐时间，两人互相分享了自己的便当。A 向 B 分享了他父母的拿手菜酱焖鲭鱼。作为交换，B 向 A 分享了他父母的拿手菜自制汉堡肉。两个孩子吃到美味的午餐后都非常高兴，友谊也更加深厚了。

上述 A 与 B 之间交换佳肴的故事，似乎与法的解释适用毫无关联。然而，两个孩子率性的、瞬间的行为之中，已经产生了事实认定、合同解释以及法的解释适用。我们把 A 与 B 的例子略微修改成 C 与 D 的例子再进行分析吧。

二、交换佳肴的故事：C 与 D 的例子

C 与 D 是关系要好的小学同年级同学。有一天，C 对 D

说："明天我们互相交换午餐便当里的部分菜肴好不好呀？我的父母擅长烹饪鱼，他们亲手给我做便当。你的父母擅长烹饪肉，他们也亲手给你做便当。但我喜欢肉，而你喜欢鱼。"

D 非常赞成 C 的提案。D 说道："是的呢，这样一来我俩的便当就会有各式各样的菜了，更何况，我们是好朋友！""那我们就约定好了哟！""嗯嗯，好的。"到目前为止，这个故事和 A 与 B 的故事完全相同。

但是，第二天午餐时间，两人互相分享了自己的便当。C 向 D 分享了他父母放在便当盒里的章鱼烧。作为交换，D 向 C 分享了他父母放进便当盒里的清煮小菜。

C 看到清煮小菜后感到非常可疑。它看起来像超市里卖的罐头，总之不像是 D 父母亲手做的菜。首先，这份能分辨出足分节的清煮小菜不知道是什么。如果是清煮牛肉或马肉，不可能有虾脚那样的足分节。相反，如果不是牛肉或马肉等肉料理，有虾脚那样的足分节似乎也不奇怪。总之，C 断定这不可能是牛肉或马肉。

另外，虽说看起来像清煮虾，但奇怪的是又找不到虾的长须和弯曲的背部，如果不是虾的话，这个用于跳跃的、看起来像大后肢一样的东西就显得没这么奇怪了。反正，不管是虾还是其他，这肯定不是一份自制的肉菜。

C 问 D："这炖的是什么呀？"D 回答说："我父母的家乡是长野县。这是他们网购的家乡特产清煮蚂蚱。"

"唉呀妈呀！"C 吓得连连后退。D 极力推荐道："超级好吃哟，而且非常罕见！味道像清煮虾，我很喜欢。"C 心想，"好吧，这虽说不是自制的，但蚂蚱毕竟与生活在水里的鱼不同，是一种陆生动物，姑且可以称为肉吧，而且它们很好吃。最重要的是，我还知道了 D 父母的家乡特产，这使我们的关系更加密切了呢"。

同时，D 一开始看到 C 分享给他的章鱼烧时也很疑惑。他问："这个章鱼烧是你父母亲手做的吗？"C 回答道："是呢。把超市的冷冻食品解冻后，放在烤炉里烘烤。"D 心想："放在烤炉里烘烤这个步骤也算是自制了吧。"

不过，"因为昨天约定的是鱼料理，这究竟算不算呢？"D 还是有点无法接受，但尝了章鱼烧后发现非常好吃，便问 C："我以前从来没有吃过这么好吃的章鱼烧。你是在哪个超市买的呀？"D 心想："好吧，章鱼也算是海产品，所以可以称为鱼料理吧。最重要的是，今天还知道了一家好超市，真是太好了。"

两人都对自己的美味午餐感到非常满意，他们的友谊也越来越深厚了。

三、C 与 D 之约定的解释适用

很明显，在 C 与 D 交换佳肴的故事中，虽说"他们都对品尝了美味的便当感到非常满意，友谊也变得更加深厚"，但两人都经历了很多怀疑、解释与再解释之后，才最终收获大团圆的结局。

C 与 D 的约定是——"在第二天的午餐时间，C 将用父母擅长烹饪的鱼料理，与 D 父母擅长烹饪的肉料理进行交换"。

这一合同的目的是丰富彼此便当盒中的菜品，加深他们的友谊。

然而，C 的便当是从超市买来的冷冻章鱼丸解冻后在烤炉中烘烤后制成的。D 对于这算不算 C 父母所擅长的、亲手烹饪的鱼料理感到疑惑。他认为，即便用烤炉烤制这一点在某种程度上符合"亲手烹饪"的要求，但他无法接受把章鱼烧当作"鱼料理"。

但是，因为这道菜非常美味，让他很高兴，而且章鱼也是海产品，所以勉强接受这是鱼料理。

海产品也属于鱼料理，这是对合同的"扩充解释"（对合同的字面含义作出更为广泛解释的方法）。如果符合约定的目的——友谊变得更加深厚，则视为合同得到履行，这是对合同的"目的解释"（根据签订合同的目的所采取的灵活性解释方法）。

D 履行约定的情况也值得怀疑。C 起初并不了解 D 的履行内容。换言之，C 必须对这（D 的菜品）究竟是什么进行事实认定。

C 试图提出假设，并对其进行验证。

他假设，一方面，如果是清煮肉菜的话，那可能会是牛肉或马肉，但如果这个假设成立的话，他推断眼前这道菜不可能出现足分节。另一方面，如果不是牛肉或马肉等肉料理的话，他推断看起来像足分节的东西也不奇怪。结论是牛肉或马肉的假设不可能成立，于是抛弃了该假设。

随后，他又假设这可能是清煮虾，但如果虾的假设成立的话，不仅没看到应有的长须，还出现了不应该有的大后肢，据此，他推断这不可能是虾。而且，即使是清煮虾，其是否属于亲手烹饪的肉料理的范畴也令人怀疑。

D 告诉他这是清煮蚂蚱时，C 一时间惊慌失措。

然而，由于喜欢这道菜，所以把菜是否为亲手烹饪解释成并非约定的重要因素，并作出判断——即使它不是亲手烹饪的，也无妨。同时，作出"蚂蚱毕竟与生活在水里的鱼不同，是一种陆生动物，姑且可以称为肉"这种扩张解释后，约定被视为已得到履行。清煮蚂蚱非常好吃，便当的菜品也丰富了，两人的友谊也加深了，按照合同的目的解释，这被解释为忠实的履行。

综上所述，在 C 与 D 交换佳肴的故事中，并非法律实务专家的二人也运用了与法律实务专家的判断相类似的、关于约定的解释适用（扩充解释、目的解释等）。

那么，在 A 与 B 交换佳肴的故事中，难道就没有这种法的解释适用的要素吗？

当然不是！这个故事并非没有进行判断，而是因为它"显而易见"，不假思索就可以适用，且判断是瞬间作出的。它是如此明显，以至于我们没意识到自己正在作出判断——就自动地认为这是"和约定的一样！"

由此看来，人们日常生活中也会作出与法律实务专家们进行的法和合同的解释适用类似的判断。

四、C 的事实认定

在 C 与 D 交换佳肴的故事中，另一个关于合同的解释适用的前提问题尤其突出。法律规定，如果存在某些事实（①D 给 C 他父母亲手烹饪的肉料理；以及②C 给 D 他父母亲手烹饪的鱼料理），就会产生某些法律效力或法律义务（①C 给 D 他父母亲手烹饪的鱼料理；以及②D 给 C 他父母亲手烹饪的肉料理）。作为法的解释适用的前提条件，必须确定"某些事实"存在与否，也就是说，必须进行事实认定。

然而，C 起初并不知道 D 的菜是什么。因此，他必须就这份菜是什么的问题进行事实认定。他提出各种假设（牛肉、马肉、大虾）——如果假设成立，眼前的菜的情况是否符合；以及如果假设不成立，眼前的菜的情况是否符合，将两者进行比较后，如果相较于前者，后者的可能性更大时，就放弃假设。

最后，他直接询问了 D，获知那是清煮蚂蚱。

在审判过程中，必须确定事实关系，这也是解释与适用法律或合同并作出判决的前提条件。由此可知，法律实务专家或法官的判断结构与人们在日常生活中的判断结构并无显著差异。

专栏 1

一般市民进行刑事审判——司法裁判员裁判

2009 年（平成 21 年）5 月 21 日，日本在刑事裁判中引进裁判员制度，允许作为法律门外汉的一般市民参与一定范围的重大犯罪的刑事审判，并与职业法官共同评议、决定被告人有罪或无罪及相应的刑罚。

换言之，虽说与职业法官一起，不过一般市民也需进行事实认定和法律判断。

如果人们的日常判断和法律判断在本质上是不同的，那该制度就行不通了，而司法裁判员裁判一直得到稳步推进，这一事实表明，人们的日常判断和法律判断在不同程度上是连续的。

我们可以把这种由法律门外汉参与的审判称为"市民参与型审判"。

作为市民参与型审判，英美的陪审团制度与欧洲的参审制广为人知。日本在"二战"以前曾实行陪审制度，但于 1943 年（昭和 18 年）废止。亚洲国家当中，韩国自 2008 年起试行国民参与审判制度。在中国各地基层法院审理的刑事案件中，也以各种方式引入了市民参与型审判；同时，中国台湾地区正在开展市民参与型审判的立法化活动。

第二节　何谓法的解释适用？
—— 与日常的规则解释的比较

一、法规范的基本构造

本章第一节已论及日常约定的解释适用与法的解释适用具有相同构造，在此基础上，我将在下文中概述法的解释适用。

绝大多数法律规范都是被语言化的信息，有些非常复杂，倘若将其整理、简化，最终可归纳为这样一个条件关系："如果某一事实存在，就会产生某一法律效果。"

该条件关系中，条件句（条件部分）被称为"要件"或"法律要件"，后果句（效果部分）被称为"效果"或"法律效果"。

通过使用"→"来表示法律规范的逻辑公式中的"如果"，我们可以将这一条件关系标记为：

"法律要件 ➡ 法律效果"

（如果法律要件成立，则产生法律效果）

例如，对因故意或过失实施了给他人造成损害的侵权行为，即实施"侵权行为"的人，《日本民法》第 709 条规定其承担赔偿受害者损失的法律责任，即：

"因故意或者过失侵害他人的权利或者受法律保护的利益时，承担损害赔偿责任。"

如果将其替换成"法律要件 ➡ 法律效果"的条件关系，则为：

"故意或过失的存在（T_1）

　　　　　且

权利或受法律保护的利益受到侵害的存在（T_2）

　　　　　且

前者与后者之间存在因果关系'因……造成'（T_3）

➡ 承担损害赔偿责任（R）"

进一步简化后，可标记为：

"T_1 且 T_2 且 T_3 ➡ R"

（假如 T_1 为真，且 T_2 为真，且 T_3 为真，则 R 成立）

刑法的例子也容易理解。关于杀人，《日本刑法》第 199 条规定"杀人者，处死刑、无期徒刑或者五年以上有期徒刑"，替换后可标记为：

"杀人事实存在（T）➡ 处死刑、无期徒刑或者五年以上有期徒刑（R）"（如果存在杀人事实，则处死刑、无期徒刑或者五年以上有期徒刑）

进一步简化后为：

"T ➡ R"（假如 T 为真，则 R 成立）

另外，刑事法中，一般将法律要件称为构成要件。

第一节中交换佳肴的故事中，存在相同结构的约定。

①"如果 D 给 C 他父母亲手烹饪的肉料理，则 C 给 D 他父母亲手烹饪的鱼料理"；

以及②如果"C 给 D 他父母亲手烹饪的鱼料理，则 D 给 C 他父母亲手烹饪的肉料理"，

则符合"T➡R"结构。

二、法的解释适用——涵摄判断

将这种法律规范命题应用于具体的案件、事件之中从而作出法律判断的方法被称为"法的解释适用"。法官在判决书中记载的判断内容就是典型例子。

关于杀人罪的法律规范——"杀人者，处死刑、无期徒刑或者五年以上有期徒刑"的解释适用，似乎是一项不限于法律实务专家，任何人都可以做的简单工作。

然而，杀人之内涵，非不言而喻。

任何人都会在某一时刻面临死亡。

一人对他人实施了某一行为，其结果是导致他人在 50 年后死亡，这是否构成杀人罪？倘若没有实施该行为，他人也会在 30 年、50 年后，或 70 年后死亡，又该如何判断？

某一行为的结果招致了某一事态的发生，这本身可能是复杂的。

换言之，某一行为与某一事态之间存在因果关系，这究竟意味着什么，其在案件或事件之中并非不证自明。

某一结果的含义也是如此。如果说心脏停止等于死亡，然而还存在数小时后心脏复苏的情况。如果说脑死亡等于死亡，但大多数还有呼吸或心跳，或有的还在使用人工呼吸器或人工心脏。

关于可以被评价为杀人行为的行为，仔细想想，除了用枪射击、用刀刺以外，还有很多极端案例难以作出评价，如持续

给他人吃盐分过高的食物致使其 10 年后死于高血压，或者使他人对烟草的尼古丁上瘾最终在 30 年后死于肺癌，又或者训斥他人导致其陷入苦恼并自杀，等等。

至于"死刑、无期徒刑或者五年以上有期徒刑"这一法律后果，其范围非常广泛。

因此，法的解释适用是判断某一具体案件、事件能否被涵摄于通常而言极为抽象的法律规范之中的方法，这实际上往往是一个非常复杂且困难的判断。

这种事实认定对于判断法律规定的要件或效果是否成立而言是必要的。该方法通常被称为"包摄判断"，或者法律"涵摄"的判断。

第一节交换佳肴的故事中，就 A 与 B 的情况而言，作出如下包摄判断：A 父母亲手烹饪的酱焖鲭鱼是符合约定的鱼料理；B 父母亲手烹饪的汉堡肉是符合约定的肉料理。

就 C 与 D 的情况而言，作出如下包摄判断：D 父母在网上订购的长野县的特产清煮蚂蚱是符合约定的肉料理；C 父母从超市购买的解冻后使用烤炉烤制的章鱼烧冷冻食品是符合约定的鱼料理。

专栏 2

作为法律判断的解释

穗积忠夫律师在他的文章中提出，法院对法律行为的解释——合同的解释等——应区别两种效果分别讨论，即"意思的发现"与"意思的带入"。

意思的发现是指，发现与确定合同的条文或交涉过程中的发言等表述的符号意义和当事人内部引起的社会期望等内容的方法。其具有基于第三方的立场对作为社会事实的语言和心理进行社会科学调查的效果。

意思的带入是指，对某一法律行为（如合同）应赋予何种法律规范或法律效力作出法律判断，并赋予该符号以产生预期效果的意义。

在裁判过程中，"如果要件 X 成立，则产生效果 Y"这一法律规范的适用引发争论，争议焦点是适用于要件事实 X 的主要事实 α 的真实性。法院基于解决纠纷立场，判断承认法律效果 Y，符合社会期待。

然而，通过法庭证据调查，法院认定的事实非 α 而是 β 时，应当如何处理。

对此，穗积律师将法院可能采取的做法归纳为以下三种：（1）改变法律规范的含义。也即，使用能够涵摄事实 β 的修正要件 X′，创造出法律规范——"如果要件 X′ 成立，则产生效果 Y"。（2）改变事实认定。也即，承认事实为 α 而非 β。（3）同时改变法律规范和事实认定。

按照穗积律师的观点，法的解释适用意味着审查、修改和创造法律规范，以及审查、修改和变更事实认定，这是一个作出高度规范化判断的过程。[穗积忠夫「法律行為の『解釈』の構造と機能」法学協会雑誌 77 卷 6 号、78 卷 1 号（1961）参照]

第三节　何谓事实认定？ ——与日常规则解释的比较

一、证据、间接事实、主要事实

在审判过程中，法官不仅要解释与适用法律，还要进行事实认定。

"故意或过失"是否存在，取决于是否存在可以被认定为故意或过失的事实。

交通肇事者如果在驾驶时看手机，通常可以被评价为存在过失。但肇事者当时究竟是否在看手机？这往往只能根据通信公司或手机通话的记录、通话对象的证词、事故的目击证人的证词等进行推断。不过，最近越来越多的汽车配备了行车记录仪，相较于以往，事实认定变得更加容易了。

在买卖合同中，如果合同条款约定不完备，导致"说了""没说"争论不休时，为了确定合同是否成立，法官必须查明在真实交易过程中，双方达成何种合意，或是否具有达成合意的事实关系。

这种判断作用被称为"事实认定"，是一种根据证据或间接事实推断出主要事实的判断。

证据是一个命题，如"加害者在现场遗留血迹的 DNA 鉴定结果与犯罪嫌疑人血液的 DNA 鉴定结果相吻合"或"目击证人作证说他看到被告闯红灯驾驶汽车驶入十字路口从而酿成本次车祸"。主要事实，是指符合法律要件、能够引起法律效果、在法律上具有重要性的具体事实（如犯罪嫌疑人杀害被害人的事实）。间接事实，是指可能推断出主要事实的具体事实，如"不在场证明"或"庭外供述"等。

二、三段论法

关于事实认定，在法律学中，有参照逻辑学中的三段论法，将其解释为"事实认定三段论法"或"经验法则三段论法"的情况。

逻辑学中，三段论法通常被作出如下解释：

大前提：A　　　➡　　　B

小前提：a

结　论：　　　　　　　　b

也即，大前提是"如果 A 为真，则 B 为真"，小前提是"与 A 对应的 a 为真"，将小前提涵摄于大前提，可得出结论："与 B 对应的 b 为真"。

我们把"亚里士多德是人"作为具体例子进行说明。

大前提：A. 是人　　　➡　　　B. 会死（人会死）

小前提：a. 亚里士多德是人

结　论：　　　　　　　b. 亚里士多德会死

也就是说，大前提为"'如果 A. 是人'为真，则'B. 人会死'为真"。小前提为"与 A 对应的'a. 亚里士多德是人'为真"。如果将小前提涵摄于大前提，可以得出结论："与 B 对应的'b. 亚里士多德会死'为真"。

省略"……为真"后，大前提为"A. 是人的话，B. 会死"，小前提为"（与 A 对应的）a. 亚里士多德是人"。将小前提涵摄于大前提，可得出"亚里士多德会死"这一结论。

三、经验法则三段论法模型及其局限

在事实认定三段论法或经验法则三段论法的情况下，如下所示，大前提采用了一种被称为"经验法则"的事实规则。

经验法则（大前提）：A. 证据存在 ➡ B. 事实存在

证　据（小　前　提）：a. 具体证据 e 存在

———————————————————————————————

结　　　　　　论：　　　　　　　b. 具体事实 t 存在

也即，大前提是"'如果 A. 证据存在'为真，则'B. 事实存在'为真"，小前提是"与 A 对应的'a. 具体证据 e 存在'为真"。将小前提涵摄于大前提，可得出"与 B 对应的'b. 具体事实 t 存在'为真"这一结论。

与前面做法一样，省略"……为真"后，大前提为"A. 证据存在的话，B. 事实存在"，小前提为"（与 A 对应的）a. 具体证据 e 存在"。将小前提涵摄于大前提，可得出"b. 具体事实 t 存在"这一结论。

经验法则三段论法中，大前提被称为经验法则，小前提通常是"证据"或"间接事实"。

经验法则三段论法看似三段论法，但其要求经验法则是 100% 准确性的法则，"具体证据 e"能 100% 涵摄于经验法则中的"证据存在"，作为结论的"具体事实 t"应当 100% 涵摄于经验法则中的"事实"。

然而，许多经验法则是概率命题或统计命题，不仅不具备 100% 的准确性，而且经验法则中的"证据"与"具体证据 e"之间，以及"事实"与"具体事实 t"之间的涵摄率通常也非 100%。

例如，对于"如果目击证人作证说'在十字路口发生交通事故时，交通信号灯为红灯'，则被告闯红灯把汽车驶进十字路

口"这一经验法则，没有人会认为其具有 100% 的准确性，因为目击证人误判或误记的情况并不罕见。

毋宁说，"如果目击证人作证说'在十字路口发生交通事故时，交通信号灯为红灯'，则被告闯红灯把汽车驶进十字路口的可能性要大于其未实施该行为的可能性"是作为包含了不确定性的经验法则被使用的。

另外，在证据与具体证据 e 的涵摄过程中，目击证人是孩子、老人、色弱者，或案件发生在傍晚或夜间等情况下，可否涵摄于上述经验法则之中，不具有 100% 确定性。

此外，在将经验法则结论部分的事实与作为证明对象的具体事实进行涵摄时，如果在闯入十字路口之时交通信号灯恰好由绿灯变为黄灯，此时难以肯定地得出"闯红灯"的结论。

四、作为概率判断的事实认定：贝叶斯模型

因此，使用在非真即假的二值逻辑框架内假定的符号逻辑的三段论法是不科学的。倘若我们引入概率，特别是附条件概率的话：

经验法则：A. 证据 ➡ B. 事实

（如果 A. 证据存在，则 B. 事实存在）

会变为：

P（A. 证据 ➡ B. 事实）

（"如果 A. 证据存在，则 B. 事实存在"这一命题为真的概率）

附条件概率可以表述为：

P（A. 证据 ➡ B. 事实）≡ P（B. 事实 | A. 证据）

"≡"意为"下定义"。故，这意味着，将上面的（"如果 A. 证据存在，则 B. 事实存在"为真的概率）定义为下面的

（A. 证据存在为真的情况下，B. 事实存在的概率）。假如使用这一定义，经验法则三段论法变为：

经验法则：P（B. 事实 | A. 证据）

证　　据：a. 具体证据 e 存在
_____

结　　论：P（b. 具体事实 t 存在 | a. 具体证据 e 存在）

据此，需要进行两次涵摄判断，分别为：将 b. 具体事实 t 涵摄于 B. 事实（标记为：B⊇b），与将 a. 具体证据 e 涵摄于 A. 证据（标记为：A⊇a）。

审查证据之前，具体事实 t 存在的先验概率为：

P（b. 具体事实 t 存在）

审查证据并获知具体证据 e 存在后的概率（此处称为"后验概率"）变高或变低，取决于下列公式所示的"似然比"。似然比的定义如下：

$$似然比 \equiv \frac{P（a. 具体证据 e 存在 | b. 具体事实 t 存在）}{P（b. 具体证据 e 存在 | b. 具体事实 t 不存在）}$$

该公式中，分子为"'b. 具体事实 t 存在'时，'a. 具体证据 e 存在'这一证明对象的概率"；分母的条件相反，为"'b. 具体事实 t 不存在'时，'a. 具体证据 e 存在'这一证明对象的概率"。

根据后面将讨论的贝叶斯定理，如果似然比的值大于 1，后验概率将大于先验概率，如果小于 1，后验概率将小于先验概率。

在 C 与 D 交换佳肴的故事中，C 起初不知道 D 的配菜是什么，他提出各种假设（牛肉、马肉、虾等），并进行比较，如果假设成立，与眼前菜的情况是否相吻合［p（观察菜的情况 | 假设为真）］；以及如果假设不成立，与眼前菜的情况是否相吻合［p（观察菜的情况 | 假设为假）］。后者比前者更可能成立时，

也即似然比的分母大于分子时，假设不成立。

这是与前述基于似然比的判定相同的判断，即：

$$似然比 \equiv \frac{P（有像虾脚的东西 \mid 是清煮牛肉或马肉）}{P（有像虾脚的东西 \mid 不是清煮牛肉或马肉）}$$

上述似然比小于1。据此可以判断，"如果是清煮牛肉或马肉，不可能出现像虾脚的东西，相反，如果不是清煮牛肉或马肉，有像虾脚的东西不足为奇"。

另外，有关看似像清煮虾，但又不确定的判断，同样是似然比小于1的判断。

$$似然比 \equiv \frac{P（有用于跳跃的大后肢 \mid 是清煮虾）}{P（有用于跳跃的大后肢 \mid 不是清煮虾）}$$

据此可以判断，"如果是清煮虾，不可能出现用于跳跃的大后肢，相反，如果不是清煮虾，有用于跳跃的大后肢不足为奇"。

D 说的清煮蚂蚱是可以接受的，因为似然比远大于1。

$$似然比 \equiv \frac{P（像虾脚的东西与用于跳跃的大后肢 \mid 是清煮蚂蚱）}{P（像虾脚的东西与用于跳跃的大后肢 \mid 不是清煮蚂蚱）}$$

根据贝叶斯定理，此时后验概率急剧上升，其结果判断如下：

$$P（是清煮蚂蚱 \mid 像虾脚的东西与用于跳跃的大后肢）\doteqdot 1$$

另外，对"像虾脚的东西与用于跳跃的大后肢"这一部分，原本还需要其他各种前提条件与信息，而"像虾脚的东西与用于跳跃的大后肢"是其中最为突出的信息，为简单起见，其他略去不提。

五、贝叶斯决策理论中的概率概念

那么，上述事实认定过程中使用的"概率"究竟为何意？

下文拟对贝叶斯决策理论的概念作简要介绍：

人们对准确性作出的满足概率定理且合理的判断，被称为"主观概率"。换言之，这是一种"确信程度"（degree of belief）。

在获得某一信息（此处指"具体证据 e 的存在"）之前，对某一事实存在的主观概率被称为"先验概率"，而在获得信息之后的主观概率被称为"后验概率"。

在理性决策中，分析先验概率如何根据证据转变为后验概率的法则即为"贝叶斯定理"或"贝叶斯法则"。

按照这种解释，大家的脑海里或许会浮现出一个复杂的决策分析过程，但事实上，我们日常生活中进行的事实认定判断也是由概率论构成的，例如前文对清煮蚂蚱的事实认定。

我们作出的大部分判断，都不是基于传统频率学的概率判断。按照传统频率学，概率被定义为相对频率的极限。频率学通过多次重复过程或收集大量样本，分析目标结果在整体中的比例，从而确定目标状态发生的概率。

与之形成鲜明对照的是，贝叶斯理论认为发生的概率是基于主观的"确信程度"。确信程度乍一听似乎极具恣意性、主观随意性，但它是对满足概率定理且合理的判断的假设。

下文的具体例子，将说明我们是如何基于贝叶斯理论的主观概率，而非频率学的概率进行判断或意思决定。

设想一下，你正在被恐怖分子拘禁并面临处决。此时恐怖分子"温情提示"你，要么玩俄罗斯轮盘赌，要么朝你开枪。

他们为你提供了以下选择：A 枪——一支只有两发实弹的六连发左轮手枪；或 B 枪——一支有五发实弹的六连发左轮手枪。你可以选择 A 枪或 B 枪，作为俄罗斯轮盘枪。

你会选择 A 枪还是 B 枪？

相信很少有人敢选择 B 枪吧，也基本没有人会认为选择 A

枪或 B 枪毫无区别吧，我相信大多数人都会选择 A 枪。

毫无疑问，我们每个人都是不可替代的个体，无论你是死是活，在宇宙漫长的历史中都只能发生一次。无法想象除了第一个你，还有第二个你……

根据传统的频率学的概率论，无法作出这样的假设：你，宇宙中唯一的存在，正在"一次又一次地玩俄罗斯轮盘赌"。游戏仅限一次。因此，在这场恐怖分子强迫你玩的俄罗斯轮盘游戏中，无论你选择了哪一支枪，考虑它与你死亡发生的概率在逻辑上是行不通的。因此，不可能根据频率学的概率论来决定你应该选择 A 枪还是 B 枪。换言之，频率学的概率论不能为你选择 A 枪还是 B 枪提供任何提示。

那么，真实的、有血有肉的我们该做何选择？毫无疑问，我们会选择 A 枪。假设还可以选择只有一发实弹的 C 枪的话，我们当然应选择 C 枪而非 A 枪。对此，几乎没有人会认为这些选择是"非理性的"吧。但如果按照传统频率学的概率论，由于选择什么枪与死亡之间不具有可比性，所以我们不得不说所有选择都是"非理性的"。A 枪的死亡概率是 1/3，C 枪的死亡概率是 1/6……当你在脑海中进行比较时，你就已经跳出了频率学的概率论，正在运用贝叶斯概率理论进行判断。

综上可见，人们不是根据频率学的概率判断来行动的，而是基于贝叶斯理论的主观概率来行动。同样，作为宇宙中独一无二的存在，明天的天气为晴的概率也是如此。

对于那些具体的、理论上不能重复的事实，人们都会进行概率判断。对于类似事实，如果存在统计数据，还可以使用频率学的概率论中绝对禁止的方法，即将根据统计数据得出的频率用作个别具体事实的概率。按照贝叶斯理论的主观概率，这是合理的概率判断，理应被允许。

专栏 3

展望理论

很明显，人们基于主观概率来作出意思决定或判断，但这并不意味着只要遵循贝叶斯理论，人们作出的概率判断就一定是正确的。

如果不遵循贝叶斯理论，人们的判断永远是非理性的，但真实的、有血有肉的人类有时也会做出非理性的判断，尤其是在某些特殊场合下，这种情况常常发生。

关于人类为何会作出非理性的判断，有一个重要的理论是展望理论。展望理论由以下四个部分内容组成。

（1）在"双赢"的情况下，大多数人选择规避风险，在相同的预期货币价值下选择更确定的选项。

（2）在"两败俱伤"的情况下，大多数人会追求风险，在相同的预期货币价值下选择更不确定的选项。

（3）在判断"得""失"的情况时，大多数人把现状与期望（积极观测）作为"参考点"，据此罗列"得""失"来判断情况。

（4）对于相同的绝对预期货币价值，大多数人对损失的意识比对收益的意识更强烈（损失厌恶）。

根据展望理论，人们的概率判断会发生扭曲。[ダニエル・カーネマン（村井章子訳）「ファスト＆スロー——あなたの意思はどのように決まるか?（上）（下）」（早川書房、2012）]

第四节　何谓法律推理？

一、法律三段论法

作出法的解释适用（涵摄判断）与事实认定后，就有可能得出法律判断的结论。这种判断过程被称为"法律推理"。通常而言，法律推理同样可以运用逻辑学中的三段论法进行说明。适用于法律推理的三段论法又被称为"法律三段论法"或"司法三段论法"。

虽有重复累赘之嫌，下文拟继续以"亚里士多德是人"作为具体例子进行说明。

大前提：A. 是人　　➡　　B. 会死（人会死）
小前提：a. 亚里士多德是人
———————————————————————
结　论：　　　　　　b. 亚里士多德会死

小前提能涵摄于大前提时，可以得出："b. 亚里士多德会死"这一结论。

在法律三段论法中，大前提是"法律规范"，逻辑公式如下：

法律规范：A. 法律要件 T　➡　　B. 法律效果 R
事　实：a. 具体事实 t 存在
———————————————————————
结　论：　　　　　　b. 产生具体法律效果 r

法律三段论法在外观上虽与逻辑学中的三段论法相似，但其要求具体事实 t 能够 100% 涵摄于法律要件 T，具体法律效果 r 也能够 100% 涵摄于法律效果 R。

然而，对于那些由抽象、暧昧的自然语言构成的法律规范命题，难免要进行我们前述的"涵摄判断"。

尤其是对于"规范型法律要件"或"评价型法律要件",例如"过失""正当事由""安全注意义务""相当因果关系"等要件,不事先立足于法律价值进行涵摄判断则无法作出评价。

换言之,法律三段论法并非逻辑层面的三段论法,而只是法院和从事法教义学的研究者们主观甚至恣意地进行法律价值判断的结果,作出的也只是看似合乎情理、合乎道理的解释罢了。

二、多重规范的法律推理

如下所示,涉及多重法律规范时,也需要进行法律推理。下列逻辑公式中,","代表"并且"。

权利根据要件 T1,T2,T3 ➡ 法律效果 R

　权利阻碍要件 T4 ➡ not 法律效果 R

　　再抗辩要件 T41 ➡ 法律效果 R

　　　再再抗辩要件 T411 ➡ not 法律效果 R

　　　　……

　权利消灭要件 T5 ➡ not 法律效果 R

　　再抗辩要件 T51 ➡ 法律效果 R

　　　再再抗辩要件 T511 ➡ not 法律效果 R

　　　　……

换言之,如果认定涵摄于权利根据要件 T1—T3 的具体事实已经被证明,则暂时承认法律效果 R(第 1 行)。如果其中任何一个要件事实不能被证明,则不承认 R(通过表示"并且"的","连接 T1—T3)。

但是,即使权利根据要件 T1—T3 全部成立,倘若用于抗辩的、有关权利阻碍要件 T4 的具体事实被主张并得以证明,则暂时不会承认法律效果 R(第 2 行)。

此时,如果再抗辩要件 T41 被主张并得以证明,则承认法律效果 R（第 1 行）。但是，如果再再抗辩要件 T411 被主张并得以证明，则否认法律效果 R（第 4 行）。以下步骤相同。

此外，即使权利根据要件 T1—T3 全部成立，如果权利消灭要件 T5 被主张并得以证明，则暂时不会承认法律效果 R（第 6 行）。此时，如果再抗辩要件 T51 被主张并得以证明，则承认法律效果 R（第 7 行）。但是，如果再再抗辩要件 T511 被主张并得以证明，则否认法律效果 R（第 8 行）。以下步骤相同。

由此可见，法律推理是极其复杂的。对一位普通的法学院毕业生而言，要在不犯错、不遗漏法律要件的情况下进行如此复杂的法律推理极为困难。

由此产生了由人工智能辅助法律推理的现实需要。对于人工智能来说，不遗漏法律要件是一个无比简单且理所当然的前提，无论这些要件是多么复杂、广泛。

此外，在准确无误地进行法律推理这件事情上，无论是时间方面，还是准确性方面，人工智能都比人类聪明数万倍。

综上所述，解释与适用法律过程中的法律推理，可以通过法律三段论法及其扩张进行说明，但是，如果能通过人工智能实现的话，就没有必要由人类来做。让我们拭目以待吧。

专栏 4

法的解释适用的现状

法的解释适用的现实场景里充满了痛苦与死亡。从各种层面来说，这是真实的。法的解释适用，意味着释放出对他人施暴的信号，有时还等同于对他人施暴的行为本身。当法官就法律条文的含义进行争论时，其结果是有人会因此丧失了自由、财产、子女甚至生命。法律解释也发挥着将已经实施或即将实施的暴力行为正当化的作用。当践行法的解释适用后，遗留的痕迹往往是因为执行这种组织性的、社会性的暴力而导致人生支离破碎的牺牲者们。如果把法律解释与暴力相分离，那么，无论是法律解释，还是由此产生的暴力，都无法获得正确理解。[Robert M. Cover, "Violence and the Word," 95 Yale Law Journal 1601（1986）]

Cover 一语道破法律是组织性的、社会性的暴力发动装置。法学，以及法的解释适用，乍看之下似乎是通过语言操作进行的逻辑思维活动，但法律解释的微妙差异会给我们的人生带来家庭的和谐与分裂、企业的成功与失败、身体的自由与监禁，以及生与死、天堂与地狱。对此，无论是法律实务专家，还是学者，抑或法学院的学生，都必须自觉承担起责任。

第五节　何谓创造性的法律解释？ —— 法循证学

一、通过有效法律分工来实现

如序言所述，法，是社会控制的工具。作为一种工具，如果没用，就必须改进；如果没办法改进，就必须废弃。

那么，何谓有用呢？就治疗疾病的药物而言，有用的药物其必要条件是可以治愈疾病，且无副作用。与其他药物相比，能够更好地治愈疾病且副作用较小的，则为良药，应当选择。

同样，一项法律规范能否被评价为"有用"，必要条件是能够达成法的目的，且不产生负面效应。

法律规范是在比较其他能够发挥作用的各种法律规制替代方案之后最终被选择的结果。因此，相较于其他法律规制替代方案，能更好地实现法的目的且负面效应更低的法律规范，就是有用的法律规范。

显然，在立法过程中，作出上述考虑是理所当然的。立法的目的是解决社会问题，防止未来可能发生的冲突或实现某种社会政策。因此，立法是目的性极强的社会行为。

乍一看，作为立法过程的产物，法律被创造出来以后，由司法或行政部门解释与适用时，或者作为一种社会行为，由人们使用时，均不需要创造性。

当你想在计算机上编写程序并运行时，你首先需要将所有的指令写入程序中，这是编程能够正常运行的前提。通常而言，计算机执行程序时，只会遵循程序中的指令。

我们把脑海里的场景转化为企业或政府机构等组织制定并执行某一项目。对此，似乎只需要制定出详细的计划表，组织的负责人们就能确保项目按照计划表顺利运行。然而，在计划表中事无巨细地记载每人每一纳秒的每一行为，显然不仅无用，且不可能。

因此，组织的项目计划表中，只需要列明目标、框架，以及将计划具体到一定程度即可，更为详细的内容只能委由项目负责人进行合理的、具有创造性的补充判断，且必须交由他们判断。这就涉及决策过程中，组织整体与个别负责人之间的分工。

那么，法律的实施过程符合上述哪一种情形呢？是计算机程序，还是社会组织？

毋庸置疑，法律行为的实施者是自然人和法人。作为立法的产物，法律由抽象的目标、宗旨以及具体到一定程度的法律规范组成，然而，如何解释、适用和（强制）执行每一项法律规范，换言之，法的解释适用的具体实施，则是掌握在司法组织、行政组织和社会成员等群体手中的。

这意味着，在司法、行政与个人实施法律的过程中，法的解释适用应具备这样的法律价值判断效果——参照法的目标与宗旨，将必然具有一定抽象性、含糊性的法律规范具体化，使之在符合社会情势的前提下得以实施，倘若不然，法律体系就无法运行。

如此一来，解释与适用法律的同时，必然也在创造法律，而且，必须能够创造法律。为了强调这一点，本书称其为"创造性的法律解释"。

司法、行政与个人在实施法律的过程中，如何正确地进行创造性的法律解释呢？毫无疑问，应当以正当的立法过程作为参考模型。

二、立法事实方法

那么，何谓"正当的立法过程模型"呢？

在立法过程中，为了实现符合民主主义要求的正当的法律政策目标，需要收集与分析社会科学、自然科学的理论与知识，了解立法所涉及的社会现状与问题、社会支持的有无及其程度，以及解决问题的方案及各种方案的预期效果、成本，并据此来设计法律制度。

法律政策应参考的社会科学、自然科学的理论与知识被称为"立法事实"。为使立法过程具有正当性，收集与分析充足的立法事实是最低条件，也是必要条件。

法的解释适用亦如此。在收集与分析充足的立法事实的基础上解释与适用法律，同样是司法、行政与个人使用法律的最低条件、必要条件。这种立足于事实与证据的法的解释适用被称为"法循证学"（Evidence-based Law）。

法循证学是创造性的法律解释的必要条件。第二章中，我将对此进行阐述。

专栏 5

很早以前，开明的法学家们就已经指出法学作为一门政策科学的必要性和重要性。下面，我给大家介绍两段话。第一段话是因撰写了一份超越法律框架，充分彰显社会科学智慧的"布兰代斯辩护要点"而闻名遐迩的、美国联邦最高法院首位犹太人大法官布兰代斯的观点；第二段话摘自著名政治学家拉斯韦尔教授和知名国际法学者麦克杜格尔教授共同撰写的著作。

"法官在没有掌握作为法律实务专家所必要的经济学、社会科学知识的情况下走进法庭，此时，如果为案件辩护的律师也缺乏必要的经济学、社会科学知识，那么，法官作出的判断不可能正确。这是因为，如果律师不能在法庭上对案件进行正确的辩护，法官很难作出正确的裁决。如此一来，审判会变成瞎子给瞎子指路的过程。这种情况下，法律无法对当前的经济与社会需求作出充分回应，也不以为奇了。"[Louis D. Brandeis, "Living Law," 10 Illinois Law Review 461—471. at 470（1916）]

为了确切回应生产自由化社会的需求，现代社会的法学教育必须转变为自觉、高效、系统的"政策制定训练"。简言之，法学院的真正作用是……培养能够促进全面实现作为国家体制目标的民主主义价值的政策制定者。[Harold D. Lasswell & Myres S. McDougal, "Legal Education and Public Policy: Professional Training in the Public Interest," 52 Yale Law Journal 203（1943）]

为防止出现"瞎子给瞎子指路"的裁判，法律必须成为一门政策科学。

本章参考文献

太田勝造（1982）『裁判における証明論の基礎—事実認定と証明責任のベイズ論的再構成』（弘文堂）

太田勝造（1990）『民事紛争解決手続論—交渉・和解・調停・裁判の理論分析』（信山社、〔新装版〕2008）

太田勝造（2000）『社会科学の理論とモデル 7：法律』（東京大学出版会）

太田勝造（2017）「社会科学方法論としてのベイズ推定—帰無仮説反証から研究仮説検証へ」『法と社会研究』3 号 25—46 頁

高橋文彦（2013）『法的思考と論理』（成文堂）

豊田愛祥＝太田勝造＝林圭介＝斎藤輝夫　編著（2018）『和解は未来を創る——草野芳郎先生古稀記念』（信山社）

長谷部恭男ほか編（2015）『法の変動の担い手（岩波講座　現代法の動態　第 5 巻）』（岩波書店）

原竹裕（2000）『裁判による法創造と事実審理』（弘文堂）

第二章
传统法学与 21 世纪的法律政策科学

太田胜造

小剧场

A 和 B 都是法学院的学生。两人通过法学基础科目的学习，了解了从人们的日常生活到商业活动再到国际关系，法律作为基础设施（社会基础）支持和规范所有人类活动，这使得两人恍然大悟，理解了为何法学院的毕业生可以活跃于社会各行各业，也更有动力去学习法律。

然而，两人在学习实定法科目时，产生困惑，以下是两人的谈话。

A：既然是法律课程，难道不该教我们目前的日本社会是如何受到法律的支持与规范，以及如何更好地进行法律实践或法律实务吗？但奇怪的是，这门课只告诉我们法律是如何在明治时期从西方引进的，或者法国、德国、美国的法律是如何运行的。

B：也许是因为这门课还处在入门阶段吧，在此基础上，应该会解释条文和相关案例，以及向我们展示法律制度的建立与运作。

A：但是，现实中无法通过对话解决，也无法通过法庭协商或和解解决的纷争，只能以判决的方式作出裁判，历经数月数年才解决的案件只占极少数，那是例外中的例外，不是吗？如果你只学习这种特殊的案例，就不会明白法律在现实生活中是如何发挥作用的，不是吗？

B：这倒是真的。但是，所谓的法律实务专家，不就是专门处理特殊、严重纠纷案件的人吗，我想至少法官是这样的吧？

A：确实是这样。如果涉及谈判交易或起草合同呢？哦，课堂上会详细研讨和说明条文的措辞、词汇，所以法律课程在这方面也可能有用。

B：告诉你这句话什么意思，这个词怎么解释，上法律课就仿佛置身于爱好者和宅人的世界中。此外，课堂上只讨论通说是这样的、多数说是这样的、少数说是这样的、有力说是这样的、判例是这样的，完全不告诉我们正确的答案。

A：这是为了锻炼我们思考能力吧。法律本身就是一门没有正确答案的学科，不是吗？不过，我还是希望这门课能教会我们按照什么标准判断、哪种思考方式更加合理。然而，老师们似乎都在强调自己的理论是最好的，但列出的理由大多是"这是合理的""这是妥当的""实现了公平正义"，等等，这难道也算理由或根据吗？

B：唉，很多理论都只是在玩文字游戏，将这个概念替换成另一个概念，那些"类型说"也只是采取了不同的主观标准而已，大部分理论关于在不同场合下应该如何解释，并没有作出充分论证。

A：一位同行的前辈告诉我，进入社会后法律知识特别有用，只要使用法律术语，就能让外行人信服。

B：这听起来像是一个骗局呀。我一个高中同学在大学毕业后进政府机构工作，他请我吃饭的时候告诉我，虽然起草法案的时候，法学院教的东西能派上用场，但是，起草法案相关的法律政策时，法律学完全没用了。法律学也被称为法律解释学，它是对现有法律和判例进行解释的研究，所以它对创造作为法律解释对象的法律本身而言一点用处都没有。

A：或许这意味着，法学院的学生还得自学法律政策的选择与拟定吧。

思考题

● 传统法学方法的特点是什么？
● 关于裁判的传统见解是指什么？
● 作为人工智能时代的法学方法，法律工具主义有什么特点？
● 人工智能时代的法学如何考虑法与社会之间的关系？
● 作为法循证学的核心内容，所谓的立法事实方法是指什么？

第一节　传统法学的特征

一、重视比较法

传统法学存在几方面特征。第一大特征是，日本的法学重视比较法，尤其是注重参照欧美的法律制度和判例展开论述。然而，判决理由中几乎不会提及外国的法律制度与判例。当然，判决书中也鲜少提及日本学者的研究成果或学说。部分学者的学术论文经常介绍和分析法国、英国、德国和美国等国家的法律制度或判例，以及国外学者的研究成果和学说。这种做法来源于日本的法律传统，即自明治维新以来，日本是在继受欧美法律制度的基础上，建立与发展本国法律制度的。然而，一些年轻的学者和法律实务专家（律师、法官和检察官）自嘲这种倾向，称其为"关于（某国法）……的论文""海外旅游论文""殖民地法学"，甚至"翻译法学"等。

二、过去导向

传统法学的第二大特征是，其强调法律制度，特别是裁判的作用在于对过去已经发生的案件、争端作出事后的、合理公正的法律判断。这可以被称为"过去导向"。换言之，传统法学不关注法律制度对未来的个人行为、社会状况的影响与作用。更进一步说，传统法学不太注重"未来导向"。相较之下，社会科学，尤其是经济学更加注重未来导向。

三、个案导向

传统法学的第三大特征是，其强调法律制度，特别是裁判的作用在于对每个具体事件、案件逐一作出合理、公正的法律判断。这可以被称为"个案导向"。换言之，传统法学不太重视从集体或群体的角度来分析法律制度对社会或部分社会的影响与作用。然而，以"法经济学"（Law &Economics）为代表的社会科学大多倾向于从集体的、群体的角度来分析社会。

受第二大特征（过去导向）和第三大特征（个案导向）的影响，传统的法律解释学更倾向于不将法律制度与判例的经济、社会和政治效果，法律在冲突发生前对社会成员行为的引导作用，以及社会成员之间的行为互动所产生的社会效应直接作为研究对象。换言之，传统的法律解释学具有忽视对社会秩序的事前规制与事后规制的倾向。相反，未吸收各种社会科学的理论、方法和成果的传统法解释学，对于法律制度、法律解释和判例等，是如何影响普通人的行为与判断，以及对人们的行为相互作用所产生的社会效应进行预测和分析的方法论不够充分、完善。

四、语言操作导向

　　传统法学的第四大特征是具有对法律语言、法律概念进行逻辑操作从而作出判断的倾向。法律和裁判都是通过语言的运用而适用的，自然具有这一特征。法律规则的结构是"符合法律要件的事实具有法律效力"，因此，必须确定争议事实关系能否涵摄于有关法律规则的要件之中，倘若能够被涵摄，则自动产生法律效力。然而，不仅是涵摄判断，传统法学往往还具有过度重视法律用语和裁判用语的倾向。这可以被称为"语言操作导向"。由于这种语言操作导向，法律用语往往使用不同于日常用语的词汇（例如"瑕疵"），或同形异义的词汇（例如"过失"），甚至对同一个概念使用不同读音（例如将"遗言"读成"IGON"等）。由此产生的副作用是法律与判决对普通人而言晦涩难懂，致使人们与法律之间逐渐疏远。近来，有些年轻学者把法学戏谑为"文字游戏"。事实上，在日语中"又は"和"若しくは"都表示"或"，"及び"和"並びに"都表示"及"，"その他"和"その他の"都表示"等"，法律初学者往往拘泥于这些词汇的区分，也难怪会被揶揄为搞"文字游戏"。从布尔代数与类层次结构来看，对上述词汇进行区分是有意义的[1]，

1　"又は"和"若しくは"的区别在于，例如，前者用于"A or B"或"A, B or C"中的"or"，而后者则用于"（A OR B）or X"或"（A OR B）or（X OR Y）"中的"OR"。如果不区分概念的层次性，会导致两者都只使用了不带括号意义上的"or"。"及び"和"並びに"的区别在于，例如，前者用于"A and B"或"A, B and C"中的"and"，而后者在"（A and B）AND X"或"（A and B）AND（X and Y）"中的"AND"。如果不区分概念的层次性，会导致两者都只使用了不带括号意义上的"and"。"その他"和"その他の"的区别在于，例如，前者用于"A, B その他 C"时，表示 C 不同于 A 和 B，即（A ≠ C, B ≠ C），而后者用于"A. B その他の X"时，表示 A 和 B 都是 X 的例子，（X={A. B, …}）。

如果容易使一般人误解的话，认真地写清楚更能提升"用户体验"。

五、排他导向

传统法学的第五大特征是，在进行法律判断时，似乎应该尽可能避免考虑法外因素。也可以说，传统法学对吸收各种社会科学的理论、方法和成果的意愿非常低，甚至还有拒绝法政策视角的倾向。有一种潜意识认为，法律解释学是一门独特的学科，以特定的方法论为基础，它是崇高的，有别于其他社会科学。这可以被称作"排他导向"。过去，当学生从法律政策的角度进行论证时，会被老师训斥道："那是立法政策的问题，不是我们要讨论的法律解释学问题。"然而，法律决定，无论是立法、司法决定还是个别学者的理论，都必须回归社会，任何非立足于社会的、没有社会科学支撑的讨论，都不能被称为法学。

传统法学的第四大特征（语言操作导向）和第五大特征（排他导向）的前提是，认为法律世界是自足的、封闭的，所有的社会问题都可以通过对法律内部概念的逻辑操纵来合理、公平地解决（见本章专栏1）。

当然，如果立法者（或"造法"的法官）能够完美准确地预测未来人们会作出何种意思决定与行动，以及人们之间的互动会产生什么样的社会问题和冲突，并对此能够作出符合公平正义的、适当的法律价值判断，同时准确无误地进行立法，那么，通过文字对法条和判例进行逻辑操作，或许也可能作出符合公平正义的、适当的法律价值判断。然而，毋庸讳言，世上不可能存在完美的立法者（许多法律是由通过选举产生的官僚起草的）和法官（通过律师考试并不需要大量关于人与社会的社会科学知识素养）。因此，法官和法学研究者必须探索何谓

"符合公平正义的、适当的判断",同时如果不充分利用社会科学与自然科学的成果,就无法寻获答案。

专栏 1

"顺便问一下,你了解过法学吗?"

"不,几乎没有。"

"我对法学进行了一番研究,发现这是一门可悲的、否认创造性的学问。我的意思是,任何有抱负的学生都会进行创造性思考,思考我们需要建立什么样的体制或体系才能使世界变得更美好,对吧?"

"是的。"

"但令人惊讶的是,法学几乎没有这样的创造性精神。换句话说,他们不参与关于法律制度应该如何等具有创造性的立法讨论,而只是对现有法律细微的措辞进行解释。这就是法学的现状,法学院的学生太可怜了。因为他们被彻底教导过,无论法律多么糟糕,他们都应该只在法律的措辞范围内行事。"

榊東行「三本の矢(上)」(早川書房、1998)98 頁

第二节 传统法学中的裁判模型

一、要件—效果的思维

如第一章所提到的,无论是约定、社会规范,还是合同、

法律，只要事实能够被涵摄于要件之中，就足以产生规范性效果，这种思维模式并非法律实务家们所独有的，而是我们每天都在做的事情。传统法学出现上述特征，可以理解为是这种日常的、常识性的"涵摄判断"的极度纯粹形式化。

我们可以把这种纯粹形式化的法学思维称为"要件—效果的思维"。"要件—效果的思维"使法律实务专家的观点合乎逻辑且清晰。第一章对事实认定的说明中所使用的三段论法也被用于法律判断，被称为"法律三段论法"或"司法三段论法"。关于逻辑学中的三段论法，参考第一章出现过的"亚里士多德是人"这一具体例子。

大前提：A.是人 ➡ B.会死（人会死）

小前提：a.亚里士多德是人

结　论：　　　　　　　b.亚里士多德会死

如果我们将要件—效果的思维套用到这一公式上，那么，在将法律判断表述为三段论法时，逻辑上的清晰性便一目了然。

大前提：A.符合法律要件 ➡ B.产生法律效果

小前提：具体事实 a 符合法律要件 A

结　论：产生涵摄于法律效果 B 的具体法律效果 b

只要"亚里士多德是人"中的亚里士多德指的是古希腊著名哲学家，那这个小前提就没有争议的余地。[1]作为结论的"亚里士多德会死"也不存在争议。然而，如第一章已经讨论的，"具体事实 a 符合法律要件 A"这一法律判断，其准确性是有争议的；同样，"产生涵摄于法律效果 B 的具体法律效果 b"，也有争议的余地。事实上，在裁判和学术讨论中，备受争议的往

1　如果这里所说的"亚里士多德"是指"亚里士多德的雕像"，那么小前提就不成立，我们也不能得出"亚里士多德会死"的结论。

往就是这些"涵摄判断"。换言之,法律三段论法看似与逻辑三段论法一样,逻辑清晰,但实际上,法律三段论法还包含了将具体事实涵摄于法律要件,以及将具体效果涵摄于法律效果的规范性价值判断。然而,人们常常忽视这一点,误以为法学只是一门"逻辑学科"。

专栏 2

关于法官应否盲目遵从法律的问题,我想给大家介绍被誉为"20 世纪英国最伟大法官"——丹宁勋爵的两句名言:

"我的基本信念是,法官的角色是在诉讼双方当事人之间实现公正。如果有任何妨碍做到公正的法律,那么法官所要做的全部本分工作就是合法地避开。"(Lord Denning. The Family Story, 1981, p. 174)

"'如果现有的法律暴露了缺点',法官们不能叉起手来责备起草人,他必须解释法律条文的合理含义,即使这意味着背离法律条文。这样一来,法官就能更好地发现真理。"(Lord Denning. "The Influence of Religion," in The Changing Law, 1953. p.106)

二、概念法学

如果法律和先例是无懈可击的,那么对同样的事实纠纷,每个法院和每个法官作出的裁决都会完全相同。事实上,以前曾有这样的观点——只需要对法律概念进行逻辑操作就能得出正确的法律结论。这种观点也被称为"概念法学"。关于"同样的事实关系纠纷在任何法院的任何法官那里都会得到同样的判断"的主张，可以称为"审判自动售货机理论"，其假设的是，如果你投入一个称为"事实"的硬币，每个自动售货机都会流出同样的果汁。当然，如今既没有法律学者主张概念法学，也没有法律实务专家主张审判自动售货机理论，因为对作为记述事实的命题（描述性理论）而言，这种观点是错误的，也就是假命题。众所周知，法规与法规之间、判例与判例之间都存在矛盾和冲突，不可能完全契合。从法学各种相互冲突的理论可以看出，多种互不兼容的解释是可能并存的。同样众所周知的事实是，不同的法院和法官会作出不同的判断。仅通过"概念计算"，无法公正合理地解决所有的争端和社会问题。事实认定本身也会因法院和法官的不同而不同，即使他们依据的是相同的证据和事实主张。

那么，规范理论，也即我们理想的裁判模型应该是什么样的？最理想的模型应该是，立法者和法官能够努力实现对未来的完美预期，创造完美的法律或判例。虽然对未来的预测肯定有局限性，但如果相反，我们能够在新的社会问题和冲突出现时，迅速毫不迟延地创造出公正、公平的法律或判例，那么，预见能力就不是必要的了。虽然收集信息、分析信息、立法和审判不可避免地耗费时间和成本，但立法者和法院也应该为实时解决社会问题和纠纷尽最大努力。此外，如果法院和法官乱七八糟地解释与适用法律，普通民众将无法预测什么是正确的法律。即使对法律的解释与运用没有糟糕到这种程度，不同的法官作出不同判决这件事本身就很难获得普通民众的理解吧。明明采用了相同的证据和事实主张，却因为法院和法官不同而形成不同的裁判结果，这对普通民众而言是难以接受的。他们希望看到法院和法官的判决是一致的，就像自动售货机理论一样。从这点来说，基于概念法学的法律模型作为一种规范模式也是有价值的。

专栏 3

最近，《美国国家科学院院刊纪要》上刊载了一篇调查能量消耗影响决策的实验报告。这一研究是在以色列监狱进行的，调研对象是八名不知情的假释判定人（判断是否给予罪犯假释的法官）。这些法官整天都在审查假释申请。这些申请未按特定顺序提交，每审查一份申请平均需要 6 分钟 [通常情况下，假释申请都会被拒绝（只有非常确定应给予假释的情况下才会批准假释，否则，惯例是拒绝），批准假释率只有 35%]。实验不仅记录了判定人（法官）作出决定所需的时间，还记录了他们的用餐休息时间，即早上、中午和下午的用餐休息时间。然后，通过计算休息后经过的时间与批准申请的数量之间的比率，发现法官在休息后会有更大概率给予罪犯假释，批准率高达 65%。

> 然后直到下一次休息前，大概有两小时左右，这段时间内批准率持续下降，直到下一次用餐休息前，批准率降至接近零。相信大家会注意到，这是非常不理想的趋势。在仔细分析各种解释后，该小组最终得出了最合理，也是最令人失望的结论——疲惫和饥饿的法官，偏爱风险较小的选择，即遵循"默认"驳回假释申请。在这个实验中，疲劳与饥饿交加被认为是造成能量消耗的主要原因。[ダニエル・カーネマン「ファスト & スロー——あなたの意思はどのように決まるか?（上）」（村井章子訳、早川書房、2014）66頁（書きを追補した）]

第三节　法循证学：立法事实方法

一、法律工具主义

传统法学中的"法"，被认为是历史发展的精华，它不是由法律学者、法律实务家甚至立法者人为"创造"出来的实定法，而是人们观念中既存的正义体系，法律学者和法律实务家的任务是"发现"作为正义体系的"法"。按照这种观念，立法政策理论对于法学和法的解释适用而言变得无关紧要。这种想法类似于宗教中的教义学（信条），故而也被称为"法教义学"。不过，鉴于人们的价值观、道德观、文化和社会正在不断变化，认为存在着一种亘古不变的、超越历史的"正义法"，人们的任务是发现并服从它的这种想法，已经不合时宜了。

与之形成鲜明对照的是，另一种极端观点认为，法官作出裁判之前，并不存在所谓的法律。毋庸讳言，这种观点也是不切实际的。人们大多数时候信守承诺、履行合同，都是遵守了他们内心的法律规则，而不必寻求法院判决。

还有观点认为，在立法者制定法律之前，不存在"法"，对此，又该如何理解呢？近年来，新闻媒体中经常提到，围绕科技发展引发的新社会问题，可能因法律发展滞后而造成不便或纠纷，或因类推适用旧法而耽误科学技术或产业的发展，致使我们在与其他国家的竞争中落败。例如，互联网、生殖医学、先进医疗、自动驾驶、物联网、人工智能等，因为法律不完善引发很多争议，甚至演变成社会问题。如果发现问题苗头后及时进行适当的立法的话，可以预防许多社会问题，社会秩序也得以稳定维护。即便来不及立法，如果法院在纠纷发生和诉讼解决时能迅速发布相应的司法判例，那么之后的很多社会问题就得以避免，社会秩序也得以有效维护。

按照这种思路，把法律看作是人类为规制社会并使之变得更好而创造出来的工具，而不是把它视为超越历史的、永垂不朽的大典，则更加具有现实意义。这种见解被称为"法律工具主义"。法律只是一种工具，服务于某些特定目的，能够实现这些目的的法律，就是最好的法律。我们称其为通过目的合理性来选择法律的方法论。

专栏 4

　　马丁·路德·金是美国黑人民权运动领袖，于1964 年获得诺贝尔和平奖。以下给大家介绍的是金博士因民权运动被捕入狱后，在监狱里写的一则极富法哲学意义的名言：

"我提出：一个遵从自己的良心，确信法律有悖于正义，敢于挑战法律，并从容接纳可能因触犯法律而面临牢狱之灾的人，他这样做的目的是唤起对不正义法律的社会良心，实际上表现出了对法律的最高敬意。"

（Letter from Birmingham Jail, April 16, 1963）

二、法律工具主义的特色

（一）法的可操作性

法律工具主义的特色之一在于，认为法律只是人为的、"有操作可能性"的对象。换言之，法律被视为可以由人们根据需要加以改变或废除的操作对象。相反，法律并不是预设于人们思维中的先验规范。作为响应社会需求而创造的人工制品，法律在其目的消失时，应被视为无用之物予以废除；在其未能以最有效的方式实现其目的时，应予以修正。

（二）实证导向

故应将法律视为一种"假说"，时常质疑其是否达到"真正被广大人民群众需要、拥护与支持"这一标准，并在其实施或判决作出后，反思其是否"真正有效地实现了法律的目的"。这些问题永远无法通过抽象的推测、猜想或模仿外国学者的论述来回答，而只能通过实证研究方法，"用数据、证据和事实来检验关于日本社会的假设"是否成立。如此一来，法律工具主义的第二大特色是，必须要有"根据事实和证据解决具体法律问题"的态度。我们必须时常追问自己："事实真的如此吗？""有数据支撑吗？""证据是什么？"，等等。这一特点可称为"实证导向"。

（三）未来导向

法律工具主义的第三大特色在于，认为判例与先例不应仅仅被视为对过去个别案件的妥当解决，而应被视为影响未来社会和潜在纷争的法律规则。在这个意义上，判例和先例可以被视为对即将发生的事情的事前预测与规范。我们可以把法律工具主义注重事前规范的特点，称为"未来导向"。

（四）集体导向

法律工具主义的第四大特色是，它不拘泥于过去单一的、个别的争端，而是关注多数人和社会在未来将受到怎样的影响。这可以被称为"集体导向"。换言之，它将社会现象和集体现象作为一个整体进行预测，并朝着社会所期望的方向进行管控。由此可以看出，未来导向和集体导向可以作为传统法学中的"哥白尼式转向"。

（五）法律政策导向

未来导向和集体导向还使得法律工具主义出现第五大特色——"法律政策导向"，即将成文法和判例法的经济、社会和政治效果，及其对社会成员行为的引导作用，置于研究的中心位置。可以说这是一场将传统法学所等闲视之的东西置于其视角中心的运动。法律工具主义重视法律政策视角，关注法律的社会控制功能。因此，工具主义法学被定位为一门关于法律的综合性社会科学，称为法律政策学。

（六）模型导向

作为一门关于法律的综合性的社会科学（法律政策学），法律工具主义的第六大特色是，与自然科学的方法论相类似，对于复杂的人类判断和行为、复杂的社会行为互动以及由此产生的社会状态，都采用了一种建立简化模型、通过实验和调查检验其有效性，并逐渐将模型精细化的手法。这可以被称为"模型导向"，是分析复杂事物不可或缺的方法论。在传统法学中，有人主张由于人与社会的复杂性，需要进行"综合判断"或"整体考虑"，但其中的含义从未被分析澄清，最后似乎只是充满偏见的"结论优先"的启发式解决问题的方法而已。

因此可以说，工具主义法学是一个对社会开放的体系。

专栏 5

以下是美国最高法院大法官霍姆斯的一段话，他是美国法学界最受尊敬的法官之一，这段话谈到了法律工具主义。

"法律的生命不在于逻辑，而在于经验。对时代需要的感知，流行的道德和政治理论，对公共政策的直觉，不管你承认与否，甚至法官和他的同行所共有的偏见对人们决定是否遵守规则所起的作用都远远大于法的三段论。法律包含了一个民族许多世纪的发展历史。它不能被当作由公理和推论组成的数学书。"

（Oliver Wendell Holmes，The Common Lau，1881）

三、法与社会的协同进化模式

（一）何谓进化？

21 世纪法学借助"协同进化模式"来考察法律与社会之间的互动关系。此处的"进化"不应被误解为"进步"。此处的"进化"是基于新达尔文主义的进化算法，而非使用进步这种带有目的或评价色彩的概念。

　　进化算法包括三个模块：①复制体（replicator）的复制；②发生变异（variation）；③选择（selection）。复制体是一个像基因一样可以自我复制的单元。复制并非 100% 完美复刻，它发生一定频率和概率的变异。就基因而言，如果机体暴露于辐射或强化学物质下可能会发生突变，或因为基因交叉，异变成不同于母体的复制体。大多数变异是有害的，会被淘汰，但有些突变在表现形式上是无害的（中性），会随机扩散。当然，有些突变会形成有益的表现型，并在整个物种中传播。排除有害的、选择有益或中性的因素，是包含自我在内的环境。因此，选择是没有目的的。更准确地说，包括自我在内的环境所选择的恰恰是有益的或中性的变异，有害的变异往往会被淘汰。

　　作为遗传算法的进化是无目的、无价值的。不是"好"的东西被选择了，而是"被选中"的东西才是好的。至于是否选择它，取决于包含自我在内的环境因素。因此，随着环境的变化，选择也在变化。根据定义，进化是一种集体的、聚合的动态。伴随着被选中的比例增加，被淘汰的比例随之减少。存在频率为 100% 意味着该变异已经支配了系统，而频率为 0 意味着该变异已经消失。就生物体而言，此处所谓的"系统"主要是指（但不完全是）物种，包括同一物种的雌雄两面。最近，有研究表明，复制—突变—选择的进化算法也在胎儿和其他阶段的大脑和免疫系统的发育过程中起作用（识别"自我"和"敌人"）。

　　（二）何谓协同进化？

　　协同进化（co-evolution）指的是两个以上系统之间，通过相互作用进行的进化过程的动态变化。就生物而言，包括不同物种之间的协同进化，也包括同一物种内雄性和雌性之间的协同进化（性淘汰），或同一生物体内各部分之间的协同进化。

（三）协同进化和法律迷因

假设这种协同进化模式存在于法律系统和社会系统之间，那么法律与社会的协同进化模式就是对这一动态过程的模型化。法律系统中的进化单位，即复制体，是文化遗传因子。本书称其为法律迷因。法律迷因的再生就是复制，法律被立法或司法部门有意地改变，或因错误等无意地改变时，发生了变异。由于法律系统在社会系统中运作，因此，包含法律系统自身在内的社会系统构成法律迷因的环境。社会系统进行选择，部分法律将被选中并继续增加，而另一部分法律将被淘汰从而减少。法律系统是作为社会系统的制约系统运行的，因此，可以说法律的变化往往会导致社会的变化。对法律进行有意的修改往往是为了防止冲突并解决社会问题。如果社会系统的状态因法律的修改而改变，就会导致新的纠纷或新的社会问题，而这又会引发新一轮法律系统的改变。如此一来，社会系统和法律系统就形成了以协同进化为模型的互动动态。

（四）法与社会协同进化的图示

法与社会的协同进化如图 2-1 所示。该图显示的是，社会通过其立法机构、司法机构和行政机构制定和修改法律以解决社会问题，满足社会需求。通过人们对法律的遵守与参照，行政部门对法律的执行，以及法的强制力等来影响系统，从而改变社会。被改变了的社会为解决新社会问题，满足新的社会需求，通过立法机构、司法机构和行政机构进一步制定、修改法律。如此循环往复，流转不息。通过这种互动的过程，促使法律系统与社会系统协同进化，推动时代进步。

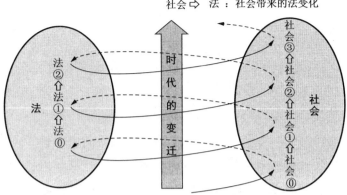

图 2-1 法与社会的协同进化模型

应该指出的是，这种模式化的法律系统与社会系统之间协同进化的动态过程，并不一定会创造出更好的社会或更好的法律。正如生物体的许多突变在减少其母体数量的意义上是有害的一样，这种协同进化不能保证所选择的社会系统会因为法律规制的改变而变得更好。对此可以参考吉姆·克劳法（见专栏 6）和纳粹立法的制定给社会带来的影响，它也无法保证所选择的法律系统会因为社会系统的改变而变得更好。对此，大家只要观察纵容种族主义和支持纳粹主义的社会所选择的立法与司法就知道了。

专栏 6

吉姆·克劳法

美国北方军虽然在 1861—1865 年南北战争中取得胜利后废除了奴隶制，但南方各州实行了被称为吉姆·克劳法种族隔离制度的法律，在各种场所和使用公共设施中实行种族隔离政策，包括公立学校、公共场所、公共厕所、餐馆以及乘坐公共交通和使用饮水机等。这些法律优先考虑白人，歧视有色人种，包括非裔美国人、美洲原住民和亚洲人。

吉姆·克劳法的制定背景是白人至上主义的种族偏见，即认为非裔美国人是懒惰、愚蠢和低劣的。吉姆·克劳法是基于这种错误的事实认知而制定与实施的。

此外，在普莱西诉弗格森案（Plessy v. Ferguson. 163 U. S.537）中，美国联邦最高法院认为，如果吉姆·克劳法是"隔离但平等"（separate but equal）的，则符合宪法，将平等待遇的问题留给州立法者酌情处理。部分理由是对事实存在错误认识，如认为吉姆·克劳法没有给黑人戴上"劣等的徽章"，或者种族偏见是法律无法克服的。

后来，在1954年的布朗诉教育委员会案（Brown v. Board of Education，347 U. S.483）中，美国联邦最高法院事实上变更了普莱西判决，裁定种族隔离的教育设施在本质上是不平等的，公立学校的种族隔离是违宪的。

布朗判决的根据之一是教育心理学家进行的"玩具娃娃测试"（doll test）的结果。该测试表明，种族隔离的教育使非裔美国儿童感到低人一等，无论设施是否平等都是有害的。

> 在约翰逊总统的努力下，1964 年的《民权法案》（Civil Rights Acts）和 1965 年的《选举权法案》（Voting Rights Act）终于从立法上废除了吉姆·克劳法。然而，尽管种族歧视已经得到缓解，但它在美国社会仍然存在。

四、立法事实方法

（一）法循证学的意义

正如我们在第三节中所看到的，法与社会的协同进化本身是价值中立的，无法保证法与社会将变得更好。纳粹时期通过立法制定的反犹太法律，基于错误的种族偏见，认为犹太人是低等的、危险的和不道德的，致使针对犹太人的迫害升级，导致恶法与歧视的协同进化。正如我们在专栏 6 "吉姆·克劳法"中所看到的，错误的歧视观念会促使恶法和歧视协同进化。反之，基于正确的事实认知的裁判与立法可以防止或纠正这种恶法与恶劣社会状况的协同进化，例如专栏 6 中反对"吉姆·克劳法"的布朗判决以及通过制定美国《民权法案》来纠正种族歧视所作的努力。

防止法与社会的协同进化陷入恶法与恶劣社会状况的恶性循环的堡垒之一是确保立法和判决是基于对事实的正确认识。这是法循证学（Evidence-based Law：EBL）设想的出发点。

循证医学（Evidence-based Medicine：EBM）的概念在医学中很普遍，而循证政策（Evidence-based Policy Making：EBPM）在政策制定中也越来越普及。法循证学有必要在法学领域获得进一步推广。这些方法论的共同点在于，主张决策应基于事实和证据，并且重视数据。

当然，法循证学是一把双刃剑。比如纳粹时期的立法和吉姆·克劳法，如果对错误的事实不加以核实就作为立法根据，就会出现制定恶法的危险。然而，事实的优势在于它们具有真理价值，可以通过自然科学和社会科学的实证研究来检验。这使我们有可能通过揭露单纯的假设和偏见来纠正错误的法律判断。

（二）何谓立法事实？

循证法学的核心是立法事实方法。立法事实这一概念最初是为了在宪法诉讼中确定立法的合宪性或违宪性而提出的。

正如我们在第一章中所看到的，裁判上法律规范的解释适用的结构可以简化如下：

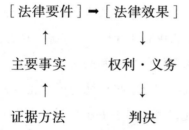

［法律要件］ ➡ ［法律效果］

　　　↑　　　　　　　　↓

　　主要事实　　　权利·义务

　　　↑　　　　　　　　↓

　　证据方法　　　判决

换言之，法律规范将法律要件和法律效果以条件关系（➡）联系起来（符合法律要件，则产生法律效果），如果根据证据方法认定的主要事实是真实的（↑），符合法律要件的话（↑），则法律效果得到承认（↓），产生权利或义务（↓）。主要事实和间接事实是适用法律规范和对权利、义务作出判决所必需的，被称为"判决事实（adjudicative facts）"。在日本《民事诉讼法》和《刑事诉讼法》的规则中，几乎所有规定的"事实"都是判决事实。判决事实被定义为"以解决系争案件为目的，必须是确定的、作为法律适用对象的事实"。

与"判决事实"相对应的是，为了确定"法律要件 ➡ 法律效果"这一法律规范本身的有效性和合理性而应该参考的事实，被称为"立法事实（legislative facts）"。立法事实是指，判断为何将法律要件与法律效果结合起来形成法律规则是适当的、合理的时，所必须依靠的事实。立法事实在宪法诉讼中被定义为"构成法律制定基础和支持法律制定的事实，即作为立法背景的社会和经济事实"。

（三）立法事实的实际例子

接下来，我们探讨日本最高法院关于"非婚生子女继承份额差异违宪诉讼"的大法庭决定［最高裁判所大法庭 2013 年（平成 25 年）9 月 4 日决定］。这是关于立法事实的实际案例。日本最高法院裁定，《日本民法典》第 900 条第 4 款但书[1]关于非婚生子女的继承份额为婚生子女的 1/2 的原规定，违反了《日本国宪法》第 14 条第 1 款[2]。

综合考虑：①从 1947 年（昭和 22 年）修订《日本

1　《日本民法典》第 900 条规定如下：

第 900 条　同一顺位继承人有多人时，法定继承份额的规定如下：

1. 子女及配偶为继承人时，子女的继承份及配偶的继承份各为 1/2；

2. 配偶及直系长辈为继承人时，配偶的继承份为 2/3，直系长辈的继承份为 1/3；

3. 配偶及兄弟姐妹为继承人时，配偶的继承份为 3/4，兄弟姐妹的继承份为 1/4；

4. 子女、直系长辈或兄弟姐妹数人时，其各自的继承份相等，但非婚生子的继承份为婚生子继承份的 1/2，同父异母或同母异父之兄弟姐妹的继承份为同父同母之兄弟姐妹继承份的 1/2。

第 4 项中的"但是，……"部分被称为"但书"。

2　《日本国宪法》第 14 条第 1 款规定："全体国民在法律面前一律平等。在政治、经济以及社会的关系中，都不得以人种、信仰、性别、社会身份以及门第的不同而有所差别。"

民法典》至今的社会发展趋势；②日本家族形态的多样化、国民的意识的变化；③外国的立法的趋势和日本批准的条约内容，以及在此基础上设置的委员会提出的观点；④有关区分婚生和非婚生子女的法律制度的变化，以及⑤在我们面前的案件中反复指出的问题，显然，可以认为家庭中对"个人的尊重"的认识越来越明确了。并且，即使合法婚姻制度本身在日本已经确立，但随着上述观念的改变，不应该因为父母没有结婚而使子女处于不利地位，因为子女没有选择或修改的余地，子女作为一个个体应该得到尊重，他或她的权利应该得到保障，这种观念已经得到确立。

鉴于上述情况，最迟在 2001 年（平成 13 年）7 月，即 A 的继承权开始时，即使考虑到立法机关的自由裁量权，也应该认为区分婚生和非婚生子女的法定继承份额的合理依据已经丧失。

因此，应该说这一规定最迟在 2001 年（平成 13 年）7 月就违反了《日本国宪法》第 14 条第 1 款。

上述作为根据被罗列出来的①至⑤的事实都不是判决事实，因为它们并非属于任何法律规则所要求的事实。但是，这些事实是作出违宪判决的基础。换言之，这些都是对立法事实的陈述。2013 年 12 月 4 日，即在日本最高法院判决作出后仅逾数月，《日本民法典》第 900 条第 4 款但书就被修改了。[1]

1　日本最高法院判决作出后三个月内，就进行立法修改，可谓是前所未有的迅速。

专栏7

【春秋】

向访日外国人提供空闲房间作为民宿，原本期待可用于促进地方旅游业。然而在某民宿中发生了一起骇人听闻的事件。一名来自兵库县的失踪女性被拘禁且遗体被肢解后抛于大阪市内的两间民宿内，这两间民宿均为无证经营。

▼对这些所谓的"非法民宿"，应该如何进行法律监督和管理？围绕该问题的争论今后可能会越来越激烈。然而，我们不希望受该事件的影响否认民宿的意义和潜力。我们需要了解缺乏入住者的身份识别、消防设备不达标等非法经营的现实情况，以及讨论如何确保其健全运营。我们希望根据事实进行冷静的讨论。

▼为什么需要该法律？这就是所谓的立法事实。它被定义为支持法律合理性的客观事实。过去，有一项法律对新办药品零售企业应与已有药品零售企业之间的距离进行了限制。其理由是，竞争的增加可能导致销售有问题的药品。日本最高法院裁定，该法是违宪的，因为它"只是一种观念上的假设"。立法事实是法律的生命线。

▼政府删除了计划向本届国会提交的工作方式改革相关法案中的关于扩大裁量劳动制适用范围的内

容。据说这是为了清除因工作时间上的数据处理不恰
当造成的混乱。公司和员工都希望出台与时俱进的劳
动法。在野党难道不应该围绕裁量劳动制的立法事实
的有效性进行真诚的辩论吗？这给人留下很不好的
印象。

（「日本经济新闻」2018 年 3 月 2 日）

（四）司法、行政中的立法事实

因此，立法事实是在判断制定法的合宪性时，被作为一种
客观事实来参考的概念，但它不限于立法，在司法和行政中，
为了解释与适用法律，或为了填补因未能及时立法导致的立法
空白，或为了补充、修改含糊不清、不完整或过时的法律规则，
都要进行法律创造工作。由于立法者，无论是政治家还是行政
官员，都不可能实现完美无缺的立法，因此，即使在司法和行
政领域，也必须进行补充和完善，这被称为微观层面的立法活
动。既然如此，就必须尽可能地考虑立法事实。

因此，本书从宪法诉讼的语境中概括出来，不仅在立法中，
而且在司法和行政中，进行法律政策的规范性价值判断时应该
考虑的客观事实，即"构成法律价值判断基础的社会事实、理
论以及一般的科学事实、理论"，称为"广义的立法事实"。"狭
义的立法事实"这一术语将仅限于在进行合宪性判断的情况下
使用。

解释与适用法律时，以立法的方式，即在作出法律判断时
考虑立法事实的方法，我们称之为"立法事实方法"。这是基于
事实、证据和数据作出法律判断的法循证学的核心方法。

可以说，行政领域也采用了立法事实方法。例如，2007 年

4 月 26 日发表在《朝日新闻》上的文章《奈良酱菜、无酒精啤酒不影响驾驶》，介绍了警方对立法事实的探索：

> ……2007 年 4 月 26 日，国家警察署（NPA）公布了一项关于少量酒精对驾驶的影响的研究结果，结果发现这些酒精在呼吸中的浓度低于根据《道路交通法》应受处罚的"酒驾"的阈值（每升 0.15 毫克）。……让 15 至 20 人分别饮用了两罐 355 毫升的无酒精啤酒、一瓶营养饮料，并食用了 50 克奈良腌菜和三块酒心巧克力后，检查他们呼吸中的酒精浓度。20 分钟后，所有人呼吸中的酒精浓度为零，并且对驾驶能力没有明显影响。该研究还调研了饮用 400—800 毫升 5% 酒精浓度啤酒的人的驾驶能力，20 分钟后，他们呼吸中的酒精浓度约为 0.1 毫克，低于阈值。酒精对他们对视觉刺激反应有影响，但由于个体之间的差异，降低阈值仍应是进一步研究的问题……

这种科学的方法被用来研究降低禁止醉酒驾驶的法律规定的门槛的合理性，并根据研究结果事实上放弃了降低门槛的打算。

五、基于证据的法与社会的协同进化

（一）良性协同进化的必要条件

法与社会协同进化模式本身是价值中立的，社会可以变得更好，也可以变得更坏。没有包治百病的良方，但如果法律制度在制定和修改法律时以证据为基础，就能在一定程度上避免因事实认知错误的协同进化而造成恶性循环。在一定程度上防

止纳粹时期那种将犹太人误认为是劣等和邪恶的民族的事实认
知、偏见，就有望控制法与社会的协同进化。

专栏 8

"良性"协同进化与"恶性"协同进化

两个或更多的生物体通过相互影响进行的进化被
称为"协同进化"，作为协同进化的结果，两个或更多
的生物体可能会建立一种"共生"关系。这方面的一
个例子是被子植物和授粉昆虫（如蜜蜂）之间的关系。
一方面，落叶植物花朵的花粉被蜜蜂带去给其他植物
的雌蕊授粉，从而使落叶植物受益；另一方面，落叶
植物花朵的花蜜被用作蜜蜂的食物，从而使蜜蜂受益。
植物已经进化出突出的花瓣，很容易被授粉者识别，
并有独特的花香，吸引授粉者。传粉者进化出的羽状
绒毛使它们更容易携带植物的花粉。

协同进化并不总是导致"良好"的关系，共生关
系是协同进化的形式之一，这一点可以通过考虑共生
关系来说明。一个"良性"协同进化将是一个互利的
共生关系的进化。当然，从进化的角度来看，这是一
个价值中立的过程——在人类片面的价值判断如"好"
与"坏"的彼岸，但这样的想象比较容易。

典型的"良好"共生的例子如传粉者和被子植物

之间的关系，这种关系同时也可以在动物之间找到。以一条清洁鱼和一条大鱼之间的关系为例，清洁鱼通过吃掉大鱼皮肤和鳃上的寄生虫而使大鱼受益，而大鱼则为清洁鱼提供了大量的食物。清洁鱼在其身体表面进化出特殊的图案，还进化出特殊的动作和行为，使它们能够接近较大的鱼。之所以出现这种进化，是为了不被吃掉，因为清洁鱼和大鱼通常捕食的其他小鱼体型相同。大鱼已经进化出一种生理结构，当它们看到具有特殊颜色和动作的小鱼（清洁鱼）时，会失去食欲，陷入一种狂喜状态。这种共生关系被称为"互利的共生关系"。蚂蚁和蚜虫之间的关系是另一个众所周知的共生例子。这种情形可以说是一种良性的共同进化，因为它们建立了一种共存和共荣的关系。

"恶性"的共生的例子是寄生关系。布谷鸟的"借巢生蛋"行为是众所周知的。布谷鸟找到伯劳鸟或芦苇莺的巢穴，拿走里面的一颗，吃掉并扔掉蛋壳后，生下一颗自己的蛋。布谷鸟的卵已经进化得和宿主的卵一样，甚至还进化得比宿主的卵早几天孵化出幼鸟。不仅如此，它们还进化出一种行为——布谷鸟雏鸟孵化出来之后，尽管它们还没学会睁眼，就做出了把宿主的卵推出巢外的行为。伯劳鸟等被侵占了巢穴的小鸟进化出一经发现布谷鸟就发起猛烈的攻击行为，并且还进化出识别和丢弃巢中布谷鸟蛋的鉴别能力。它们之间的进化战争一直在持续，布谷鸟在进化过程中产的卵与宿主的卵越来越相似，或者把寄主由鉴别能力越来越发达的鸟类换成了其他物种的鸟。寄主鸟类为防止被"占巢"进化出越来越发达的鉴别能力。这种物种间的进化战争可以称得上是恶性循环的协同进化。

（参见戴维斯，2016）

当然，以证据为基础并不总是足以防止这种恶性循环的发生。例如，通常很难用证据和事实来说服有种族偏见的人改变他们的偏见。即使在偏见和歧视以外的领域，通常也比较难以通过事实和证据说服人们改变他们的信仰和价值观。

众所周知，人类的大脑在面对与自己所相信的东西相矛盾或相抵触的证据时，几乎停止工作。越是聪明的人，就越善于发现收集数据的方式、数据的数量、数据的质量、分析数据的方法、因果推论等方面与其认知不同的证据，并善于进行批判性地分析，从中发现缺陷与不足（参见 Jarrott，2019）。这样一来，他们就不太容易被说服了。事实上，人们存在一种与生俱来的倾向，即收集和高估与我们的信念相一致，甚至支持我们信念的证据，这被称为"确认偏误"（confirmation bias）。

因此，证据基础并不总是能阻止错误的、不适当的法与社会互动的协同进化。然而，可以预期的是，如果利益相关者努力做到以证据为基础，那么他们通过错误的歧视和偏见来制定和修改法律的可能性就会比不这样做的情况要小。在这层意义上，法循证学虽说不是万能的，但在一定程度是有效果的，可以优化法与社会的协同进化，实现良性循环。图 2-2 显示出这样一种基于证据的协同进化。

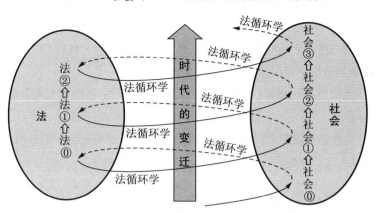

图 2-2 法与社会良性循环的相互作用

（二）良性循环的协同进化的图示

如图 2-2 所示，社会通过立法、司法、行政和其他政府部门制定与修改法律，以解决社会问题为向导，回应社会需求，其基础是对问题的所在、问题的原因、问题的解决对策、对策的有效性与副作用，以及公众对解决该问题的法律规则的接受和支持进行循证审查和分析。由此产生的法律通过人们对法律的遵守和参考、行政机关对法律的执行，以及法律系统的法强制力，对系统产生影响，从而引起社会的变化，这些变化在循证的基础上进行探讨和研究，以确定它们是否如期进行，是否有意外的副作用，是否引起公众的不满，以及是否有好的或坏的意外后果，等等，最终导致法律的进一步制定和修改。通过这种互动的过程，我们可以期待法律系统和社会系统能够正常地协同进化，并推动时代进步。

当然，寻找证据不仅成本高、耗时耗力，而且有其自身的限制和局限性，所以不可能做到尽善尽美。然而，与没有循证意识相比，它将减少犯错和陷入恶性循环的可能性。

本章参考文献

碧海純一（2000）『新版　法哲学概論〔全訂第 2 版補正版〕』（弘文堂）

太田勝造（1990）『民事紛争解決手続論——交渉・和解・調停・裁判の理論分析』（信山社、〔新装版〕2008）

太田勝造（2000）『社会科学の理論とモデル 7：法律』（東京大学出版会）

太田勝造編著（2007）『チャレンジする東大法科大学院生——社会科学としての家族法・知的財産法の探究』（商事法務）

シャーロット . ターリ（2019）『事実はなぜ人の意見を変えられないのか—説得力と影響力の科学』（上原直子訳）（白揚社）

高橋文彦（2013）『法的思考と論理』（成文堂）

デイヴィス，ニック（2016）『カッコウの托卵—進化論的だましのテクニック』（中村浩志＝永山淳子訳）（地人書館）

原竹裕（2000）『裁判による法創造と事実審理』（弘文堂）

平井宜雄（1995）『法政策学—法制度設計の理論と技法（第 2 版）』（有斐閣）

Repeta，Lawrence ほか（1991）『MEMO がとれない—最高裁に挑んだ男たち』（有斐閣）

第三章
法与决策

福泽一吉

小剧场

A：今天的上课内容是决策。

B：是的。仔细想想，我们一天到晚都在作决策。人生是由一连串的决策累积而成的，不是吗？

A：这句话很有深度呀。但是，在生活中，我们很少思考，甚至根本没有意识到我们正在面临选择。就像穿袜子或鞋子时，应该先穿右脚或左脚？或刷牙时，应先刷右下牙或左上牙，等等，几乎都是一种习惯。

B：是的。在做完某件事后，当被问及为什么要这样做，或者为什么不选择其他的做法时，我们通常无法给出任何特别的理由或根据，或者根本不知道该如何回答这些问题。

A：对，我也是这样。那么，某种选择或行动的理由或根据究竟是什么呢？心血来潮、偶然、习惯，等等，能成为理由或根据吗？所谓真正根据，应该如何理解呢？

B：也就是说，这是一个关于在解释"以什么为根据，作出了选择"时，对选择根据进行解释的问题。如此一来，还要对为什么这样解释选择根据作出进一步解释，这样下去就没完没了啦，好麻烦啊。

A：今天的课堂上，老师应该会给我们仔细讲解吧。

B：希望如此。万一不能理解的话，下课后再提问吧。

A：哇，你真是出乎意料的积极呢。万一，也就是说概率为 0.01%？这是认为自己 99.99% 能理解的自信宣言吧。

B：你竟然满不在乎地说些令人意外和讨厌的话。又回到刚刚讨论的问题，就算我宣告自己能理解的概率是 99%，但最后不能理解，你也不能因此说我的宣告是错误的吧。因为按照我的宣告，有 1% 的概率是不能理解，而非 0。

A：典型的强词夺理啊。

B：在今天的课上，老师如果能说明决策和概率判断的关系就太好了。

可以说，我们的人生由各种选择、判断，以及根据判断结果采取的行动组合而成。概言之，决策是由判断与选择结合的行为（印南，1997），即我们总是作出决策。例如，去哪所大学，选择哪个系，毕业后直接工作还是去读研究生，等等，我们经常在作出选择和判断。从法律的角度来看，法官决定有罪无罪、量刑等，也是通过判断和选择作出决策的过程。

在此，我们暂且通过（1）在法律政策学[1]框架内讨论法律决策（平井，1995）；（2）更狭义地说，讨论裁判中作出判决以前的论证过程，来把握决策的内涵。前者通过"决策的一般

1　这是一种一般性的理论框架和技术，通过对决策理论进行法律上的重构，将其与当前日本的现行法律体系联系起来，设计出一套法律制度或规则体系，为法律决策者或政策制定者提供建议和措施，以控制和解决当前日本社会面临的各种问题（平井，1995）。

模式"来理解法律决策。而本书拟重点讨论第（2）点，具言之，本章将讨论裁判过程中进行决策时的思维过程，并研究与法庭裁决直接相关的论证和推理过程。此外，我们将比较法律决策与科学决策[1]（以下称为"科学解释"）所涉及的论证、推理过程，并研究两者之间的相似之处和差异。

思考题

本章的构成如下。首先，简要介绍图尔敏的论证模型[2]。本章将该模型作为参考对象。其次，讨论法律决策中使用的法律三段论法，并将该方法与图尔敏的论证模式进行对比研究。再次，比较法律决策逻辑与科学解释（在这里是指包括心理学在内的社会科学）逻辑。最后，分析决策中涉及的认知偏差。

所谓"科学"，是指对①事物和事实所进行的②逻辑上的、③实证性的④解释。那么，对于"什么是④解释"这一问题，根据解释的对象不同，有几种不同见解（户田山，2005）。为了与法律思维过程进行比较，我们假设解释的对象是指事物之间的因果关系。此外，解释的程序要求"用一套假设来重建事物、事实"。同时，解释并不仅仅是对事件的总结，还包括预测[3]。

- 以司法论证为基础的图尔敏论证模型是指什么模型？
- 图尔敏论证模式与法律决策中使用的法律三段论法有什么异同？

---

1 虽然科学研究的结果可以作为某种决策，但"科学决策"的说法并不常见。为此，此处使用了科学解释一词。

2 英国分析哲学家史蒂芬·图尔敏（Toulmin，1958）提出的论证模式。

3 关于科学是什么的讨论超出了本章的研究范畴，不予详细讨论。详情请参考文献中的科学哲学书籍。

● 法律决策逻辑与科学解释逻辑在多大程度上是相似的？

● 决策中涉及的一些认知偏差是什么？

第一节　图尔敏的论证模型

我们提出任何主张时，一般会提供支持这一主张的根据。主张与根据的结合被称为论证。这种论证方式被广泛用于判决作出的过程中，科学解释中也会用到。论证是证明结论正当性的程序。在本书中，我们将使用英国分析哲学家 S. Toulmin（Toulmin，1958）提出的模型来思考什么是论证。这一模式是由图尔敏参照法学提出的。因此，它在法律界广为人知，并且对法律以外的一般讨论（包括科学讨论）具有通用性。包括法律三段论法在内的法律思维，自然与该模型的推理、论证形式高度吻合。以下是对图尔敏的论证模式的简要介绍。

第二节　两种论证类型：演绎论证与归纳论证

再次强调，论证是指从作为前提的根据（事实、证据、数据等）中得出主张、结论的过程。从形式上看，表现为——"根据。因此，结论"。例如，"今天的天气很好（根据）。因此，我们去踏青吧（主张）"就是一个论证。总之，论证涉及前提（根据）与主张（结论）之间的关系，并且相较于内容的性质而言是独立的。论证大致可分为演绎论证和归纳论证。

一、演绎论证

在演绎论证的情况下，如果前提是正确的，而且在得出结论的过程中没有错误，那么结论必然是正确的，也即我们只是从前提包含的内容中推导出结论。例如，"鲸鱼是哺乳动物，因此，不产卵"这一论证，是一种演绎论证。换言之，根据语言学规则，作为哺乳动物，在语义上意味着"不产卵"。

演绎论证又被称为保真论证，因为前提中包含的内容被保留在结论中。信息量不会因为论证的结果而增加，因为在结论中没有比前提更多的内容被推导出来。在演绎论证中，结论只是对前提的重新表述，所以不存在从前提到结论的飞跃。

二、归纳论证

我们通常所采用的论证，包括法律和科学论证，被称为归纳（非演绎）论证。在归纳论证中，即使前提为真实的，所得出的结论也未必是真实的。换言之，归纳论证在结论中会推导出一些不被前提所涵盖的内容。在这种情况下，前提的内容并不能被直接带入结论，这种论证也被称为不保真。例如，"他昨晚彻夜未眠，所以，他今天可能会很累"。这一论证，就是一种归纳论证。这种类型的论证在前提中说的是 P，但在结论中却说了一些新的东西，因为结论 Q 是前提 P 以外的东西，也即结论中的信息量增加了。另外，从前提到结论的过渡存在跳跃。

表 3-1　演绎论证与归纳论证的特征

	演绎论证	归纳论证
真理保存性	有	无
新结论	无	有
跳跃	无	有
逻辑错误	无	可能有
信息量的增加	无	有

图尔敏模式被归为归纳论证。一般认为，在论证中从前提推导出结论时，应避免跳跃。然而，一方面，没有跳跃性的论

证结论是没有结果的，相当于什么都没说。例如，"今天天气晴朗，所以，天气很好"是一个没有跳跃的论证。[1] 虽然没有跳跃性的论证其结论总是真实的，但没有人会青睐这种论证，因为它实际上什么都没说。另一方面，如果有太多的跳跃怎么办？例如，"今天下雨了，所以，明天股价会下跌"在形式上是一种论证，但没有人会相信这个论证的结论，也即在这种情况下，根据和结论之间的跳跃性太大了。

如果我们把论证与跳跃联系起来考虑，就会发现，那些完全没有跳跃的论证和那些有太多跳跃的论证不能用于实际情况。所以必须有一个跳跃，但这个跳跃应该是尽可能小的。因此，图尔敏设想了一个假说来连接根据与结论，以及使用理据（warrant）[2] 来搭建根据与结论之间的桥梁。在前面的例子中，"他昨晚彻夜未眠（根据），所以，他今天可能会很累（结论）"的论证中，我们需要一个理据来连接根据与结论——"因为睡眠对恢复体力是至关重要的"。换句话说，归纳论证需要一个介入

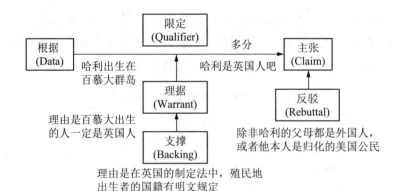

图 3-1　图尔敏的论证模型

1　这不是严格意义上的论证，这种形式的句子被称为陈述句。

2　warrant 是指保证，保证从某一根据可以得出某一结论。参照 G. ライル（1949）。

性的理据来使其发挥作用。图尔敏模型的一般形式是："根据。因此，主张。因为，理据"（福泽，2017，2018）。

图 3-1 为图尔敏模型的整体框架。除了根据和主张之外，它还包括理据（Warrant）、支撑（Backing）、限定（Qualifier）、辩解或反驳（Rebuttal）。

图 3-1 涵盖了图尔敏模型的所有要素。图示的论证为"哈利出生在百慕大群岛（根据）。所以，哈里必然是英国人（主张）。因为，百慕大出生的人一定是英国人（理据）"。另外，该理据以"在英国的制定法中，就殖民地出生者的国籍有明文规定"作为其支撑。

此外，还要考虑对这一主张的辩解或反驳："除非哈里的父母都是外国人，或者他本人是归化的美国公民。"这意味着，为使主张成立，还必须提出能够经受住反驳的根据。

最后，加入限定语"大概"，以表明整个论证对主张证明的力度或程度。因为在归纳论证中，即使根据是正确的，结论也未必正确，故而有必要对主张进行相对准确的表述。后述讨论法律论证时，我将以这个模型作为参考对象。

专栏 1

根据的可靠性与推理的妥当性

推理是指从作为前提的根据中得出主张/结论。可以将论证与推理等同视之。围绕着推理这个词，我们来探讨一下归纳论证和演绎论证之间的区别。

论证在整体上包括：①作为前提的根据，②主张/结论，以及③推理三个部分，包括以上三部分的也被称为④论证。下面这一张图与图尔敏模型基本相同。

①作为前提的根据 ——③推理——→ ②主张/结论

论证的整体结构

在本节中，我们将讨论构成论证的根据、主张/结论，以及从作为前提的根据中推导出的主张/结论的推理。请看以下四个论证。

论证 A

　　根据1：山中伸弥教授是诺贝尔奖获得者之一。

　　根据2：所有诺贝尔奖获得者都知道爱因斯坦。

　　结　论：因此，山中伸弥教授知道爱因斯坦。

论证 B

　　根据1：山中伸弥教授是诺贝尔奖获得者之一。

　　根据2：所有获得诺贝尔奖获得者都知道爱因斯坦。

　　结　论：因此，山中伸弥教授知道牛顿。

论证 C

　　根据1：坂本龙马是诺贝尔奖获得者之一。

　　根据2：所有诺贝尔奖获得者都知道爱因斯坦。

　　结　论：因此，坂本龙马知道爱因斯坦。

论证 D

　　根据1：神经心理学是研究脑部病变位置与病人临床行为之关系的学科。

　　根据2：英国网球公开赛在温布尔登举行。

　　结　论：因此，在逻辑学中，由前提得出结论的过程受到重视。

首先，我们一眼就能看出论证 A 是正确的论证。那么，我们如何能够快速作出判断呢？为回答该问题，我们首先比较其余的论证 B、C 和 D，最后再揭晓答案。

论证 B 的根据 1、2，以及结论单独来看都是正确的。然而，从根据 1 和 2 中不可能得出结论。结论"山中伸弥教授知道牛顿"可以被视为一个事实。然而，即使根据 1、2 正确，也不能从这些根据得出结论。

论证 B 是一个糟糕的论证，这一事实在论证 D 中得以清晰证明。论证中的根据 1、2，以及结论分开看都是正确的，但根据与结论之间没有关联性，其显然是一个错误的论证。

那么，论证 C 呢？其根据 2 是真的，但根据 1 显然是错误的。然而，假如根据 1 是正确的，那么结论就不会错。换句话说，虽然论证 C 的推理是有效的，但作为论证，它是错误的论证，也即根据的内容的正确性和推理过程的妥当性是两码事。

读者可能会对这样的说法感到违和："明明是错误的根据，如果假设它是正确的，那么，即使整个论证是错误的，推理也是正确的。"

回到最初的问题："为什么我们一眼就能看出论证 A 是正确的论证。"论证 A 的根据 1 "山中伸弥教授是诺贝尔奖获得者之一"是事实，"所有诺贝尔奖获得者都知道爱因斯坦"也是事实，因此，论证 A 的内容是，根据 1 和 2 是正确的，而且结论的推理也是妥当的。推理和论证都是正确的。在这种情况下，我们认为这是一个正确的论证，是一个妥当的，并且前提全部为真的、健全的论证。

综上所述，推理是独立于论证本身的，与论证的正确与否无关。因此，正如前述的论证 C 的根据 1 一样，"坂本龙马是诺贝尔奖获得者之一"是否与事实不符与推理无关，也即即使推理是正确的，但如果前提是错误的，整个论证也是错误的。当然，如果推理是错误的，结论也将是错误的，论证自然而然也是错误的。

第三节　通过理据解释根据

论证还涉及一个相当棘手的问题。读者可能认为，事实是可以"客观"呈现的东西，是任何人都可以同样识别的对象。然而，应该注意的是，所谓的"事实"会因感知者的主观因素而发生改变。

例如，从同一"事实"出发，结论会因为所使用的理据的不同而发生改变（图 3-2）。

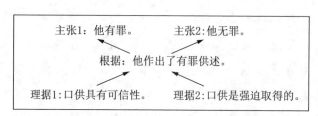

图 3-2　根据（事实）的相对意义与理据的作用

请思考图 3-2 中的例子。论证的根据是"他作出了有罪供述",且被认为是事实。从这一根据得出主张 1,支持这一主张的理据 1 是"口供具有可信性"。从同样的根据出发,可以推理出一个与主张 1 完全不同的主张 2:"他无罪。"在这种情况下,支持主张 2 的理据 2 是"口供是强迫取得的"。因此,即使作为事实的根据只有一个,由于采用了理据 1 或是理据 2,也可能得出不同的主张。

在这个案例中我们可以看到,即使是一个看似客观的"事实",如果观察它的视角(认知)不同,"事实"的意义也会改变。那种认为"根据 = 事实"是理据赋予的含义,"根据"本身包含众人认可的唯一含义的想法,是危险的。应该如何处理根据、主张和理据这三者的内容,以使它们之间的关系从外部角度看是一致的,这对现实的民事诉讼中的讨论来说,也有同样的意义。

第四节　潜意识里使用的理据

Gilovich(1991)举了以下例子,说明在试图发现事实时,理据如何无意间侵入一个人的认知但却不会被意识到。

在第二次世界大战期间,德国军队向伦敦的街道发射了火箭炮。炮弹在落地瞬间就爆炸并破坏城市。地图 1 是伦敦市区的地图,其中 ● 表示火箭弹落地和爆炸的位置。当时,伦敦市民掌握了炮弹落地的信息后,知悉德国人的轰炸目标是伦敦市中心的特定区域。随后,伦敦市民被疏散到更安全的地方。

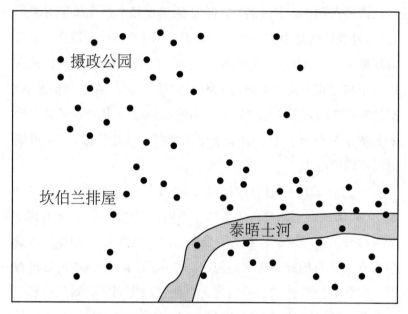

地图 1　伦敦市区的炮弹落地分布 Gilovich（1991）

　　请问，如果你是当时的伦敦市民，你会选择这张地图的哪个位置避难？在继续阅读之前，请您站在伦敦市民的立场上，想一想你会在哪里避难，为什么？

　　对于该问题，大约 80% 的受访者回答他们会跑到地图的右上方或左下方，其原因是，在该地区降落的炸弹数量相对较少。其余 20% 的受访者表示他们会疏散到地图的左上方或右下方，

原因是降落在那里的炸弹数量相对较多，所以它们之后可能会被排除在轰炸范围之外。

每种原因都不是这里将要讨论的问题。这里的重点是，许多人之所以作出上述判断，是因为他们可能在脑海中隐隐约约地在地图上画了两条直接轴，如地图 2 所示。

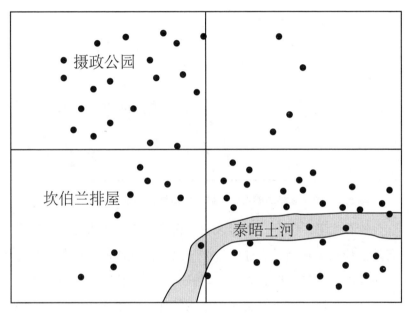

地图 2　画直轴后的伦敦市区炮弹落地分布 Gilovich（1991）

如果我们画出这样一个直轴，并比较四个方格中的炸弹落地数量，我们可以看到，与其他方格中的炸弹相比，右上方和左下方方格中的炸弹落地数量相对较少。事实上，当我们计算每个方格中的炮弹数量，并进行被称为 X 平方检验的统计处理时，我们发现了一个显著的差异。换句话说，从统计学上讲，右上角和左下角象限内的炸弹数量较少。

但是如果我们在地图上画两条对角线相交的线，如地图 3 所示，结果会有何不同？

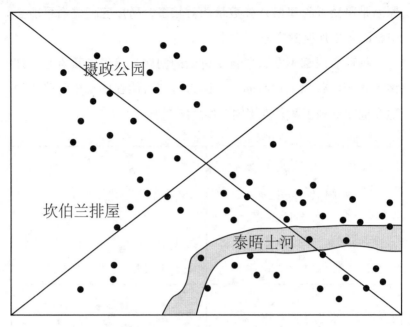

地图 3　画交叉轴后的伦敦市区炮弹落地分布 Gilovich（1991）

乍看之下，每个三角形区域的命中率没有太大差别。这究竟是为什么呢？当我们计算每个三角形区域内的炸弹数量并进行同样的统计处理时，差异不再显著。换句话说，不再可能从统计学上说哪个地方有更多或更少的炸弹着落次数。当然，原本炸弹着落分布就是完全一样的。

赋予事实以意义

地图 1 是论证的根据或数据，可以将其作为事实。一方面，画正交轴（地图 2）是读者潜意识里使用的理据。按照该理据，落在地图右上角和左下角的炸弹数量确实比其他地方少，由此主张或得出结论——决定"将地图的右上角和左下角作为避难地"。

另一方面，画斜交轴（地图 3）的情况下，无论他们选择哪里，都有相同数量的炸弹落地。此时，地图 3 中的斜交轴是解读炸弹分布的理据。按照该论点，我们现在可以主张或得出结论，无论你跑到哪里，安全性相差无几。同样，需要注意的是，这两个结论的出发点是完全相同的分布图（相同的根据或数据）。

通过对伦敦城市爆炸案的解释，我们可以得出以下结论：如果我们把一张给定的炸弹着落点分布图（根据），用不同的方式来观察它，如正交轴或斜交轴（理据），同一根据的含义就会发生巨大的变化。换言之，根据从一开始就不包含内在的、"客观的"、独一无二的意义。

当你看一张伦敦市区炸弹着落点分布图时，你是否利用数据化的着落点分布图得出结论，而完全没意识到你正在使用理据？当你看着根据（数据），并从中得出某一主张／结论时，你在无意识间使用了某种理据。

专栏 2

"9·11"事件与理据

2001 年 9 月 11 日，纽约世界贸易中心（WTC）两座摩天大厦被摧毁。事件发生两年后的 WTC 保险索赔案中，争议焦点是对"事故"（occurrence）一词的理解（Pinker，2007）。

2003 年 7 月，世贸中心大楼承租人拉里·西尔弗斯坦将保险公司告上法庭，要求赔偿 70 亿美元。他的财产保险单规定"每起事故"的损失为 35 亿美元。按照保单约定，无论原因如何，只要发生了导致世贸中心大楼被损坏的事故，他都能获得最高金额的赔偿。然而，合同的措辞是模糊的，没有明确指出什么情况下可以构成事故。

合同将事故定义为"因直接或间接归因于一个原因或一系列类似原因所引起的损失或损害"。三名法官要解决的问题是："对第一座和第二座世贸中心大楼的袭击究竟算几起事故？"

一方面，西尔弗斯坦和他的律师认为，这次的恐怖袭击分明是两起事故。首先，一架由恐怖分子驾驶的飞机于上午 8 点 46 分撞击世贸中心 1 号楼，15 分钟后，即上午 9 点 01 分，飞机撞击世贸中心 2 号楼。原则上，应作如下思考：这次的恐怖袭击计划有可能只摧毁一座大楼，或者两座大楼都没有受到撞击。因此，两座大楼顺次被摧毁的事实表明，这完全是两起事故。换句话说，西尔弗斯坦方主张的理据是：由人引起的事故或事件的数量，"要从这个人的行为后果来评价，看其破坏了多少东西的数量"。

另一方面，保险公司提出如下主张：客机上的恐怖分子打算摧毁这两座建筑，也即无论最后的结果是摧毁一座大楼还是两座大楼，都是计划的一部分，所以只能算作一起事件。换句话说，保险公司一方主张的理据是：在讨论一个人想做什么时，考察这个人引起的事故或事件的数量，应该被认为是"这个人可能实施的计划的个数"。

西尔弗斯坦方的律师和保险公司的律师都同样承认了两座建筑在不同时间点被摧毁的事实。然而，根据事故应被视为物理事件还是心理事件，对作为对象"事实"采取了不同的处理方式。可见，世界是如何在人的脑海中表现出来的，取决于人的理据。

第五节　图尔敏模型的总结

在该模型中，以事实为根据，在此基础上进行一定的跳跃，得出超出事实内涵的主张、结论。此时，由于得出的结论并不是事实根据所包含的，故而产生跳跃性。使用理据是为了确保跳跃的合理性。所谓理据，就是为了确保从有关根据中推导出的主张不存在逻辑问题。此外，当被问及理据是如何保证从根据得出结论时，需要对该理据提供进一步支撑。另外，得出结论时，如果存在反例足以推翻论证，那么该论证就是不成立的。最后，由于从根据得出的主张、结论并不保真，所以要用"大概、可能"这样的限定语来明确可以在多大程度上得出结论。

图尔敏模型包含了传统的三段论法中没有的限定词、支撑和反驳等要素，使得论证更现实，也更经得起推敲。

第六节　法律三段论法：作出法律决策的论证方法

在本节中，我们将参照图尔敏模式，讨论法律决策中使用的法律三段论法。

一般来说，三段论是指从两个前提得出一个结论的论证。

经常被引用的例子如："大前提：人会死。小前提：苏格拉底是人。因此，结论：苏格拉底会死。"法律三段论法的表现方式如："如果你杀了人，你将被判处死刑或无期徒刑或五年以上有期徒刑。本案中的被告人杀害了受害人。因此他应被判处死刑。"法律三段论法是广义上的"逻辑"推理，是对逻辑的模仿，而非形式逻辑学中讨论的狭义的逻辑。[1]

法律三段论法是一种推理形式，其适用的法律规范是大前提，要件事实（具体案例）是小前提，由这两个前提得出法律效果（判决）（永岛，2017）。此外，法律论证中的主张可能会被抗辩所推翻，这被称为推翻可能性。换言之，法律领域中的事件原本就以包含了例外情况为前提。将法律三段论法与图尔敏论证模型对比后，如图 3-3 所示。

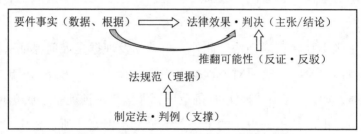

图 3-3　法律三段论法与图尔敏论证模式的对比
注：（　）内是图尔敏论证模型的用语。

一、法律规范

法律规范可以被认为是在逻辑上将法律三段论法中的根据

1　作为一个概念，它对应于一个经验性的事实，但不可能像科学那样通过实验、观察、调查等手段来验证。法律三段论法涉及个体（由专有名词识别的人或物），这需要包括叙述逻辑在内的标准的逻辑。法律三段论法被认为是不可解释的，即使在叙述逻辑中也是如此。因此，法律逻辑学不是严格意义上的逻辑，只是"合乎逻辑的"而已（永岛、2017）。

与结论联系起来的参考框架、标准。法律规范是一套社会规则，我们不仅将其作为自己行为的基准，而且还将其作为解释自己行为正当性的理由，或者作为要求或期待他人行为或批评他人的理由（平野＝亀本＝服部、2010）。法律规范相当于图尔敏模式中的理据。

虽然法律规范和理据在功能上是对应的概念，但在图尔敏模式中，理据是可以自由选择的，取决于什么样的根据或主张被提出。另外，在法律论证中，由于法律规范作为条文，以事前固定的形式出现，所以设定的自由度是有限的。

二、要件事实

要件事实是构成确定某种法律效力（如有罪或无罪的判决，或量刑）所必要的事实的个别具体内容。与要件事实相对应的具体事实被称为主要事实。在图尔敏模式中，这相当于"数据、根据"。需要注意的是，主要事实通常指的是经验事实[1]，而要件事实是法律概念，具有类型化特征。[2]

要件事实的具体例子如（永島、2017）：当 A 约定以种类、质量及数量相同之物返还，并从 B 处受取金钱或其他物时，形成了消费借贷（《日本民法典》第 587 条）。该条款在图尔敏模型中，相当于"理据"。作为法律规范，其产生金钱消费借贷的效力，即具有法律效力，作为法律要件（被认为具有法律效力的事实），"返还承诺"与"金钱交换"是必要的，即为要件事实。与这一要件事实相对应的更为具体的事实是，B 将钱转到

1　一般来说，它是指可以通过实验、调查和观察的方式来捕捉和体验的具体事实。

2　有观点将要件事实与主要事实等同视之，将两者分开考虑的立场并非有力见解。

A 的银行账户，这是主要事实。

　　某些法律决策虽然在形式上是诉讼，但欠缺明文规定的法律要件，如共同财产分割诉讼，确定亲子关系诉讼等（永岛、2017）。这些问题在法律上虽然没有解决办法，但现实中确实发生了，其原本不属于科学范畴内能够解决的问题，但成为法律决策需要解决的对象。所谓解决，指的是当事人是否满意，而不要求在论证上逻辑自洽。

第七节　事实认定：法律领域与科学领域

　　法律中的决策，可以理解为是在刑事、民事等裁判中作出判决时的选择与判断。在这种情况下，审判中可能出现的问题主要有两个：（1）事实认定，即通过审查证据方法（人证或书证等）来确定事实。（2）适用法律，即对已经认定的事实作出法律判断（判决）（太田、2010）。换句话说，它相当于在确定类似于数据的根据（经验事实）的基础之上，将法律规范作为理据并得出结论的论证。接下来，我们将讨论法律和科学在上述两方面的异同。

　　在法律领域中进行事实认定[1]的是法官。法官进行认定时，

1　事实认定，是指"认定对裁判而言必要的事实。在日本，事实认定依自由心证原则"[『広辞苑』岩波書店（第6版）]。或者在诉讼或公共机构进行的类似程序中，确定作为案件内容的事实关系，且认定事实，应当依据证据（刑诉法317条）[『法律用語辞典』有斐閣（第3版）]。按照这一定义，事实认定是指确定要件事实的程序（太田、2010）。此外，在定义事实认定时，使用"事实"和"认定"这两个词，或以一种不允许我们通过具体操作和行动来验证其含义的方式讨论"确定事实关系"，是没有意义的。

所必要的事实证明是指，"关于作为裁判基础要证事实，其存在的可能性（盖然性）得到了证据和经验法则的支撑，并且这种支撑达到了法官可以确信的程度（排除合理怀疑的程度）"（新堂、2019；太田、2010）。

首先，我们来讨论关于事实认定的问题。事实认定是法律领域使用的理论术语[1]。在尽可能地不改变其内涵的情形下，我们将其变换成另一种说法，即"案件是否为真实，由法官根据自由心证（法官的主观概率判断、确信程度）确定。另外，事实存在的可能性（盖然性），由法官根据经验法则决定"。即便这种对定义的改写是正确的，但让事情变得棘手的是，用于定义事实认定的术语是由理论术语组成的。换言之，为了使盖然性、心证和经验法则等词语能够使用，还必须将这些没有被明文规定的潜在辅助性规则以明文的方式予以确定。至今为止的事实认定程序无法作为"旨在确定它们的行动指标"来使用。

其次，在科学解释中，一个事实或事件并不是某一研究者需要认定的对象。如果这个事实是一个新的事实（假说等），那么它就是科学解释的对象。[2]被科学描述为事实的对象本质上是未知的东西。换句话说，已知的东西首先是不需要解释的。法律领域的事实认定与科学领域的事实发现追求的目标明显不同。

再次，科学重视实证性，所以科学家不可能根据自己的自由意志作出决定。因此，科学需要明确说明"事实是如何得到的"这一实证程序。这也是为了确保事实不是由某位特定的科

---

1 理论术语是指在不说明使用条件和范围的情况下不能使用的词，专指在理论上具有重要意义的词。

2 事实可以作为证明的对象。然而，所谓的证明，是有微妙差别的，体现为先给出结论还是证明该结论的合理性；或者是在证明事实的情况下，是确定事实命题的真伪，还是从统计角度确定事实命题为真的概率。

学家偶然获得的，而是同样的事实可以由任何人按照同样的程序证实。

如上所述，科学的作用是解释因果关系。这种因果关系的理念也被用于法律的判断。然而，这两种实证方法在程序上有很大的不同，因为科学研究可以在实验室进行实验，而在法律领域，现实产生的世界本身就是一个天然的实验室。两者的不同之处进一步体现为：科学实证程序中最常见的例子之一是"为什么儿童会变得暴力？"答案是"因为他们看了电视或Youtube 上的暴力场面"（Bandura，1973；大渕、1980）。这是在解释因果关系，"在电视和 Youtube 上看了暴力场景"是原因，"儿童变得暴力"是结果。在图尔敏模型中，原因部分是数据（根据），结果部分相当于主张、结论。

为了弄清因果关系是否实际存在，需要采取实证程序。已知最常见的方法是，在一个可以操作实验者的环境中进行实验（这被称为操纵自变量），并观察受试者的反应（这被称为测量因变量）。例如，如果我们想找到观看暴力场景视频与暴力行为发生之间的因果关系，可以把儿童分成两组：一组观看有暴力场景的视频（实验组），另一组观看没有暴力场景的视频（对照组）。然后对这两组儿童进行测试，看他们之后是否有暴力行为。[1]

在科学领域，我们通过各种方式操纵自变量，然后研究该操纵的结果与因变量（即受试者的相应反应）之间的关系来捕捉因果关系。换句话说，当我们对事实进行认定时，我们会分析各种原因。此外，我们还采取了措施，提前消除任何可能影

1　由于不可能观察到真实暴力的场景，我们只能把打或踢玩具娃娃的行为视为暴力并加以观察。

响结果的因素，如参加实验的儿童是否在暴力环境中长大（控制剩余变量）。

在法律领域的事实认定中很难照搬这样的方法。科学领域的事实认定与"案件是否为真实，由法官根据自由心证（法官的主观概率判断、确信程度）确定"是不同的。实质上不可能通过这种手法在实际场景中重现已经发生的案件。例如，假设有一种原因可以解释为什么嫌疑人会犯下某种罪行，但不可能操纵自变量来假设这个原因，然后测量因变量，看其是否会导致嫌疑人犯下该罪行。重现的可能性是不存在的。换言之，科学领域会假设时间流程，即原因在先，结果在后，而在法律领域，我们不得不采用一种由果溯因的方法，即假设首先出现一个结果，然后寻找导致这一结果的原因。

专栏3

法律领域的概率观 vs 科学领域的概率观

某一现象出现的概率，例如抛硬币时正面出现的概率，被认为是重复抛硬币的相对频率。由于在多次抛硬币时，正面出现的相对频率接近二分之一，所以我们假设只抛一次硬币的话，正面出现的概率为二分之一。这种以相对频率定义概率的思维方式被称为频率理论或古典概率理论。

频率理论是科学家在法庭上用来证明某事的概率概念，是一种科学逻辑。频率理论的逻辑展开如下：

例如，在研究某种药物对某种症状的影响时，首先将病人分为两组：一组接受药物（实验组），另一组不接受（对照组）。然后，在实验组服药一段时间后[1]，将其与对照组的症状进行比较，看其症状是否有所改善。设定的这种假设，在统计学上被称为无效假设。所谓无效假设，是指"用药前后症状没有变化的假设"（顺便一提，"用药前后症状有变化"的观点被称为对立假设）。"药物没有效果的假设"，是研究者最初为了否定，即"为了证明其是错误的假设"，所以被称为零假设。例如，如果对实验组和对照组反复进行无效假设的测试，会发现在这个对比实验中观察到大于或等于药效出现率的差异的概率是所有重复次数的百分之几（在 100 次实验中只有大约 5 次概率）。接受无效假设为真的概率非常低，如果无效假设只在如此低的频率下发生，则将其视为不真实从而放弃，然后采纳对立假设。这是在频率理论的背景下针对假设的统计检测。

这种科学方法以因果关系为前提，即由因导果，而科学所采用的统计方法将无效假设为真作为前提，使用获得相关数据的条件概率。在条件概率的公式中，其表达式为 p（相关数据 | 无效假设为真）。

另外，法律论证的视角与科学的因果关系不同，采用的是由果溯因方法[2]。科学论证使用的是前提和结果恰好相反的条件概率。换句话说，在可以获得相关

---

1 在实践中，我们使用双盲试验，对独立变量进行更严格的操纵。
2 相当于解决数学上的逆向问题，或在计算神经科学语境下对不良情形设定问题。

数据的前提下，关于出现该数据的原因的概率就成为问题。用条件概率公式表达为 p（无效假设为真 | 相关数据）。获得相关数据的原因的概率被称为反概率（inverse probability），最早由托马斯·贝叶斯提出。此外，p（相关数据 | 无效假设为真）和 p（无效假设为真 | 相关数据）的概率并不重合（フィンケルスタイン、太田監訳、2014）。

此外，虽然有各种理论，但比较古典概率理论和贝叶斯统计学孰优孰劣是没有意义的。如果有限的信息和假设的结合能提高效率，那么贝叶斯统计学就更好。有观点认为，当有限的信息和假设的结合更有效率时，应该使用贝叶斯统计，而当我们想尽可能地减少错误的机会，或者有足够的数据时，应该使用古典概率理论（西内，2013）。

第八节　事实认定中的理论偏见

第七节中，我们提到，科学和法律进行事实认定时，采用了不同的方法，这也是两者的不同点之一。如果探讨"事实究竟是什么"这种元问题，可以说，科学和法律都是通过同样的认知过程来感知事实的。

科学解释涉及使用科学家构建的理论[1]（假设的集合，可以理解为图尔敏模型中的理据）对事实进行逻辑重构。如果重构顺利，则事实就得以解释，用于解释的理论可以通过演绎作出

1　科学解释并非只有一种，而是有多种解释方式。参见戸田山（2011）。

各种预测。

事实上，可以说"科学领域也是使用这样的程序来认定事实"的。在这种意义上，法律与科学的方法只是程度不同而已。

即使在科学方法中，对于"什么构成了事实或事件"的回答也取决于怎样从理论角度看待事实、事件。因此，事实在本质上是理论加载的对象。换句话说，采用不同的理论观察对象，就会对对象形成不同的认识。例如，在 Hanson（1986）的经典案例中，两位生物学家都在观察变形虫这种生物，不过，前者将其称为"单细胞动物"，后者则称其为"无细胞动物"。此时，前者隐含的假设事实是：应该将变形虫看作是与某一类型的单细胞（如肝细胞或神经元）在类型学上相似的东西。后者隐含的假设事实是：与其先找一个类似的单细胞动物，不如从动物整体的角度去了解变形虫。该案例中，关注单个细胞的相似性和考虑整个动物的相似性之间存在着理论上的冲突。

乍一看，这些冲突似乎与用来测试的实验过程无关。然而，它们对实验过程有深刻的影响。即这两位研究人员着眼于"单细胞""动物"这一表述的前半部分还是后半部分，决定了两人把什么视为该现象中的问题所在，以及他们认为哪些事实是正确的。这些观察过程就像法官心证一样主观、随意。

科学理论是重建现象所需的最低限度假设的集合，前已述及，这相当于理据。而就像前述 Hanson 案例一样，这些假设存在于科学家们的潜意识当中。此外，在法律论证中，理据以条文的形式预备着，然后，通过条文将事实与结论（原因与结果）作为法律理论串连起来。

第九节　法律证据 vs 科学证据

"证据"（evidence）是指证明当事人主张的事实关系与实际事实相符的东西。"DNA 鉴定"就是一种证据。证据在证明事实方面的"证据价值"有高有低。例如，如果有不在场证据的话，几乎可以肯定凶手另有他人，证据价值较高。另外，目击证人的证词记错或看错的可能性较大，证据价值较低（太田、2010）。

科学解释中对证据的处理与法律领域对证据的处理之间的明显区别在于——排除非法收集的证据。在法律领域，有时为了正义、公平和法律政策的利益，可能排除非法收集的证据，即使这样做会影响到真相的发现（太田、2010）。换言之，法律领域中证据的性质本身就受到社会规范的制约。这可能是因为讨论的结果用于决定与人权直接相关的事项，如最终决定惩罚个人等，而必要的道德规范在决定过程中发挥着作用。

如果在科学领域也存在与非法收集的证据相对应的东西，那么，这个东西首先就不会被视为证据，也可以认为科学团体决定着证据应有的样子。[1] 这类似于法律领域关于证据规则的制定方式。

如上所述，科学解释中使用的证据（事实）必须是可再现的，即只要遵循一定的程序，无论谁使用这一证据，都能获得相同结果。例如，通过实验来验证某一假设时，应该详细说明实验过程，而只要遵循这一过程，无论谁进行实验，结果都应

1　参见托马斯·库恩的范式理论。

该是一样的，这是科学格外重视的。再如，关于"STAP 细胞"证据造假问题，无法进行再现实验是否为该研究结果的决定性因素。

第十节　违法收集证据的排除与实验辅助假设

乍一看，科学理论解释使用了所有似乎可以利用的证据，甚至非法收集的证据，但事实并非如此。这是因为在科学解释中，证据的收集不能与一系列的实验程序分开考虑。因此，有必要明确说明作为实验程序背景的实验辅助假设。如果辅助假设是临时性的，那么以后在对证据进行理论解释时就会出现问题。

关于辅助假设，参考第七节中讨论过的班杜拉假设，即观看暴力场面的儿童会变得暴力（高野＝冈、2004）。班杜拉进行了以下实验。首先，儿童被分为两组，其中一组被展示这样一个场景：一位成年人拳打脚踢一个充气的塑料娃娃（实验组），另一组人看到了同样的娃娃，但没有人对娃娃做任何事情（对照组）。然后，孩子们接连被带到不同的房间，并被告知他们刚刚看到的那个娃娃就在房间里，他们可以自由地玩耍。测量实验组和对照组的儿童打和踢娃娃的频率，用两组之间的统计差异来检验班杜拉假设。结果显示，实验组的孩子比对照组的孩子更经常打和踢娃娃。换句话说，班杜拉假设得到了证实。

到这里为止提出的假设、实验程序和结果都简单易懂。问题是，即使面对这样一个简单清晰的实验，为宣称该实验已经验证了假设，仍需要考虑以下几点。一方面，暴力与踢塑料娃娃一样吗？如果在实验中发现，孩子打或踢了塑料娃娃，但却根本不会对人采取这样的行为，那么这个实验究竟在研究什么？另外，打或踢同样塑料制成的沙滩球是暴力吗？从球到娃娃的性质转变会有什么变化呢？换句话说，界定什么是暴力实际上是一个困难的问题（高野＝冈、2004）。

另一方面，我们不可能通过检测对人实施暴力的频率来验证假设。因此，该实验对预期发生的事情作出了简化，将其转化为可以在实验室进行的形式。这种转化包含很多辅助假设。例如，在这个实验中，辅助假设是："打或踢塑料娃娃是暴力。"换句话说，辅助假设是指"在这项研究中使用的具体程序正确地对应了假说中包含的抽象变量"的假设。

一般来说，假设包含了抽象的思考（如暴力），与实验测试时要遵循的具体程序并不一一对应。有时，辅助假设本身是错误的。换句话说，在科学中，提出证据所需的辅助假设的正确性是很重要的。

到目前为止讲述的内容与本节最初提到的"科学理论解释并非使用了所有似乎可以利用的证据"首尾呼应。在科学解释中，收集证据需要明示所有的实验辅助假设。而在科学研究中，实际上经常发生辅助假设错误的情况。辅助假设的部分改写与其余证据的解释有关。除非能确定可以使用的证据所依赖的辅助假设是什么，否则不能使用任何证据。

第十一节　影响决策的逻辑谬误

相比于按逻辑思考，我们平常更多的是凭直觉思考。当我们思考问题时，虽说并非总凭直觉，但一般来说，这是一种非常自然的思考方式。此外，当我们按逻辑思考时，直觉会阻止我们按逻辑思考。那么，直觉是如何进行干扰呢，接下来将讨论这一问题。在本节中，我们将通过论证和认知类型来探讨推理上的偏见与谬误。

前件肯定（正确推理）

"如果 P，则 Q；是 P，所以是 Q。"这一形式的推理被称为肯定前件的三段论法。具体例子如"如果是海豚，则是哺乳动物；这是海豚，所以是哺乳动物"。P 部分称为前件，Q 部分称为后件。此处前件"这是海豚（是 P）"是肯定的，所以这种形式的三段论被称为前件肯定。从前提得出结论被称为推理，前件肯定是正确的推理。这与我们的一般思维方式是一致的。

前件否定（错误推理）的谬论

观察一下这个例子："如果是海豚，则是哺乳动物；不是海豚，所以不是哺乳动物。"其形式表达为："如果 P，则 Q；非 Q，所以非 P。"这被称为前件否定，因为前件部分"不是海豚，故不是哺乳动物"是否定的。

请问，这一推理是否正确？答案是：不正确。因为即使不是海豚，也很有可能是哺乳动物。因此，它不是海豚并不意味着它不是哺乳动物。这是符合我们思维方式的论证，我们能马上意识到这是错误的。

后件否定（正确推理）

"如果 P，则 Q；非 Q，所以非 P。"这一推理被称为后件否定，是正确的推理。此处后件"非 Q"是否定的。具体例子如，

"如果是海豚，则是哺乳动物；不是哺乳动物，所以不是海豚"。如果你不确定它是不是海豚，但事实证明它不是哺乳动物，那么，可以肯定它不是海豚。

后件肯定（错误推理）的谬论

"如果 P，则 Q；是 Q，所以是 P。"这一形式被称为后件肯定，是错误的推理。在这一论证中，后件 Q 被肯定了。就海豚的例子而言，则表达为："如果是海豚，则是哺乳动物；是哺乳动物，所以是海豚。"除了海豚外，还有各种哺乳动物，不能说如果发现它是哺乳动物，它就是海豚。因此，这是一个错误的推理。我们经常在无意间犯下这种逻辑错误，但由于即使犯下逻辑错误，也不会给实际的社会生活带来严重影响，所以没有引起注意。然而，在法律问题和正式讨论中，后件肯定的失误会演变为重大失误。

前件肯定与后件否定毫无二致（对偶）

一方面，"如果 P，则 Q"与"是 Q，所以是 P"之间是换位不换质的关系，即人们常说的反之亦然。这也表达了后件肯定的错误。另外，"如果 P，则 Q"与"非 P，所以非 Q"之间是换质换位关系，是一种错误关系。

另一方面，"如果 P，则 Q"与"非 Q，所以非 P"在逻辑上指向同一事物，两者之间的关系被称为对偶。因此，"是 P，所以是 Q"改为"不是 Q，所以不是 P"是有效推理。从"如果是海豚，则是哺乳动物"推理出"不是哺乳动物，所以不是海豚"是没问题的。

第十二节 影响决策的认知谬误

确认偏误

我们先来观察被称为"确认偏误"的人类行为，这是了解人类认知类型的典例，并通过心理学家沃森的四卡片选择任务而广为人知。

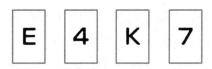

如上图所示，大家面前有四张卡片，每张卡片的一面是字母，另一面是数字。这些卡片遵循以下规则："如果卡片的一面是元音字母，那么它的另一面是偶数"。

读者需要回答的问题是："如果想要确认这些卡片是否符合规则（假设），你必须翻开检查哪些卡片？"（Wason，1966）请思考"必须翻开检查"的理由，关键点是"必须翻开检查的卡片"。

"如果卡片的一面是元音字母，那么它的另一面是偶数"这一假设的形式公式是："如果 P，那么 Q。"出现"P"时，必须确认背后是"Q"，所以，我们必须检查元音卡"E"的背面。其次，由于假设没有提到任何辅音，辅音是偶数还是奇数并不重要，即是什么都可以。因此，我们不需要检查辅音卡片"K"的背面。这两张卡片的推理逻辑是清晰的。

那么偶数卡片"4"呢？由于假设中出现了偶数这一词，故需要重视。"如果卡片的一面是元音字母，那么它的另一面是偶数"这一假设，可以转换成，当卡片的一面是元音字母时，其背面必须是偶数，否则就违反了假设。然而，这并不意味着，如果卡片的一面是偶数，另一面就一定是元音。即使查明卡片的另一面是偶数，也并不违反"一面是元音字母时，另一面是偶数"这一假设。如果我们翻开偶数卡片"4"，发现牌的背面不是元音而是辅音，也没有违反"如果卡片的一面是元音字母，那么它的另一面是偶数"，所以，没有必要翻开卡片"4"。

大部分第一次接触沃森四卡片选择任务的读者，可能会选择翻开卡片"4"，因为凭直觉判断的话，很有可能作出这一选择。

现在我们面前只剩下"7"这一张卡片了。假设中没有出现"奇数"这一词。但是，"如果卡片的一面是元音字母，那么它的另一面是偶数"这一假设，相当于"卡片一面不是元音时，另一面不是偶数"。这被称为否定式或对偶。在这种情况下，卡片的一面是7，即不是偶数。因此，如果卡片的一面出现奇数，而另一面出现元音字母，则与假设相矛盾。因此，为了检查规则是否成立，我们必须检查"7"这一卡片的背面。综上所述，答案是翻开卡片"E"和"7"。

回过头来看，即使翻开"4"这一张卡片，发现卡片背面出现辅音字母，也与检查假设是否正确毫无关系。反之，即使出现元音字母，也不能说明假设是正确的。尽管如此，我们还是会凭直觉翻开"4"这一张卡片。这表明，"如果卡片的一面是元音字母，那么它的另一面是偶数"这一假设为真时，我们习惯性收集我们需要的数据，或者说，我们的注意力会放在收集和观察这些数据上。换句话说，我们会作出原封不动地肯定或证实假设中所表达的内容，并确认这一信息的行为。这是在确认方向上的偏误。

确认偏误不仅仅局限于如四卡片问题这种相对抽象的问题。例如，认为"O 型血的人很慷慨"的人看到 O 型血的人的慷慨之举时，往往会倾向于认为，"果然，O 型血的人很慷慨是真的"。然而，和刚刚的卡片选择任务中对待"7"这一卡片的态度和翻开它的做法一样，我们需要找出"不慷慨的 O 型血的人，或者明明不慷慨，却是 O 型血的人"。

本章参考文献

印南一路（1997）『すぐれた意思決定—判断と選択の心理学』（中央公論社）

太田勝造（1982）『裁判における証明論の基礎—事実認定と証明責任のベイズ論的再構成』（弘文堂）

太田勝造（1986）「民事訴訟法と確率・情報理論—証明度・解明度とベイズ決定方式・相互情報量」判例タイムズ 598 号 203—220 頁

太田勝造（2000）『社会科学の理論とモデル 7：法律』（東京大学出版会）

太田勝造（2010）「法適用と事実認定」〔特集法廷における科学〕科学 Vol.80，No.6

大渕憲一（1980）「暴力映像が視聴者の行動に及ほす効果について—攻撃促進か攻撃抑制か」実験社会心理学研究 20 巻 1 号 85—95 頁

新堂幸司（2019）『新民事訴訟法〔第 6 版〕』（弘文堂）

高野陽太郎＝岡隆　編（2004）『心理学研究法』（有斐閣）

高橋文彦（2013）『法的思考と論理』（成文堂）

田中成明（1994）『法理学講義』（有斐閣）

戸田山和久（2005）『科学哲学の冒険』NHK ブックス（NHK 出版）

戸田山和久（2011）『「科学的思考」のレッスン』（NHK 出版）

永島賢也（2017）『争点整理と要件事実—法的三段論法の技術』（青林書院）

新村出　編（2008）『広辞苑〔第 6 版〕』（岩波書店）

西内啓（2013）『統計学が最強の学問である』（ダイヤモンド社）

ハンソン．N. R.（1986）『科学的発見のパターン』（村上陽一郎訳）講談社学術文庫（講談社）

平井宜雄（1995）『法政策学〔第2版〕』（有斐閣）

平野仁彦＝亀本洋＝服部高宏（2010）『法哲学』（有斐閣）

フィルケルスタイン．M. O.（2014）『法統計学入門』（太田勝造監訳）（木鐸社）

福澤一吉（2017）『論理的思考』サイエンス・アイ新書（SBクリエイティブ）

福澤一吉（2018）『新版議論のレッスン』NHK出版新書（NHK出版）

法令用語研究会編（2006）『法律用語辞典〔第3版〕』（有斐閣）

Bandura，A.（1973）Aggression: a social learning analysis. Englewood Cliffs，NJ: PrenticeHall.

Gilovich, T.（1991）How we know what isn't so. 邦訳（守一雄＝守秀子訳〉『人間この信じやすきもの』（新曜社、1993）

Pinker，S.（2007）The stuff of thought. Penguin Group（Viking Press）

Ryle，G.（1949）The concept of mind 邦訳（坂本百大ほか訳）『心の概念』（みすず書房、1987）

Toulmin，S.（1954）The uses of arugument 邦訳（戸田山和久＝福澤一吉訳）『議論の技法―トゥールミンモデルの原点』（東京図書、2011）

Wason，P.（1966）Reasoning In Foss，B. M. New Horizons in psychology 1 Harmondsworth: Penguin.

Wason，P.（1968）Reasoning about a rule. Quarterly Journal of Experimental Psychology 20（3）: 273—281.

第四章
社会秩序与法

太田胜造

小剧场

A 和 B 是法学院的学生，两人选修了"法学入门"这堂课。在讲课的老师来之前，两人进行了以下的对话：

B：听说"法学入门"这门课将教授我们社会秩序和法的知识。

A：是的，这是一个非常重要的课题。

B：但是，什么是社会秩序呢？当我浏览图书馆展示的书时，看到了《世界体系》和《21 世纪体系》这种看起来与社会秩序相似的书名，但不清楚要研究什么。

A：一位前辈告诉我，不理解这样的词汇是很正常的，不用在意。因为大部分正在使用这些词汇的人不明其意。

B：哇！你这位前辈话中带刺呀。

A：也许是吧。在这门课上，老师将解释博弈论，这是一种分析人们在相互依赖关系中互动的理论。这或许能让我们对社会秩序有更清晰的认识。

B：希望如此吧。可能分为好的社会秩序、坏的社会秩序、

正常的社会秩序……（笑）

A：你可能会惊讶地发现，真的有这样的区别呢。

B：也许是吧。人们之所以说法律和规则控制着人们的行为和社会秩序，这可能意味着存在不良的社会秩序，而法律正试图改善它。

A：但是规制社会的法律和规则为何能做到这一点呢？

B：为何能做到？难道不是因为法律和规则都是正确的吗？

A：法律和规则是由国会议员、法官和政府官员制定的，不是吗？难道说他们制定的东西就都是正确的吗？我觉得有点奇怪。

B：这倒也是。一想到究竟是谁制定了法律和规则，就很难说法律和规则一定是正确的了。

A：但议员是选举产生的，议会实行多数决，如果多数决是正当的，那么结果也应该是正当的，不是吗？

B：但如果多数决的结果像石头剪刀布一样，就很难知道哪个是正确的选择。

A：一位政治学专业的研究生前辈告诉我，像石头剪刀布这样的事情真的可以因为多数决而产生。这是真的吗？

B：哦，这太糟糕了。我的学长说，法律规则之间可能存在矛盾和悖论。

A：什么是悖论？

B：我在网上搜索一下。按照维基百科的解释，"它是一个术语，用于描述从看似正确的前提和看似合理的推论中发现不可接受的结论，亦称佯谬、背离或诡局"。

A：我明白了。但如果法律中存在这样的悖论，岂不是很可怕？

B：也许有"解决法律悖论的方法"吧。

A：但是，如果"解决法律悖论的方法"中也存在悖论呢？

B：如果有更高位阶的法律可以解决这个悖论，那就太好了。但这样一来，就会有无限多的悖论和它们的解决方法。

A：你之前说过，法律规制社会。而这主要是通过审判和监狱来实现的吧。

B：我想是的，但我还想知道是否有其他东西。

A：所以，听了今天的课之后就会明白了，不是吗？

B：是的。我开始期待这门课了。

思考题

● 本章认为，社会秩序是在一段时期内重复出现的社会状态模式。

● 利用博弈论构建社会秩序模型。纳什均衡概念也被用于社会秩序模型。

● 设定能够区分好的和坏的社会秩序的社会期待标准。该标准是帕累托效率。

● 探讨法的正当性根据。考察多数决作为民主主义正当性来源的可取性。

● 考察多数决作为社会决策方式存在的问题。

● 考察用高阶自然语言描述的法律规则的悖论的可能性。

● 解释法律社会控制的动态，包括法律强制、劝说和正当化、信息效应、信号效应和旗帜设定效应等概念。

第一节　社会秩序

一、何谓社会秩序？

（一）法的影响力与社会状态

法律系统可以说是规制社会的工具体系。[1] 社会成员，即自然人和法人在进行决策或行为选择时，将法律规范作为考量要素之一予以参照，通过这种方式，立法系统制定的法律规范，以及通过司法与行政系统的法律判决和法律裁量权制定和修改的法律规范，可以影响社会成员（行为人）的决策与行为选择。此外，通过行为人之间的这种互动，法律影响着人际关系与社会关系，简而言之，影响着社会的运行方式。对于行为人而言，法律规范是否为首要考虑因素，或者仅是次要考虑因素，又或者几乎不被意识到，取决于行为人和他们所处的环境。

例如，当行为人作出"不实施违反《刑法》的刑事犯罪"的决策或行为选择时，其在意识中具体考虑《刑法》的规定或坐牢等刑事制裁的情况相当罕见，理由是很少有人因为《刑法》禁止或要坐牢而不杀人；大多数人根本没有想过要杀人。在超市购买食品的场景下，能够意识到这是被称为消费者合同的法律行为的，也只有法律实务专家而已。

当你购买或出售一处昂贵的房产时，你可能意识到这是一种法律行为，你可能会留意所有权的转让、登记、抵押等，且

1　在法与社会的协同进化模型中，反过来说，社会系统在宏观上通过立法过程，在微观上通过司法和行政过程影响法律系统，法与社会通过这种互动协同进化（参见第二章第三节）。

经常听取司法代书人或律师的法律建议。另外，驾驶汽车时也会注意红灯、停车线、限速标志等，此时大概也会意识到"交通罚单"等驾驶汽车时可能受到的刑事、行政处罚。当然就像人们不完全遵守高速公路上的限速规定一样，在有些情况下，法律规定是决策和行动中需要考虑的因素，但不是决定性因素。

继续举一个具体的例子，在高速公路上行驶时，不同车辆司机之间会互相参照对方的决定与行动，经常出现"随大流"的情况。如果你周围的大多数汽车以每小时 80 公里的速度行驶，你就有可能以差不多的速度行驶；如果你周围的汽车以每小时 120 公里的速度行驶，你就有可能以超过每小时 100 公里的速度行驶。

人们行为互动的结果，产生了某种社会状态。这种状态可以被称为社会秩序。顺便一提，车辆太多导致的交通堵塞也是这种意义上的一种社会秩序。

每个社会成员的决定和行动，直接或间接地受到法律规定的影响，不论是否意识到法律规定，也不论法律规定作为考量因素的权重大小，他们相互影响，即引起社会互动，形成社会秩序，除了上述的高速公路通行和交通堵塞以外还有很多例证。事实上，这些都是很常见的。

（二）作为社会状态类型的社会秩序

从中长期来看，这种社会成员的互动肯定会随着科学进步、技术革新，以及社会、经济和文化等的变化而永远持续转变。然而，在短期内，甚至在中期内，在很多情况下会出现并保持某一模式。举个简单的例子，如鞠躬、交换名片等都是一直被延续和重复的。这种由社会成员（行为人）之间的互动产生并在一定时期内延续和重复的社会状态类型，在此暂且称为"社会秩序"（socialorder）。

　　我所说的社会秩序，不仅是指发生在整个社会中重复并且在一定期间内维持的宏观模式，也包括发生在部分社会、只有几个人的群体或在两人之间的模式中重复并在一定期间内维持的关系。交易交换是一种以合同法制度为前提的社会互动作用，如用便当里的菜肴换取便当里的菜肴（参见第一章第一节），或以物品换取金钱等，由此会在交易交换者之间形成一种关系并在一定期间内得以维持。在此意义上，可称为"社会秩序"。更加通俗易懂的例子是结婚。所谓结婚，是指两个人形成一种关系，然后作为夫妻维持互动作用，婚姻关系是在一定期间内维持的关系。因此，结婚是形成社会秩序的行为，而婚姻关系是一种社会秩序。员工在公司工作，也可以形成社会秩序。

　　社会秩序也不限于直接由有意识的选择行为产生的关系，如合同和婚姻等。例如，在前述交通堵塞的情况下，堵在路上的司机绝非有意识地选择在路上反复并且持续停留，而是努力避免与前后车辆相撞的行为互动的结果，是道路上车辆过多形成的社会秩序。当然，也可能是事故或故障等外在情况所造成的。

　　同样，在人流量大的车站中，通过车站的人流作为一个整体显示出一定的模式，这往往符合流体力学的规律。然而，个别路人并不总是如此。他们通常没有流体力学的知识，也不以这样的模式为目标，而只是想以最快速、最平稳的方式到达目的地——出口或站台，并且不撞到他们前后的其他行人。这样的行人互动形成了一种模式，在一定时期内保持，或者每天早上重复。

　　这样，我们可以看到，本章中的社会秩序包括了大量的内容。为了分析社会秩序和法律秩序之间的关系，有必要构建这类社会秩序的模型。

二、社会秩序的模型化

（一）相互依存关系

社会科学领域正在开发一种最适合于分析社会秩序，即在一段时间内重复和维持的社会关系类型的模型。这便是博弈论。博弈论是分析多个相互依赖的行为人之间的关系以及它们形成何种类型的理论。博弈论被误认为是数学性的、深奥的，但数学部分只是供专家通过计算和模拟来分析的，其实质是人类的战略洞察力，对考察人与人之间的互动行为，如交易谈判、纠纷的协商和解以及国际冲突的交涉等等，具有极大的参考价值。

以"相互依存关系"为对象的博弈论，是指一个行为人（行为者）的决策或行为选择的结果不仅由该行为人的决策或行为选择所决定，还受到其他行为人的决策和行为选择的影响。光看这些可能很难理解，但是从极度简化的两人社会的例子来看就很容易理解了。

假设社会上只有两个行为人——A 和 B，他们必须在单车道上相向而行。如果 A 在右侧车道行驶，B 也在右侧车道行驶，他们可以在不同的车道上互相通行，因为他们的方向相反。两人同时在左侧车道行驶时，亦然。然而，如果 A 在右侧车道行驶，B 在左侧车道行驶，他们相向而行，必然会在同一车道上发生碰撞。A 在左侧车道行驶，B 在右侧车道行驶时同理。

上述情况如表 4-1 所示。这一表格被称为"增益矩阵"。

表 4-1　道路通行的增益矩阵

		B　朝向	
		右侧	左侧
A 朝向	右侧	1 1	−10 −10
	左侧	−10 −10	1 1

在表 4-1 中，如果他们不发生碰撞安全会车，并抵达目的地的话，为方便，计 1 点增益；如果发生碰撞事故无法抵达目的地的话，为方便，计 10 点减益（＝损失 10 分）。

因此，对 A 来说，向右或向左的结果可能是 1 点增益或 10 点减益，这取决于来自另一侧的 B 是向右还是向左行驶。对 B 来说同样如此，这就是相互依存的含义。

了解了右侧通行和左侧通行之间相互依赖情况的人们如果足够理性的话，会产生什么样的社会状态？毫无疑问，他们会退而求其次，要么靠右行驶，要么靠左行驶。那么，他们究竟会作出什么选择呢？从世界范围看，在英国、日本、澳大利亚等国家，汽车在道路的左侧行驶，而在欧洲大陆、美国、中国等国家，汽车在右侧行驶，这并不意味着哪一个国家的做法更加优越，而是带有某种历史偶然性的选择。

（二）纳什均衡

按照博弈论的分析，一旦社会状态建立起来，如果没有激励（引诱）社会中的任何成员独立行动，这种状态就会保持不变。这是因为，没有激励任何人独立行动的措施，意味着每个人都被置于一种独立行动会有损失但不会有收获的境地。因此，可以期待所有社会成员都会继续作出与以前相同的决策，采取相同的行动，从而维持社会状态。这样的社会状态在博弈论中被称为"纳什均衡"。换句话说，社会成员都处于相互对立的僵持状态。因此，博弈论中的纳什均衡是一个容易理解的社会秩序模型。

在上述道路交通的情况下，有两个纳什均衡，一个是两人都选择右侧通行，另一个是两人都选择左侧通行。让我们根据纳什均衡的定义来检验一下。两人都向右侧通行的状态下，只要有一人换向左侧通行，两人就会相撞，结果减掉 10 分。因此，两人都没动力单独换到另一边，故而存在纳什均衡。读者们显然也能理解两人都向左侧行驶的状态也符合纳什均衡。

三、对作为社会秩序的纳什均衡的评价

因此，纳什均衡是一个解释社会秩序的好模型，但它与我们在日常生活中想象的社会秩序不同。这是因为社会秩序的形象是相当模糊的，因人而异，而博弈论的定义是以数学上的严格方式制定的，这不可避免地导致了差异。

我们应该注意到什么样的差异呢？第一个差异是，按照纳什均衡的定义，当社会秩序安定下来后，在这种社会状态下，对所有社会成员来说，他的单独行动不会获得利益是成立的。然而，不排除在两个或更多的人从同时进行的单独行动（而且这两个单独行动不一定是相同的单独行动）中获益的情况。在这种情况下，就会产生互通但形式不同的激励（引诱），而有关的社会秩序不一定能得到维持。

第二个差异是，纳什均衡不一定稳定。纳什均衡可能看起来很稳定，因为它是一种僵局，没有人愿意独立行动。诚然，如果平衡保持不变，没有外生冲击发生，它将保持僵局，但这不是这里的"稳定性"的意思。问题是，当受到外部力量干扰

时，它是否能恢复到原来的状态。谷底的石头保持不动，从这一点看它是均衡的，地震发生后即使出现晃动也会回到原来的状态，所以它是稳定的。山顶的石头保持不动，从这一点看它也是均衡的，但是地震发生后摇晃的话就会滚落到谷底，无法恢复原状，所以它是不稳定的。

第三个差异是，纳什均衡在某些情况下是不受欢迎的。为了观察这一点，我们必须首先明确"社会期待"的标准。本章的社会期待标准，例如，当社会 X 与社会 Y 相比较时，"如果我们投票支持或反对社会改革，而所有有效的投票都支持将 Y 社会改革为 X 社会，那么 X 社会就比 Y 社会更符合社会期待（这被称为'帕累托改进'），而把社会改良到不可能再有更多改进的余地的状态，就是社会所期望的（这被称为'帕累托最优'社会状态）"。如果我们运用这个标准，那么我们会惊讶地发现，相比于其他可能的社会状态，纳什均衡有时并不符合社会期待。

专栏 1

检察官和刑事被告人之间的司法协商

2016 年 5 月 24 日修订并于 2018 年 6 月 1 日颁布实施的《刑事诉讼法部分修正案》中新确立了"收集证据等的协助及追诉相关的合意制度"，即"司法协商制度"（《刑事诉讼法》第 350-2 条及以下）。

该制度的适用范围涵盖了欺诈、侵占、敲诈、伪造官方和私人文件、伪造证券，违反反垄断法、金融商品交易法、税法等部分金融和经济案件，以及毒品、枪支和有组织犯罪的案件，在这些案件中，检察官经辩护律师同意，与犯罪嫌疑人、被告人达成合意，合意对双方都产生一定的法律约束力。

协议内容是：一方面，犯罪嫌疑人、被告人承诺在讯问或法庭作证时提供证言或配合收集证据，以揭发共犯等其他相关人员的罪行；另一方面，检察官承诺给予犯罪嫌疑人、被告人有利的待遇，如不起诉等。

这样一来，我们在美国的刑事审判电影中看到的司法协商（plea bargaining）就被引入日本。最近引发舆论哗然的案件是，在逮捕和起诉日产汽车公司董事长卡洛斯·戈恩的过程中，一名日产汽车公司的执行官与检方达成了司法协商，戈恩的律师申请撤销该案件，认为司法协商是非法的。

日本确立的司法协商被称为"侦查、审判协助型"或"侦查、追诉协助型"，即指控他人犯罪并配合侦查和起诉。另一种司法协商被称为"自我负罪型"司法协商制度，即犯罪嫌疑人、被告人承认自己的犯罪事实、开示证据，作为交换，侦查机关或追诉机关给予其微罪处分或不起诉，或以特定诉因或罚则起诉。后一类型的司法协商制度在日本还没有被确立。

司法协商制度可能导致类似于下文所述的"囚徒困境"的情况。我想请大家以戈恩案为例，分析该制度分别对检方与被告一方会产生何种激励（参见太田，2019b）。

囚徒困境

对此，通过表 4-2 的增益矩阵，能清楚地了解"囚徒困境"状况：A 和 B 共谋盗窃。在共谋时，两人互相发誓，如果他们被抓，他们将为对方保守秘密。果然，两人在逃往不同地方时被逮捕，并在不同的警察局接受了审讯。

A 的审讯官 α 说，"如果你在供述笔录上签名指认 B 是小偷，我会建议法官判处你缓刑，但如果 B 也在指认你是小偷的供述笔录上签字，缓刑建议不会被法院采纳，不过，你将会因配合侦查而被判处 8 年有期徒刑（计 8 点减益）。但如果 B 对你的参与一直保持沉默，你会获得缓刑从而不会进监狱（不进监狱的话，计 1 点增益）。如果你拒绝供述并且对 B 的参与保持沉默，我将建议法官判处 10 年有期徒刑。在这种情况下，如果 B 在指认你是小偷的供述笔录上签字，量刑建议肯定会获得采纳，而你肯定会被判处 10 年有期徒刑（计 10 点减益）。但是，如果 B 也拒绝在供述笔录上签字，并对你的参与保持沉默，那么由于证据薄弱，你将会被判处 5 年实刑（计 5 点减益）"。

在别的警察局，审讯官 β 向 B 也提出了完全相同的方案。"如果你在供述笔录上签名指认 A 是小偷，我会建议法官判处你缓刑，但如果 B 也在指认你是小偷的供述笔录上签字，缓刑建议不会被法院采纳，不过，你将会因配合侦查而被判处 8 年

有期徒刑（计 8 点减益）。但如果 A 对你的参与一直保持沉默，你会获得缓刑从而不会进监狱（不进监狱的话，计 1 点增益）。如果你拒绝供述并且对 A 的参与保持沉默，我将建议法官判处 10 年有期徒刑。在这种情况下，如果 A 在指认你是小偷的供述笔录上签字，量刑建议肯定会获得采纳，而你肯定会被判处 10 年有期徒刑（计 10 点减益）。但是，如果 A 也拒绝在供述笔录上签字，并对你的参与保持沉默，那么由于证据薄弱，你将会被判处 5 年实刑（计 5 点减益）"。

表 4-2　囚徒困境的增益矩阵

		B	
		沉默	供述
A	沉默	−5　−5	1　−10
	供述	−10　1	−8　−8

在此情形下，作为理性人的 A 会想到："如果 B 继续保持沉默，而我也保持沉默，我将被判处 5 年实刑，但如果只有我供述的话，我将获得缓刑而不入狱，获得 1 点增益。既然如此，供述更加有利。如果 B 供述，而我保持沉默的话，会被判处 10 年实刑，此时如果我也供述的话，我将被判处 8 年实刑。既然如此，也是供述更加有利。不管哪种情况，都是供述有利。"作为理性人的 B 也作出完全相同的逻辑思考："如果 A 继续保持沉默，而我也保持沉默，我将被判处 5 年实刑，但如果只有我供述的话，我将获得缓刑而不入狱，获得 1 点增益。既然如此，供述更加有利。如果 A 供述，而我保持沉默的话，会被判处 10 年实刑，此时如果我也供述的话，我将被判处 8 年实刑。既然

如此，也是供述更加有利。不管哪种情况，都是供述有利。"结果，两人都在供述笔录上签名，预计两人都将被判处 8 年实刑。

他们两人都作出供述，并获得 8 年实刑的这一结果体现了纳什均衡。这是因为，在这种情况下，如果只有 A 选择保持沉默（B 选择供述），A 的处境就会从 8 年实刑恶化到 10 年实刑。对 B 来说也是如此，如果只有他选择保持沉默（而 A 选择供述），B 的处境就会从 8 年实刑恶化到 10 年实刑。因此，我们可以看出，"两人都作出供述"体现了纳什均衡。

如果我们替换成价值评价标准——"如果我们就社会改革进行投票，而所有有效的投票都赞成从 Y 社会改革到 X 社会，那么 X 社会就比 Y 社会更加符合社会期待，将社会改良到不可能再有更多改进的余地的状态，符合社会期待"，将会出现什么变化呢？囚徒困境的可能状态只有 4 种，即"两人都沉默""A 供述，B 沉默""A 沉默，B 供述"，以及"两人都供述"。从"两人都沉默"的社会状态改革到其他三种社会状态，将导致减益。换言之，如果改革成"A 供述，B 沉默"的话，B 的刑期将从 5 年恶化到 10 年。如果改革成"A 沉默，B 供述"的话，A 的刑期将从 5 年恶化到 10 年。如果改革成"两人都供述"的话，两者都将从 5 年恶化到 8 年。那些发现自己处境恶化的人将投票反对这种社会改革。因此，不可能通过社会全员一致将"两人都沉默"的社会状态改革成任何其他社会状态。也正是因此，根据上述作为价值评估基准的帕累托标准，"两人都沉默"是社会所希望的。

同样地，从"A 供述，B 沉默"和"A 沉默，B 供述"，向其他三种社会状态改革时，都难免使一些人的地位恶化。因此，根据上述价值评价标准，必然会有人对向其他三种社会状态改革投反对票，从而不会形成一致赞同意见。故按照上述价值评价基准，可以得出以下结论"A 供述，B 沉默"和"A 沉默，B 供述"是社会所希望的。

作为纳什均衡意义上的社会秩序，"两人都供述"这一社会状态下又会出现什么情况呢？向"两人都沉默"改革的话，由于把两人的刑期从 8 年降到 5 年，所以没有人的利益减损，如果两个人投票的话，他们会一致投票赞成这一改革。因此，我们可以看到，"两人都沉默"是一种比"两人都供述"（纳什均衡）更理想的社会状态。因此，在囚徒困境的情况下，在可能的社会状态中，唯一不受欢迎的社会状态是作为纳什均衡的社会秩序，而其他三种社会状态都符合社会期待。

正如上述例子所示，作为纳什均衡的社会秩序并不总是社会所希望的。

顺便说一下，在本章第一节的道路通行情况下，两人均向右侧行驶，以及两人均向左侧行驶作为纳什均衡的两个社会秩序，对甲乙而言都有 1 点增益。没有人投票赞成从一边换到另一边的改革，因为没有人会从中受益，同时，两人都会投票反对向剩下的两种社会状态改革，因为这会使两人的利益都受损。由此可见，无论是两人在右侧车道相向而行，还是两人在左侧车道相向而行的社会改革，都不可能通过一致有效的投票来实现。因此，符合上述社会期望标准的理想社会状态与作为纳什均衡的社会秩序实际上是一致的。

至此，社会理想的纳什均衡和不理想的纳什均衡的存在为法律制度的设计提供了一个指导。换言之，立法和法律解释的指导原则是，应努力使社会理想的纳什均衡更容易实现，使不理想的纳什均衡更难实现。具体而言，应该利用第三节中将论及的各种法律社会控制方法，引导人们采取那些能实现社会期待的社会秩序的判断和行动。

专栏 2

丰川信用金库事件

日本以前也发生过银行挤兑事件，例如发生于1973 年 12 月 14 日的"丰川信用金库事件"。

一位高中女生在去学校的电车上开玩笑说，"银行要倒闭了"。她的朋友把玩笑当真了，回到家后，把谣言告诉了家人。家人以为是关于丰川信用金库的，于是打电话给亲戚求证。这导致关于丰川信用金库陷入经营危机的谣言在亲戚、熟人和朋友之间传开，最后有 5000 人涌入银行，提取了总计数亿日元的存款（据说是 14 亿或 20 亿日元）。

银行把储户的钱借给公司等进行投资，再从投资利润中扣除员工工资和其他费用后，把剩余的钱以利息的形式返还给储户。因此，银行手上只有一小部分现金存款。如果大量储户因为各种恐慌提取现金，将使银行的存款准备金不足以支付，则即使是正常运转中的银行也将面临破产倒闭。这被称为"银行挤兑"，英语称为"Bank Run"，指大量的银行客户同时到银行提取现金的现象。

大量银行同时发生挤兑会引发金融危机，这就是所谓的"银行恐慌"（Bank Panic）。事实上，据说1927 年的金融恐慌是由银行恐慌引发的。

银行挤兑是纳什均衡的另一个例子。让我们回归纳什均衡的定义展开讨论。

如果由于某种原因，例如由骗局引起的恐慌，大量储户跑去银行提取存款，在此情形下，在该银行有存款的你有两个选择：一是选择什么都不做，相信该银行是在正常运转的；二是像其他人一样跑去提取你的存款。

因为做假账等手段的存在，银行是否正常运转和经营，外人一般很难有准确的判断。如果真的破产，几乎就不能取出存款了，也会失去存款。而如果你能跑到银行提取存款，你就不会损失你的钱。相信任何理性人都会跑去银行吧。

如果所有的储户都以这种理性的方式奔向银行，那么银行必然会陷入存款准备金不足的境地。由于无法提取存款，储户将更加恐慌。银行也会因为失去信用而破产。

其结果是一个类似于囚徒困境的纳什均衡的结构，即如果银行是正常运转的，就不应该倒闭，但挤兑却会引发原本正常运转的银行倒闭这种不符合社会期待的后果。

面对丰川信用金库事件，日本银行从名古屋分行运来大量现金，方才渡过生存危机。

第二节　法的正当性

正如我们将在本章中所看到的，法律是进行社会规制的工具，但是将社会规制委托给法律的前提是，法律具有社会或民主正当性。那么，作为前提的法律规则的正当性应该如何理解呢？事实上，法律规则正当性的背后隐藏着一个重要的问题。

一、多数决的期盼——梅氏定理

在日本这样的民主主义社会中，法律规则的正当性来源通常被认为是多数决。多数决真的能获得正当性吗？

多数决是"统计"社会成员的价值判断以达成社会决定的方法。"统计"的方法有无数种，本书只分析投票，从全员一致投票开始，像超过四分之三或三分之二这样绝对多数的多数决，过半数的简单多数决，甚至是寡头制那样的少数决，到最终由单一独裁者决定等，都可称为"统计"。

各种形式的多数决作为社会决策方法之一，必须满足社会决策的必要条件。Kenneth May 提出，这些必要条件应包括：(1)决定性（普遍性）；(2)匿名性；(3)中立性；(4)积极感应性（宇佐美、2000）。

第一，决定性（普遍性）指的是这样一种要件："无论个人持有什么样的偏好（价值观）顺序，都可以果断作出社会决定"，为此，进行投票的社会成员无论持有什么样的价值观，也无论这些价值观在社会成员之间的组合如何，总能作出社会决定。反过来说，任何人不得因持有特定价值观而失去社会成员身份，从而禁止其投票。故此处所探讨的"社会决策"，指的是在任意的两个方案之间进行投票时总会得出结论，一个方案比另一个方案更加符合社会期待，或两者在相同程度上符合社会期待。

第二，匿名性意味着社会成员之间不存在歧视，具体要求是"即使社会个体成员之间的偏好（价值观）顺序被调换，也不会改变社会决策的结论"。关于这一点，通过以下这个不符合该要件的例子就可以明白：在股东大会的决议中，由于每个股东持有的股份数量不同，例如，如果持有60%股份的股东A和持有40%股份的股东B互换位置，在简单多数投票的情况下，股东大会决议的内容会发生变化，因此不满足匿名性。

第三，中立性是指在选项之间不存在歧视，具体来说就是要求"关于某一个选项A和选项B的个人偏好顺序的组合和关于其他选项X和选项Y的个人偏好顺序的组合相同的话，社会决策的结果也会相同"。举个简单的例子，如果60%的人支持选项A，40%的人支持选项B，而按照某种社会决策方法得出的结论是选项A比选项B更符合期待时，那么，如果同样的社会决策方法被用于60%支持的选项X和40%支持的选项Y的相同组合后，结论一定是选项X比选项Y更符合期待。这种情况对任何选择组合都必须成立。关于这一点，通过以下这个不符合该要件的例子就可以明白：仅在特定的选项A和选项B之间要求三分之二以上多数决，而对于其他的成对选项，在社会决策时可以接受简单多数。有鉴于此，如果选项A、B、X和Y的支持结构与上述相同，则对于选项A和选项B这一对选项，进行社会决策时无法得出选项A优于选项B的结论（选项A的支持票不超过三分之二），但对于选项X和选项Y这一对选项，虽然支持结构完全相同，但进行社会决策时可以得出选项X比选项Y更符合期待的结论，即选项X获胜。

第四，积极感应性是指当社会成员的偏好发生变化时，社会决策的结果不会与社会成员的变化相矛盾，具体来说，就是要求"如果某人使某个选择项 A 的顺序上升,在其他方面相同的话,在社会决策时 A 的顺序不会下降"。从用语的严谨性来说,比起"积极"感应性,"非积极"感应性更准确。我们来看一个具体的例子。假设社会成员 a 对选项 X、Y 和 Z 的偏好顺序最初是 X>Y>Z(X 比 Y 更理想,Y 比 Z 更理想,而社会决策的结果是 X>Z>Y)。那么,假设有关社会成员 a 的偏好顺序变成了 X>Z>Y,即 Z 选项的排名上升,而其他社会成员的偏好结构与开始时完全相同。在这种情况下,当实施同样的社会决策方案时,对于最初的结论 X>Z>Y,Z 并没有下降到第三位,而是同样落到了第二位或上升到第一位,而且对任何选择和任何社会成员来说都是如此时,就满足了积极感应性要件。

在用符号逻辑学研究了以上四个要件后,梅(May)证明了同时满足这四个要件的社会决策方式是简单多数决,而且只证明了这是简单多数决。这个定理被称为"梅氏定理"。

二、多数决的正确性——陪审定理

梅氏定理表明,作为社会决策的期待存在于简单多数决之中,多数决结果的正确性概率高于个别投票者的正确性概率,这也使得多数决作为一种社会决策符合期待。

为了简单起见,对于"陪审定理",本书只讨论三人合议制的法官评决(投票)结果。为了进一步简化,我们假设三位法官的正确判断率相同,正确判断率用 p 表示,误判的概率表用 $1-p$ 表示。

讨论此情况下多数决结论的正确率。形成合议的可能性如表 4-3 所示。

表 4-3　多数决合议结论为正确的概率

裁判官甲	裁判官乙	裁判官丙	各评决结果为正确的概率	评决结果的正误
正 p	正 p	正 p	p^3	正
正 p	正 p	误 $1-p$	$p^2(1-p)$	正
正 p	误 $1-p$	正 p	$p(1-p)p$	正
误 $1-p$	正 p	正 p	$(1-p)p^2$	正
正 p	误 $1-p$	误 $1-p$	$p(1-p)^2$	误
误 $1-p$	正 p	误 $1-p$	$(1-p)p(1-p)$	误
误 $1-p$	误 $1-p$	正 p	$(1-p)^2p$	误
误 $1-p$	误 $1-p$	误 $1-p$	$(1-p)^3$	误

　　评决结果正确的是从上数四种情形，因此，评决结果的正确率合计为

$$p^3+3p^2(1-p)=-2p^3+3p^2$$

　　为了与个人的正确率 p 相比较，其结果用 Δ 表示，表示为：

$$\Delta=-2p^3+3p^2-p$$

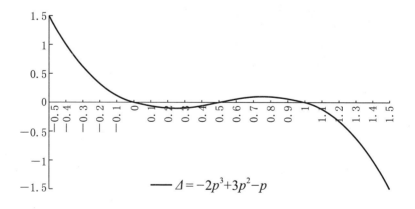

$\Delta=-2p^3+3p^2-p$

　　这是系数为负值的三次函数，由于 $p=0$、$p=0.5$、$p=1$ 时，$\Delta=0$，得知在（0.5～1.0）区间内 $\Delta>0$（如图所示）。

换言之，如果单个投票者的判断正确率高于50%，那么三人合议的简单多数决结果总是比一位法官的判断更准确。一般来说，只要投票参与人的个人判断正确率高于50%，且他们的投票是相互独立（而非仅仅是跟风投票等）的，N人的简单多数决结果将高于单个投票者的正确率，当N接近无穷大时，投票结果的正确率无限接近1。

因此，可以看出，简单多数决比单个投票者得出更正确的结论，社会决策的内容也会更加符合期待。

三、多数决的困境：循环

从梅氏定理和陪审团定理来看，作为一种社会决策方法，简单多数决似乎符合社会期待。然而，人们早就指出其存在的严重缺陷——投票结果是循环的，使得在逻辑上无法选出社会最期待的结果，这被称为"投票悖论"或"孔多塞悖论"。

让我们在一个假设的具体例子中观察投票悖论。举个简单的例子：在由法官甲、乙和丙组成合议庭审理的案件中，原告向被告主张100万日元的合同债权，而被告则主张合同不成立，或者即便是合同成立，被告对原告也享有60万元的债权，因此可以进行债务抵销。

假设对证据、证人调查完毕、辩论终结后，这三名法官进行合议时，决定从以下三个判断中选择一个作为合议结果。

判断A：认定原告主张的合同已经成立，原告可以要求被告支付100万日元的债权，但被告主张的60万日元的债权未达到履行期限，所以被告不能主张以此进行抵销。因此，应判决被告向原告支付100万日元。

判断B：认定原告主张的合同已经订立，原告可以向被告主张100万日元的债权，但被告主张的60万日元的债权可以抵销，因为它处于可以抵销的状态。因此，应判决被告向原告支付 40 万日元的差额。

判断 C：认定原告主张的合同不成立，原告不能向被告主张 100 万日元的合同债权。因此，应裁定驳回原告的请求。

假设甲法官的心证是"A 判决 >B 判决 >C 判决"，即 A 判决最合适，其次是 B 判决，C 判决则不合适；乙法官的心证是"判决 B> 判决 C> 判决 A"；丙法官的心证是"判决 C> 判决 A> 判决 B"。

在这种情况下，如果在 A 判决和 B 判决之间以多数决的方式进行评议，那么甲法官和丙法官认为 A 判决比 B 判决更合适，乙法官的顺序相反，所以 2:1 结果为"A 判决 >B 判决"。如果在 B 判决和 C 判决之间以多数决的方式进行评议，那么甲法官和乙法官认为 B 判决比 C 判决更合适，丙法官的顺序相反，所以 2:1 结果为"B 判决 >C 判决"。如果在判决 A 和判决 C 之间以多数决的方式进行评议，只有甲法官认为判决 A 比判决 C 更合适，乙法官和丙法官的顺序相反，所以 2:1 结果为"判决 C> 判决 A"。

如果把上述评决排列起来，结论是循环的，"判决 A> 判决 B""判决 B> 判决 C""判决 C> 判决 A"。换句话说，推移规则不成立（这里是如果 a>b 且 b>c，则 a>c，但正式的传递性规则是使用≥，而非 >，包含"同等"或"无差别"的评价）。可以说，这里是一种石头剪刀布的关系。

这种情况下，如果不满足选项之间的推移规则，社会的决策陷入循环的话，将无法决定哪个结果最符合社会期待。可以说那样的社会决策原本就是矛盾的、非合理的。

由于多数决中存在投票悖论的可能性，所以多数决这种社会决策方法中潜藏着严重的缺陷。

专栏 3

各种各样的悖论

生活中悖论随处可见。下面介绍几个典型例子。

（1）第二十二条军规

《第二十二条军规》是美国作家约瑟夫·海勒在1961年创作的长篇小说，其使得第二十二条军规成为英语文化中自相矛盾的代名词。

这里的"军规"就好比"这么好的交易不可能到处都有。这其中一定有什么原因"时的"内幕"，意味着"陷阱"或"圈套"。

《第二十二条军规》是一部实验小说并且被改编成了电影，讲述了二战时期发生在士兵身上的荒唐故事。以下是空军士兵约翰·约萨里安（John Yossarian）和军队心理医生达尼卡（Army Psychiatrist Doc Daneeka）的对话。

"您的意思是军规里面包含了陷阱吗？"

"当然啦，有陷阱。"达尼卡医生回答道，"就是第二十二条军规。想离开战场的人都不是真正的疯子。"

"这里存在一个陷阱，就是第二十二条军规。军规中写道，'在面对真实且紧迫的危险时，寻求自身安全是一种基于健康心理状态的行为'。奥伊尔已经疯了，他本可以免于接受空军的出击命令。此时他只要提出免除申请就可以了。但是，'因为这一条军规'，一旦他提出申请，恰好证明他是一个正常人，必须服从出击命令。"

这种自相矛盾的情况就是指第二十二条军规。

（2）平氏家族的逃兵

平家军在坛之浦合战中败给了由源义经率领的源家军。

然而，有一小部分平氏家族的残兵幸存下来，成为逃兵。他们为了逃避抓捕，躲进大山深处隐居起来。

他们当时已经弹尽食绝，为了活命躲在深山中的一个山谷里，远离人类的居住地。

由于食物也吃完了，他们想抓野鸡和其他鸟类来吃，但没有弓箭，他们无法抓到飞鸟。弓可以通过砍竹子来制作，但箭却不能飞，除非抓到鸟，取其羽毛做成箭的尾羽。而要抓鸟，必须有弓和箭……

此时，平氏家族的逃兵们陷入矛盾的境地。

（3）人的世界和非人的世界

"一面登山，一面这样想：

依理而行，则棱角突兀；任情而动，则放浪不羁；意气从事，则到处碰壁。总之，人的世界是难处的。

越来越难处，就希望迁居到容易处的地方去。到了相信任何地方都难处的时候，就发生诗，就产生画。

造成人的世界的，既不是神，也不是鬼，只不过是那些东邻西舍纷纷纭纭的普通人。普通人所造的人世如果难处，可迁居的地方恐怕没有了。有之，除非迁居到非人的世界里去。非人的世界，恐怕比人的世

界更加难处吧。"(夏目漱石《草枕》的开篇词)

因此,由于智慧、情感、意志之间的矛盾关系,人的世界是难以生存的。

但是,非人的世界更加难以生存。

(4)社会规范和非正式制裁

在街头巷尾,不遵守礼仪或社会规范的人并不罕见。但无论是从罪刑法定原则的角度(即为了惩罚刑事犯罪,必须事先确立法无明文规定不为罪的原则,《日本国宪法》第39条规定,"任何人在其实行的当时为合法的行为或已经被认定为无罪的行为,均不得追究刑事上的责任。又,对同一种犯罪不得重复追究刑事上的责任"),还是从法律执行的成本来看,都不可能用刑罚和损害赔偿等法律制裁来完全替代礼仪和社会规范。

一方面,有观点认为,用讲闲话(坏话)、翻白眼和抱怨等非正式的制裁来完全替代礼仪和社会规范是有效果的。然而,社会研究表明,人们不太相信这种制裁在使犯罪者改过自新方面的效果(太田、2019a)。

另一方面,对那些肆无忌惮地违反礼仪和社会规范的人而言,讲闲话(说坏话)、翻白眼和抱怨等非正式制裁是无效的。相反,对遵守礼仪和社会规范的人而言,无论是否有非正式制裁,自然都会遵守这些规范。因此,在非正式制裁和遵守社会礼仪规范之间产生了矛盾。

(5)电车广播

在电车里偶尔能看到有些人大声听音乐,但耳机漏音从而引起周围乘客反感的现象。

　　为此，电车通过广播发出如下提醒："请注意，由于耳机漏音，如果你听音乐的声音太大，可能会对周围乘客造成干扰。"

　　然而，这样的电车广播并没有被目标受众听到，即那些神经大条的、大声听音乐的人。它只能传送给周围那些已经很恼火的乘客。这也是自相矛盾的情况。

　　更通俗地说，肯尼思·阿罗已经从逻辑上证明，不可能存在同时满足某些本身不可否认的合理要件的社会决策方法（称为"阿罗不可能定理"）。因此可知，不可能存在适用于所有个人偏好类型的社会决策方法（宇佐美，2000）。

　　因此，在选举、议会投票和法院判决中采用的社会决策方法——多数决，其实存在难以克服的固有缺陷。事实上，法律的社会正当性只是建立在脆弱的基础之上。在讨论法律问题时，必须始终牢记这一点。

四、法律悖论

（一）高阶性与逻辑悖论

　　法律规范和法律规则，无论是制定法还是判决，抑或是合同条款，都是用自然语言书写的。事实上，自然语言是非常灵活的，可以说是畅通无阻的东西。自然语言的这种灵活性的特色之一，源自它的高阶性（higher order）。语言的高阶性指的是语言可以用于讲述该语言。

　　例如，请思考以下例子：

　　"'A 向 B 出售他所拥有的某一物品的意图和 B 向 A 购买该物品的意图是一致的'，这在合同法中的含义是，A 和 B 之间缔结了一份买卖该物品的合同"。

这个长句中被单引号括起来的部分描述的是关于 A 和 B 之间达成合意的外部表现（客观现象）。与此相对，"'……'，在合同法中的含义是，A 和 B 之间缔结了一份买卖该物品的合同"中，由双引号括起来的部分，是对单引号 '……' 部分的说明。

换言之，单引号 '……' 部分是"被描述的语言"，"'……'，在合同法中的含义是，A 和 B 之间缔结了一份买卖该物品的合同"是描述单引号 '……' 部分的"描述语言"。前者被称为"对象语言"或"目标语言"，因为它是被描述的对象，而后者被称为"元言语"，因为它是从逻辑的更高站位上进行描述。

任何人类的自然语言，以及法律语言都是高阶的，因为都存在"目标——元"结构。

这种"高阶性"产生了悖论。为进一步分析，请思考当以下两个句子分别出现在同一张纸的正反面的情形。

纸张的正面写道：（A）"写有这句话的纸张的背面写的话是假的"

纸张的背面写道：（B）"写有这句话的纸张的背面写的话是真的"

我们可以看到，这是一个悖论，如下所示。我们首先假设"（A）为真"。那么，既然（A）是真的，就可以得出（B）是假的。则仅从真—假的二元逻辑角度来看，由于（B）是假的，那么，（B）的内容——"写有这句话的纸张的背面写的话是真的"被否定了，正确结论应该是"写有这句话的纸张的背面写的话是假的"，这与最初的假设——（A）为真，相互矛盾，形成悖论。

反之亦然，我们首先假设"（A）为假"。那么，既然（A）

是假的，就可以得出（B）是真的。则仅从真—假的二元逻辑角度来看，由于（B）是真的，那么，（B）的内容——"写有这句话的纸张的背面写的话是真的"被肯定了，这与最初的假设——（A）为假，相互矛盾，形成悖论。

从（B）开始假设也会出现类似的悖论，因为描述的内容本身就是同一的。

（二）法律悖论

在法律方面也会出现类似的悖论，以下面为例。

法律（A）："法律（B）的内容是假的"

法律（B）："法律（A）的内容是真的"

如果假设法律（A）是真的，那么从真—假二元逻辑来看，法律（B）是假的，所以结论是"法律（A）的内容是假的"，这与最初假设相矛盾。相反，如果假设法律（A）是假的，那么"法律（B）的内容是真的"，这仍然是与最初假设相矛盾的结论。

专栏 4

谎言的悖论

假设世界上只有两种人：骗子和老实人，而且骗子总是撒谎，老实人总是说真话。这意味着这是一个只有真和假的二元逻辑世界。那么，如何理解下面这句话呢？

"我是骗子"。

首先，让我们假设发言者是骗子。那么，根据定义，骗子总是在说谎，所以这句话是错误的，"我"不是骗子，但由于这个世界上只有骗子和老实人，结果"我"是一个老实人。这与起初的假设相矛盾，即"我"是骗子。

接下来，让我们假设这位发言者是老实人。那么，根据定义，老实人总是说真话，所以这句话一定是真的，"我"一定是骗子。这与起初的假设相矛盾，即"我"是一个老实人。

因此，我们看到在逻辑上不可能确定这位发言者是骗子还是老实人。

当然，即使没有这样的逻辑悖论，由高阶自然语言制定出来的法律也会相互矛盾和抵触。请思考以下例子：

法律（A）："法律（B）的内容是假的"

法律（B）："法律（A）的内容是假的"

这是法律（A）和法律（B）之间正面矛盾冲突的例子；两者不是逻辑上的矛盾关系，但不可能兼容。替换成"……是假的"和"……是废止的"，也是两个不兼容的法律。这种单纯的法律规范之间的内容冲突是现实法律领域中常见的现象。

（三）法律悖论的消解

为了解决法律的内容悖论，可以制定一项法律，在法律之间引入阶层构造。法律被认为是这样一种构造：高位阶的法律可以描述低位阶的法律，但低位阶的法律不允许被用来描述高位阶的法律。

在这种情况下，高位阶的法律是作为元语言的法律，可以被称为低位阶法律的"元法"，而低位阶的法律被定位在目标语言中，可以被称为"目标法"。界定这种位阶构造的法律可以称为"位阶法"。

作为这种"位阶法"的例子是，宪法是最高法律的规定。任何与宪法相抵触的法律都违反了宪法，因此是无效的。作出这一规定的条文是《日本国宪法》第98条，其规定："本宪法为国家的最高法规，与本宪法条款相违反的法律、命令、诏敕以及有关国务的其他行为的全部或一部，一律无效。"宪法的这一规定，利用高阶性，即规定宪法自身的最高法规性来"言及自身"，这一点非常耐人寻味。

另一个"位阶法"的例子是《日本国宪法》第96条，其规定如下：

第一款　本宪法的修订，必须经各议院全体议员三分之二以上赞成，由国会创议，向国民提出，并得其承认。此种承认，必须在特别国民投票或国会规定的选举时进行的投票中，获得半数以上的赞成。

第二款　宪法的修订在经过前项承认后，天皇立即以国民的名义，作为本宪法的一个组成部分公布之。

如果按照这一规定对《日本国宪法》第96条进行修改，会出现什么情况？

对于简单法律规范之间的冲突，有一些原则可以作为元法。例如，根据"后法优于前法"这一法律原理，以前颁布的法律服从于后来新颁布的法律，优先适用新法。另外，根据"特别法优先原则"，适用范围较窄的特别法优先于适用范围较广的一般法。

由于法律规范是国家制定的，因此可能会出现这样的情况：国际交易、贸易等方面的同一行为可以由几个不同国家的法律规范来管辖，而这些法律规范之间可能会产生冲突。在这种情况下，各国通常会制定一部关于哪一国家的法律规范应优先适用的元法。这被称为国际私法（international private law）或冲突法（conflict of laws）。由于法律是国家制定的，因此，在优先适用哪一国家的国际私法、冲突法的问题上，可能会引发同为元法之间的适用冲突与矛盾。这种元法适用上的冲突与矛盾在逻辑上是可以无限回溯的。解决这个问题的另一个方法是通过国际条约，特别是多边条约缔结后，通过统一的元法来选择法律，或者也存在通过联合国等尝试建立全球通用的法律（目标法和元法）的情况。

专栏 5

国际私法上的反致

国际私法是决定应该适用哪个国家的法律的法律规则。

各国法律规则的内容可能不同，法律关系也可能因适用不同国家的法律而不同，导致各方之间出现有利或不利的情况。

国际私法原则上承认合同当事人有权通过合意的方式决定他们的法律关系适用哪一个国家的法律，这是在签订合同的情况下私人自治的形式之一。不仅是适用的法律，当事人还可以通过合意决定在哪个国家的法院或仲裁庭接受审理以解决纠纷。因此，例如，一家日本公司和一家中国公司可以在商业合同中达成合意，指定德国法律为适用法律，也可以达成合意，当产生纠纷时将由印度的法院进行审理。

例如，思考下面这个国际私法案例。

假设就某些当事人之间的法律关系而言，由于根据某种法律原则，如当事人之间的合意、连结点或关系最密切地的法律，无论是按照实体法还是国际私法，A 国的法律都是适用法律。

然而，假设 A 国的国际私法规定，B 国的法律是这些当事人之间相关法律关系的适用法律。

此外，假设 B 国的法律是这些当事人之间相关法律关系的适用法律，且 B 国的国际私法反过来又规定了 A 国的法律是适用法律。

这种问题当然可能存在。

如果出现这种情况，从逻辑上讲，适用的法律将继续在 A 国的国际私法和 B 国的国际私法之间无休止地来回转换，各自指定对方的法律为适用法律。

在国际私法中，这种问题被称为"反致"问题。例如，在这种无限回溯的情况下，为方便起见，国际私法的原则是，A 国的法律是最终适用的法律。然而，这只是权宜之计，并不是一个在逻辑上以一致和令人满意的方式将解决原则定义为反对逻辑无限回溯的元规则的解决方案。

第三节　社会秩序的法律控制

在本书中，法律制度是作为规制人们的行为与判断、社会制度，以及社会秩序的工具而制定、修订，且是由司法、行政部门来制定或修改的东西。那么，法律是如何规范个人行为和社会秩序的呢？

一、法的强制力

（一）事前效果与事后效果

现代社会的正式法律规范有一个以此为目的的社会强制装置，即民事和刑事等的裁判制度、强制执行制度以及社会矫正制度（监狱与未成年人拘留所）。例如，如果违反合同，对方会提起民事诉讼，违约方败诉后会收到支持索赔的判决，如果判决生效，违约方必须履行未履行或未完全履行的合同债务。如果生效判决所命令的债务没有被自愿履行，债权人可以获得执行令状后，据此申请强制执行，以强制执行债务。此外，如果一个人实施了违反刑法规定的行为（犯罪），就会被逮捕、起诉并成为刑事被告人。如果在刑事审判中被定罪，例如被判处 7 年有期徒刑，且判决已生效，那么被告人会受到收监、服刑等刑事制裁。这些刑事制裁迫使人们不去犯罪。如果违反了行政法规，就会受到行政机关的行政处罚，据此强制人们不得违反行政法规。

因此可以说，法律规制人们的行为和决策的主要机制是通过法的强制力。

需要注意的是，以上对人与社会的法律规制是"事前效果"。无论是犯罪还是民事违法，真正受到刑事处罚或民事审判制裁的人仅为少数。此外，受到刑事制裁后仍然再犯（被称为惯犯或累犯）的情况并不罕见，因受过刑事制裁从而不再犯罪的人也仅为少数（罪犯受到刑事制裁后不再犯罪的情况被称为刑法的"特殊预防"效果）。总之，只有在极少数的情况下，一个人会因受到刑事或民事制裁而变得守法。换句话说，刑事、民事制裁的"事后效果"是法律系统运作的例外。

法律对人或社会规制的"事前效果"指的是这样一种法律制裁效果：当一个人准备实施犯罪或者民事违法行为的时候，会"事前"考虑所面临的民事或刑事制裁的风险，因此选择放弃犯罪的念头或者选择遵守民事法律规范。在刑法中，事前效果被称为"一般预防"，意思是一般人被提前阻止了犯罪。

这就容易让人联想到法学。在法学中，法的解释适用有时被认为是针对个别具体的过去的一次纠纷或犯罪，寻求事后的、个别的、公正合理的解决方案的智力活动。裁判中关于法的解释适用尤其强调这一点。然而，在"事后"为"过去发生的纠纷或犯罪"（如作为例外中的例外——犯罪与民事违法行为）寻求公平合理的解决方案时，需要考虑的因素和规范性判断（如所谓的裁判规范），与在"事先"通过法的解释适用以控制"那些考虑到未来法律制裁可能性而采取行动的人"能够选择适当和合理的行动时，需要考虑的因素和规范的判断（如所谓的行为规范等），无法保证是相一致的。相反，认为两者之间存在差异的看法更加自然。如果是这样的话，以往以判例为中心，要求事后的、个别的、公正合理的法律解释的法学方法，有时对合理、恰当的社会规制没有帮助，甚至是有害的。

（二）法的强制的界限

此外，通过这种法的强制机制进行的社会规制是否真的是法律规制人们行为与社会秩序的首要手段，是值得怀疑的。

事实上，大多数人不太可能因为害怕刑事制裁，如罚款或监禁而不犯罪。很少有人因为主观上意识到不想在将来被逮捕、起诉、定罪以及坐牢而选择不杀人。很少有人在乘坐出租车时支付车费是因为他们主观上意识到，如果不支付的话，将来会被出租车司机告上民事法庭，败诉后被强制执行。大多数人在日常活动中作出决策时，不会考虑到具体的法律强制执行问题。

另外，也不太可能有人从未以任何形式触犯过法律。在驾驶机动车的时候，完全遵守限速规定的人是不存在的。生活中从未因错误或疏忽而破坏他人的财产或造成轻微伤害的人也几乎不可能存在。

这样一来，通过法的强制性进行社会规制并非总是被放在首位，在社会生活的某些情况下，尽管有法律强制措施，但法律被违反的情况并不少见。相反，法的强制性被主观地、强烈地认为是对违法行为的威慑的情况相当罕见，而法律强制措施被实际激活的情况（如上法庭、被强制执行、进监狱等），就更罕见了。总之，通过法的强制实现社会规制，无论是在违法还是守法行为的情况下，都不能说是首要的或原则的手段。

专栏 6

人们为什么遵守法律？

汤姆·泰勒的《人们为什么要遵守法律？》（Tyler，2006）是一本从社会心理学视角研究人们为什么遵守法律的书。

根据这本书，人们遵守法律不是因为糖果和鞭子，即奖赏和制裁。当然，这并不是说这些手段在任何情况下都不起作用，而是指它们的影响相比其他因素小得多。

因此，作为传统法学基础的"通过法的强制性来实现法律遵守"的理念，在现实中没有什么正当性。

那么，为什么人们会遵守法律呢？

泰勒将公民的守法理由归结为法律的正当性（legitimate）。

什么情况下，人们会认为法律是正当的呢？

按照传统法学，人们认为法的内容能够实现正义和道德时，就会认为法律是正当的。

然而，泰勒认为情况并非如此。当人们认为形成法律的过程符合程序正义时，他们就认为这种法律是正当的。

泰勒的研究使以实质正义为中心的传统法学看到了程序正义的重要性。

二、法的正当化与说服力

（一）法的说服力

人们受到法律规制的常见情形是，在谈判或纠纷中，人们试图用法律来论证自己要求的正当性，或用法律来说服对方接受自己的主张。当对方告诉你，根据法律条文，这个主张是正当的，或者有判例支持了这一主张时，就很难进行反驳。

例如，房东将自己的房子租给别人，后者又把房子转租给另一个人（这种行为在法律上被称为"转租"）。房东发现后说："你没有经过我的允许就擅自转租，太过分了。我不会把房子租给你了，带着你的东西，赶紧滚蛋。"承租人回答说："既然我都按时支付月租了，不管我怎么使用这个房子，只要没有弄脏弄坏，就没理由被你指责。"如此一来，公说公有理、婆说婆有理，问题就没法解决了。

对此，假如房东说："未经我允许将房屋转租给第三方是非法的，因为它违反了《日本民法》第 612 条第 1 款的规定，即'承租人非经出租人承诺，不得让与其权利或转租租赁物'。在这种情况下，根据该条第 2 款规定的'承租人违反前款规定，擅自对第三人提供租赁物的使用收益时，出租人可以解除合同'，我行使这一权利，解除相关租赁合同。因此，既然租赁合同已经解除了，你就有义务搬出去，并且将房屋恢复到原始状态。所以，带着你的东西，赶紧滚蛋。"这种说法有明确的法律依据，具有压倒性的说服力。

另外，如果承租人反驳说："根据日本最高法院 1953 年 9 月 25 日的判决，未经授权的转租原则上是破坏出租人和承租人之间信任关系的行为，但如果存在'不被视为违反信任行为的特殊情况'，根据《日本民法》第 612 条第 2 款的规定，出租人不能解除合同。据此，本案的分租人是我的亲戚，一名大学生，他只住到毕业，所以属于特殊情况，不能解除合同。"这就是理性的法律辩论，多数情况下是具有压倒性说服力的。

如上所述，法律和法律逻辑可以将稍不注意就容易陷入感情论和暴力的争论进行规制，并将其转化为具有理性且有说服力的意见交换。

（二）作为争论停止系统的法

如上所述，法律规则通过被作为正当依据或说服理由，以规制人们的行为、决策，从而使当事人的争论和其他互动变得平和、理性和有说服力，进而规制社会秩序。

从相反角度看，纠纷与对立变成了情绪化争论后，无论如何讨论，最终都会形成不可调和的敌对关系，即"价值观之争"。对此，结合冷战期间自由主义阵营和共产主义阵营之间的斗争，或与联合国之间的冲突，这一点就很容易理解。与此相对，在拥有统一、集中权力的法治国家中，任何价值冲突都可以在法的支配原则下，通过按照正当程序建立的法律秩序来收起战斗的矛，即通过设定"停止判断""停止争论"的系统，维持社会秩序的和平与安宁。

法律规则的正当性和说服效力，恰恰是借助了这种"停止争论"系统的运作，从而实现了对法律稳定性与社会秩序的维护。

（三）法的说服力的局限性

当然，法律的正当化与说服功能是有局限性的。例如，如果我们把 2020 年与大约 100 年前的 1920 年相比，今天的科学技术、社会状态、文化和经济的发展要大得多、快得多。如果法律制度没有跟上社会的变化速度，那么即使有人主张"这是法律规定的情况"，也会被反驳"这是一部过时的、荒谬的法律，十年前就应该修改。只是由于立法者、议会和法院的疏忽，过时的法律规定仍然存在。因此，法律已经失去了所有的说服力和合法性"，争论也不会得到解决。

因此，如果出现了所谓的"立法不作为"或"司法懈怠"的情况，法律的正当化与说服功能就会瘫痪。所有的法学学者和法律实务工作者都应牢记这一点。

三、法的信息效果

（一）宏观的信息效果

作为人与社会受到法律规制的情形，还有其他日常可见但从法学院教育立场看令人意外，却又处于普遍状态的东西。这就是所谓的法律的信息效果。

法律有各种信息效果，其中最明显的是通过某项法律规定使有关社会基本价值取向广为人知的效果。典型例子如《日本国宪法》规定了国家主权（第1条）、和平主义（第9条）和尊重基本人权（第11—14条）这三项宪法性原则。

《日本国宪法》第1条规定了"天皇的地位、国民主权"：

天皇是日本国的象征，是日本国民统一的象征，其地位以主权所在的全体日本国民的意志为依据。

该条款宣布主权属于国民，并规定了象征性的天皇制度。

《日本国宪法》第9条规定了"放弃战争，否认军备及交战权"：

第1款　日本国民衷心谋求基于正义与秩序的国际和平，永远放弃以国权发动的战争、武力威胁或武力行使作为解决国际争端的手段。

第2款　为达到前项目的，不保持陆海空军及其他战争力量。不承认国家的交战权。

换言之，该条款讴歌和平主义。然而，众所周知，日本的现状与这一规定之间存在着相当大的差距。

《日本国宪法》第11条规定了"基本人权的享有与性质"：

国民享有的一切基本人权不能受到妨碍。本宪法所保障的国民的基本人权，作为不可侵犯的永久权利，现在及将来均赋予国民。

关于国民基本人权的规定还有：第12条规定"自由、权利的保持义务，以及禁止滥用、利用的责任"；第13条规定"个人的尊重，以及对生命、自由、追求幸福的权利的尊重"；第14条规定"法律平等，否认贵族制度、荣誉称号"，条文具体内容省略引用。这些都是关于国家社会价值取向的规定，并没有直接命令或禁止人民、国家或政府采取任何具体行动。

（二）相对微观的信息效果

法的信息效果也体现在相对微观的层面，但由于没有直接反映在条文内容中，因而常常被忽视。例如，《日本民法》第709 条规定，"若某人因故意或过失使他人权利或法律保护的利益受到侵害，则其有责任做相应赔偿"。这意味着，例如如果你实施了开车不看路，或边走路边玩手机等过失行为，引发碰撞事故并使他人受伤，你就负有法律义务对损害进行赔偿。这条规定包含的信息效果除了直观的不得因故意、过失给他人造成损害外，还有社会经济意义，也即蕴含了这样一种效果：在实施社会行为时，有可能出现意外或其他情况，从而给他人的身体或财产造成损失。在这种情况下，如果社会行动本身是在适当的谨慎与注意的前提下实施的，即使发生事故，由于不存在过失，因此不负法律责任。这是对自由主义价值观的宣示，即人们可以在市民社会中自由活动，不受过当的约束。

另外，《日本刑法》第 41 条还规定，"不满 14 周岁的犯罪行为，不处罚"。这说明社会的价值判断是重视对儿童的教育，而不是对儿童实施与成人一样的惩罚，因为 14 周岁以下儿童心智不成熟，判断力不完整，目前可能有犯罪行为，但未来有很大的可塑性，将来有可能发展成为受人尊敬的人。

（三）更为微观的信息效果

与上述情况相比，法律还存在更为微观的信息效果。例如：山田先生在限速 80 公里 / 小时的高速公路上行驶，由于他以为超过限度 40 公里以上时，高速公路上的电子眼才会有反应，所以，山田先生安心地以 90 公里 / 小时的速度行驶。当他经过一个弯道时，限速显示为 60 公里 / 小时。山田先生虽然没看到附近有电子眼，也没有看到附近有任何警车或交警摩托车，但他还是将车速降到了 70 公里 / 小时，并转弯。转弯过程中，他又再次把速度提到 90 公里 / 小时，行驶了一段时间后，又出现一个弯道，并显示限速 40 公里 / 小时。山田先生没有看到附近有电子眼，也没有看到附近有警车或交警摩托车，但他将车速降至每小时 45 公里，并转弯。

山田先生的上述行为并不是基于可能受到的制裁，如被开交通罚单或受到限速执法等。限速标志牌告知他们道路的法律管制，但影响决策的因素是基于限速标志所提供的信息，即第一个弯道很急，他必须降到近 70 公里 / 小时才能转弯，而第二个弯道更急，他必须降到近 40 公里 / 小时才能转弯。换言之，法律规则并没有因为执法部门的制裁风险而规制山田先生的行为，而是它所显示的信息内容，即曲线的紧密度（曲率半径小），对他的驾驶行为产生了重大影响。法律规范的这种效果就是法的信息效果。

作为一种更微观的日常"规范"的信息效果，如下述例子：在一个视线不佳的巷子入口处，挂了一个警示牌："私人道路、禁止通行！"土地所有者有权决定如何使用私人拥有的土地，因此禁止他人通行是合法的，是受法律保护的私权利。这种警示牌的效果之一是，如果路人无视禁止通行的规定，土地所有者可以投诉，或在某些情况下请求赔偿或报警。然而，对土地所有者而言，它也可能产生负面效果，即看到这块通行警示牌的路人可能会想，"哈哈，由于看不见巷子的另一头，我以为是死胡同呢，看来这条路可以通行呀。我现在很着急，就当是走个捷径吧！"换言之，禁止通行规则具有宣布"这条道路私人能通行"的信息效果。

综上所述，更为微观的法律规则的信息效果是指，规则所暗示的社会经济或工程环境条件的信息被传达出来，并非规则本身的宗旨或意义，而是相关的环境信息影响了人们可能作出的反应。在法律规制中，也有必要预见到这一点，为了使对法律规则作出反应的人们的行动结果大致上是恰当的，也就是说需要利用逆向思维来设定法律规制的内容。

四、法的信号传递效果

（一）信号传递模型

接下来解释法律影响社会的另一种机制——信号传递效果。这里的信号传递效果与上一节的信息效果完全不同。信号传递效果源自博弈论中的"信号传递模型"，这是从动态角度解释社会秩序形成的理论［关于信号传递模型，参见波斯纳（2002）］。

首先进行一个思想实验：在非常简单化的社会里，人虽多，但只有两种类型的人。假设人们所做的某一行为，其行为所产生的成本（痛苦）因类型不同而不同。

例如，假设在某所中学的某班级中，只有两种类型的学生，即"G 型"和"B 型"。假设规定"学生每天必须在家里预习与复习 2 个小时"。将其称为校规甲。如果学生每天在家认真预习与复习 2 个小时，就能在考试中取得好成绩，但如果他们不在家里学习，就只能在考试中得到差成绩。

G 型学生很听话，认为遵守规则，在家里学习 2 个小时根本不是什么困难的事。相比之下，B 型学生是叛逆的，他们觉得遵守强加给他们的规则，在家里学习 2 个小时是无比痛苦的。

假设阿部同学在班上的成绩是"优秀"，而伊藤同学的成绩是"合格"。通过这些成绩可知，阿部是 G 型的学生，而伊藤是 B 型学生。这是为什么呢？

对 G 型学生来说，遵守校规甲，在家里完成 2 个小时的预

习与复习，对他们来说轻而易举，所以他们遵守校规甲。对 B
型学生来说，遵守校规甲，在家里做 2 个小时的预习与复习是
令人难以接受的，所以他们在家从不学习。结果，所有 G 型学
生在家里完成 2 个小时的预习与复习，从而得到了"优秀"的
好成绩，而所有 B 型学生没有在家里学习，仅得到"合格"这
种不理想的成绩。因此，成绩显示，阿部是 G 型学生，伊藤是
B 型学生。

如果规定"学生每天必须在家里预习与复习 5 个小时"
呢？将其称为校规乙。如果学生每天在家认真预习与复习 5 个
小时，他们可以在考试中得到一个特别好的"特优"成绩，但
如果他们不在家里学习，他们只能在考试中得到一个不理想的
"合格"成绩。在这种情况下，让我们假设 G 型学生很听话，
努力遵守规则，但他无论如何都不可能每天在家里学习 5 个
小时。

在这种情况下，G 型和 B 型的学生都不会在家里学习，因
为他们无法遵守太严格的校规乙。结果全员都得到了"合格"
的成绩。如此一来，就无法通过成绩来区分该学生是 G 型还是
B 型。

此外，如果规定"学生必须每天在家预习与复习 30 分钟"
呢？将其称为校规丙。如果每天在家完成 30 分钟的预习与复
习，就可以在考试中获得"良好"的成绩，但如果他们不在家
里学习，就只能在考试中获得"合格"的不太理想的成绩。这
种情况下，G 型学生很听话，认为遵守校规丙轻而易举，所以
完成了 30 分钟的预习与复习。然而，B 型学生也是如此，虽然
他们不喜欢遵守校规丙，但由于在家里预习与复习 30 分钟并不
是什么难事，所以他们也会学习。

在这种情况下，由于 G 型和 B 型的学生都能遵守这个过

于宽松的校规丙，都会在家里学习，所以，他们都取得"良好"的成绩。因此，也无法通过看成绩来区分学生是 G 型还是 B 型。

（二）信号传递与规则

以上是博弈论中信号传递模型的基本思维框架。

按照这种思维模式，假设你是 α 公司的人力资源经理，想招聘遵守规则的"好类型"兼职学生，你希望看到什么样的规则被设定为校规呢？

前述的 G 型学生不反感学校的规章制度，并很好地遵守校规。因此，符合 α 公司想要的"好类型"。B 型学生讨厌遵守强加给他们的校规，并尽可能地无视规则。因此，在 α 公司看来是"坏类型"。

就 α 公司招聘兼职学生的标准而言，他们希望学校制定校规，以便他们能够区分 G 型和 B 型学生。因为这样他们就能在招聘兼职学生时完全根据学生的成绩来决定是否录用他们。

所以，α 公司希望学校采用能够将学生区别开的校规甲。假设所有想要通过兼职赚取零花钱的学生都渴望在 α 企业做兼职。但由于兼职工作岗位有限，G 型学生们自然也希望学校制定能与 B 型学生区别开来的校规甲吧。

这是因为，根据校规甲，G 型学生可以向 α 公司提交"优秀"的成绩证明，但 B 型学生即使想假装成 G 型学生也会暴露，因为 2 个小时的家庭学习对他们而言太痛苦了，他们只能得到"合格"的成绩。

在校规 B 和校规 C 的情况下，仅仅看成绩是无法区分的，因为 G 型和 B 型的学生都可以声称他们是 α 公司想招聘的"好类型"学生，而 α 公司将别无选择，只能随机招募他们。

因此，采用校规甲的话，G 型的学生为了表明自己是好类型学生也会遵守校规甲。

以上例子说明，某一规则所命令的行为及其伴随的成本（痛苦）恰到好处时，这一规则可以被用来区分认为做出该行为不痛苦的"好类型"人和认为做出该行为非常痛苦的"坏类型"人。当这些恰到好处的行为是规则所要求的内容时，"好类型"人哪怕只是为了炫耀自己是"好类型"人，也会遵守规则，并通过这种方式试图将自己与"坏类型"人区分开来。而对"坏类型"人而言，因为这一行为的成本太大，他们无法伪装成"好类型"人以掩饰区别。

（三）遵守法律与信号传递

虽然看起来命令这种恰到好处的行为的规则是特殊的，但事实上，人们经常以这种方式遵守许多社会规范和法律规则，以表明他们是"好类型"人，并试图将自己与其他"坏类型"人区分开来。

例如，思考下述情况：你在十字路口等红灯，当时周围有很多人，但根本没有车经过。首先，你基本不会是因为害怕被警察责骂或者违法而停下来等红灯，也不会因为周围的人说"不能闯红灯"是规则所以不闯红灯。由于没有车经过，所以红灯传达出来的"现在过马路很危险"的信息价值也不是阻止你过马路的理由。于是，在这种情况下，等红灯可能是为了向周围的人表明自己是"遵纪守法的人"，是"好类型"人。如果周围没有人，汽车也没来，你还等红灯没有过马路，这可能是因为你试图向自己表明"你是好类型的人"（亦可称为"身份证明"）。当然，在红灯亮着的情况下，那些不守规则的"坏类型"人也能轻易停下脚步，假装自己是"好类型"人，所以通过红灯识别"好类型"人和"坏类型"人往往是不可行的。

相亲或约会吃饭时，为了能够遵守用餐礼仪、正确使用刀叉，不要张着嘴吧唧吧唧地嚼、不要咔滋咔滋地弄响盘子等，可能有不少人专门花时间和成本去学习礼仪，记住这些并在生活中展示出来，以表明自己是"好类型"的、"有礼貌的人"。证据是，许多人在家里独自吃饭时，可能会舔盘子或用手拿食物。相比于红灯，饮食礼仪更能区分"好类型"与"坏类型"，因为不同料理的用餐礼仪都需要学习与实践。

人们之所以遵守并履行和商业伙伴签订的合同，很有可能是为了向周围的人以及其他潜在的商业伙伴证明，自己是认真遵守并履行合同的、"好类型"的"遵纪守法的商人"。这是因为遵守期限、认真履行需要相当大的成本来准备，对"好类型"人来说这种程度的成本是可以忍受的，但对"坏类型"人而言往往是痛苦的或困难的。特别是在商业交易中，声誉对未来的商业机会有重大影响，即使不合理，也有极大的动机去履行。不关心声誉意味着他们不重视未来的商业机会，有可能会以不值得信任的方式行事。

如上所述，人们通过遵守规则来传递信号，以表明自己的"类型"，这也是法律、社会规范等规则影响人们行为与社会秩序的机制中的重要渠道之一。

专栏 7

累赘原理

雄性孔雀拖着鲜艳、巨大而沉重的尾羽。过去人们认为，雄性孔雀的尾羽越大越鲜艳，就越有可能被雌性选择为繁殖伴侣，这是雌性和雄性的相互作用而产生的协同进化（这被称为"性选择"）。同时，性选择导致进化出鲜艳、巨大而沉重的尾羽，这种特性对雄性动物在觅食和躲避捕食者方面非常不利（这被称为"失控的进化"，即进化失控）。

然而，这一理论被指出存在两个问题：一是未能解释为什么雌性孔雀会被拥有鲜艳、巨大而沉重尾羽的雄性孔雀所吸引，按理说，这与繁殖的成功率和后代的繁荣毫无关系，甚至是非常不利的（将其视为偶然，也不自然）；二是无法解释鲜艳、巨大而沉重的尾羽如何做到不仅吸引雌性，而且还能驱赶其他雄性孔雀。如果这一特征使得雄性孔雀在捕食与逃避捕食者方面非常不利，那么它也应该使雄性孔雀在争夺雌性的战斗中处于不利地位，显然，这一理论无法说明为什么其他雄性孔雀不战而逃。

20世纪下半叶提出的、现在已经成为通说的观点是"累赘原理"，它是文中信号传递模型的生物学版本，又被称为"不利条件原理"（扎哈维，2001）。作为雌性理想的繁殖伴侣的雄性，应该是健康、强壮和善于捕食的，即"适应性良好的雄性"，意味着它们在繁殖成功率和后代繁荣方面具有优势。

雄性如何向雌性发出信号，表明他们适应性强？仅仅表明"我很健康，很强壮，很善于捕食"是不够的。其他适应性较差的懦弱雄性也可以轻易主张"我很健康，很强壮，很善于捕食"，而雌性将难以识别它们。

适应性较强的雄性利用传递信号的方式来证明自己的能力，但是适应性较弱的雄性则不能。它们通过自负累赘来达到这一目的，将自己的缺陷——鲜艳、巨大而沉重的尾羽，作为吸引雌性的特征。这样一来，懦弱雄性会因为鲜艳、巨大而沉重的尾羽难以捕食、生病，以及无法逃避捕食者。因此，只有真正健康、强壮、善于觅食的雄性，即适应性较强的雄性，才能在鲜艳、巨大而沉重尾羽这一障碍下生存下来。

雌性孔雀会选择拥有鲜艳、巨大而沉重尾羽的雄性孔雀作为真正的理想伴侣，因为这种残缺的吸引力，是适应性较差的懦弱雄性孔雀无法模仿的。其他适应性较差的雄性孔雀会夹起尾巴逃跑，因为它们清楚，拥有鲜艳、巨大而沉重尾羽的雄性孔雀是真正强大的雄性，他们克服了障碍，精神抖擞地生存着。

五、作为最佳替代方案的法

（一）私人自治

民法最核心的原则是私人自治。私人自治是指人们可以自由形成与处分自己私法上的权利与义务的原则。因此，人们可以承认并履行不存在的义务，或者放弃既有的权利，免除义务人应履行的义务。为此，对于借出去的钱，人们可以体谅为钱所困的朋友说"不用还了"。另外，人们还可以让从家乡搬到东京、需要住处的朋友免费使用他们的家。

私人自治原则在贸易领域的体现是合同自由原则。这一原则规定，只要不违反刑法等强制性法律，合同的内容可以自由形成。基于合同自由的原则，个人和企业都可以自由地缔结贸易合同，例如用 3000 日元交易 4 公斤橘子，或以 5000 日元交易 10 公斤橘子。

有鉴于此，根据合同自由的原则，人们可以通过对话与协商，自由商定形成权利和义务关系的合同。

（二）最佳替代方案与谈判力

谈判理论中有一个概念叫"最佳代替方案"（BATNA：Best Alternative to a Negotiated Agreement），是指在谈判失败、无法达成协议的情况下，一方可以采取的最有利的替代行动方案［关于谈判理论，参见野村 = 太田（2005）、草野 = 太田（2005）等］。

假设你为购买一辆汽车与附近的经销商甲进行谈判。经销商甲最初说价格是 500 万日元，但经过谈判，把价格降到了450 万日元。这时，你顺便去了附近的另一家经销商乙处，得知对方愿意以 400 万日元的价格卖给你一辆相同型号的汽车。在这个不同的经销商乙处以 400 万日元购买汽车的选择就是最佳替代方案。一旦知悉最佳替代方案，除非原来的经销商甲以低于 400 万日元的价格出售，否则谈判就会终止，并以 400 万日元价格从经销商乙处购买汽车。因此，你将能够安心且理直气壮地与经销商甲谈判，比如希望把价格压到 350 万日元。在这个意义上，最佳替代方案构成了"谈判力"的本质。

（三）法的交涉与最佳替代方案

基于私人自治，人们根据合同自由原则，自由谈判并形成自己的权利与义务关系时，法律和案例法就成为谈判理论中的最佳替代方案。

例如，父亲去世后，有子女哥哥 A 和妹妹 B。此时父亲的私生子 X 突然出现，要求共同分割 1500 万日元的遗产（称为遗产分割协议）。

在 2013 年以前，按照《日本民法典》规定，像 X 这样的非婚生子女（私生子的法律术语）的继承份额是合法子女的一半。当然，《日本民法典》的规定是可选项，可以商定不同的财产分割方式。甚至在 A、B 和 X 之间的财产分割协议中，他们可以协商决定如何分割财产。然而，即便进行协商，其出发点也是《日本民法典》规定的非婚生子女继承份额是婚生子女的一半，如果他们不能达成合意，案件将进入法庭（在家庭裁判所中，首先进行家事调停，再到家事审判），A 将有权获得 600万日元，B 获得 600 万日元，X 获得 300 万日元的遗产。因此，协商将从是否增加或减少 X 的 300 万日元遗产继承份额开始。无法达成合意的情况下，一方可以采取最佳代替方案，这也是协商的基础，对谈判的方式和达成合意有重大影响。

日本最高法院在 2013 年 9 月的决定中，认定《日本民法典》的这一规定因在子女之间造成不公平的歧视，违反了《日本国宪法》第 14 条规定的"法律面前人人平等"。这意味着自2013 年以后，最佳代替方案已经发生了变化。此外，同年 12月日本还对民法进行修订，使婚生子女与非婚生子女的继承份额相等。换言之，遗产分割协议的最佳代替方案变为 A 获得500 万日元，B 获得 500 万日元以及 X 获得 500 万日元。以此为基础，协商谁将得到多少钱。

如果 X 说父亲有遗嘱，并把遗嘱拿出来，又该怎么办？假设这是经过公证的遗嘱，遗嘱人在作为法律专业人士的公证员面前口述了遗嘱内容，公证员以准确的、具有法律效力的形式将内容形成文字（《日本民法典》第 969 条），那么遗嘱的有效性是不存在争议的。

然而，如果父亲在遗嘱里说将遗产 1500 万日元全部由 X继承，A 和 B 可能会非常伤心与愤怒。这将涉及《日本民法典》第 1042 条的规定，该规定不能被遗嘱所否定。《日本民法典》

第 1042 条是关于"遗留分"的规定，其中规定继承人享有取得法定遗产份额的一半的权利。

根据遗留分的规定，不管有效遗嘱的内容如何，A 和 B 可以各自继承法定遗产的一半，即三分之一的一半，六分之一，也就是 250 万日元。因此，在分割协议中，根据有效遗嘱和遗留分的规定，A 和 B 将各自继承 250 万日元，X 将继承 1000 万日元，这是协商的出发点，即围绕最佳代替方案进行谈判。

如上所述，法律和判例为人们基于私人自治的谈判设定了最佳代替方案，借此影响了协商的内容，即影响了人与人之间的权利与义务的关系。

本章参考文献

宇佐美誠（2000）『社会科学の理論とモデル 4：決定』（東京大学出版会）

太田勝造（2000）『社会科学の理論とモデル 7：法律』（東京大学出版会）

太田勝造（1990）『民事紛争解決手続論——交渉・和解・調停・裁判の理論分析』（信山社、〔新装版〕2008）

太田勝造（2019a）「社会規範のインフォーマルな制裁の効果についての人々の評価」柏木昇＝池田真朗＝北村一郎＝道垣内正人＝阿部博友＝大嶽達哉　共編著『日本とブラジルからみた比較法——二宮正人先生古稀記念』（信山社）207—235 頁

太田勝造（2019b）「司法取引の利用意欲——社会実験による法社会学的探求」フット，ダニエル・H＝濱野亮＝太田勝造　共編著『法の経験的社会科学の確立に向けて——村山眞維先生古稀記念』（信山社）5—38 頁

草野芳郎＝太田勝造　共編著（2005）『ロースクール交渉学』（白桃書房、〔第 2 版〕2007）

ザハヴィ，アモツ＝ザハヴィ，アヴィシャグ（2001）『生物進化と

ハンデイキャップ原理——性選択と利他行動の謎を解く』(大貫昌子訳)
(白揚社)

Tyler，Tom R.（ 2006 ）*Why People Obey the Law*（ With a new
afterword by the author ），Princeton University Press

野村美明＝太田勝造共編著（ 2005)『交渉ケースブック』(商事
法務)

ポズナー，エリク（ 2002)『法と社会規範——制度と文化の経済分
析 』(太田勝造監訳)(木鐸社)

第五章
AI 时代的法秩序

笠原毅彦

小剧场

B：现代生活完全离不开网络呀。

A：多亏网络，我都不用随身携带《六法全书》和判例集等厚重的书了，真希望所有的法学教材都能电子化呀。听说以前的法科大学院的女生，很容易得腱鞘炎和腰痛。在成为律师之前就已经积劳成疾了。

B：希望期末考试和司法考试也能尽快参考《六法全书》电子化的做法，用电脑输入答案。律师、检察官、法官当中，还有手写的人吗？然而，奇怪的是，法律资格考试竟然还要用手写答案。

A：我同意，不过，这将会增加预防作弊的难度呀。

B：的确，网络上似乎充斥着各种各样违反民事、刑事法律的行为。还有些人认为，网络空间不受法律约束，是法外之地。

A：也许吧。但我想怪人怪事只是少数，大多数人都遵守规则和礼仪吧。

B：可能是吧。或许网络的问题在于，个别无意识行为可能引发严重后果。

A：仔细想想，曾经出现过一些案例，许多看似出自义愤或正义感所做的事情在网络上引发连锁反应，结果毁掉了完全无辜者的人生。网络上的浏览痕迹可以永久存储，"谣言只能传一时"之类的说法也越来越不准确了。

B：虽说如此，但这并不意味着警察和政府应该取缔网络自由，这会产生国家权力侵犯言论自由或隐私等个人权利的危险。

A：在过去，隐藏在人群背后，就如大海捞针一样，能达到匿名隐藏的效果，但现在，监控录像的数据、银行卡和App 的使用数据、手机的 GPS 数据等庞大的储存信息，都可以被 AI 简单地检索与分析出来。某种意义上说，这个世界无处可逃。

B：别忘了还有DNA 信息。美国警察正在利用DNA 数据库建立基因族谱，以解决几十年前的谋杀、强奸悬案。犯人目前已经七八十岁了，这把年龄如果进监狱的话，不可能活着出来，最终只能落个与美国的终身监禁一样的下场。

A：即使能活着出来，也是十几二十年后的事了，就像浦岛太郎一样。在 20 世纪的时候，根本无法想象学生们利用手机App 瞬间预定好明年出国旅行的机票和酒店。如果你入狱 30 年后出狱，将难以融入现在的生活。

B：希望今天的课能帮助我们厘清数字社会、网络社会和人工智能社会的复杂法律问题。

思考题

思考信息化社会对现代社会尤其是法律制度带来的影响。

第一节 何谓网络社会?

当代社会被称为网络社会或信息化社会。虽其内涵因人而异,但就本质而言,可以用两个词来描述:"数字化"与"网络化"。现在普遍使用的"信息通信"一词最早出现在 20 世纪 70 年代,用于描述"信息"设备(计算机)和"通信"设备(电话线)之间的联系。

数字化 最先开始的是"信息"数字化,通俗易懂的例子是音乐。模拟唱片上听到的音乐转换为 CD 时变成了数字信号。这是能够被计算机处理的 01 信号。此外,与通信设备结合后,还可以被下载到智能手机和个人电脑上收听。摆脱唱片、CD 等"物质"后,"信息"本身以音乐数据的 MP3 文件形式,在网络上进行交换。数据本身的信息化几乎蔓延到所有领域,包括文学、摄影、绘画和视频。这意味着几乎任何信息都可以用计算机来处理。它们不再是用钱购买的"物质",而变成一种以二进制形式表达的信息。本身不是有形物的"信息"已经成为一种有财产价值的东西。另外,智能手机的普及使处理这些信息变得更加方便。

网络化 个人和公司的计算机，通过连接以互联网为中心的网络，对社会产生了更大的影响。在模拟电话时代，日本国营铁路（现在的"JR"）的指定券在哪个车站、哪个区间都可以买到。随着银行网络的建立（全银系统）、信用卡的普及，人们无论何时何地都可以提取现金。正如工业革命通过将蒸汽机与运输系统连接起来创造和发展了铁路，从而改变了社会一样，数字设备的网络化也极大地改变了人们的生活。

专栏 1

何谓互联网？

我们正在理所当然地使用和谈论互联网，但互联网究竟是什么？关于它的起源有两种观点：第一种观点认为它始于军事网络，第二种观点认为它起源于教育研究机构。

第一种观点认为，它始于 1969 年建立的 ARPAnet（Advanced Research Projects Agency，美国国防部高级研究计划管理局），其目的是建立能够抵御在古巴导弹危机中极可能发生的核战争的军事网络。结论是，ARPAnet 摒弃了将所有终端连接到大型计算机的传统形式，建立起所谓的分散式互联网，将更多的计算机以网状的方式连接起来，即使一处计算机或连接被破坏，也可以使用其他路径或计算机。因为它拥有像蜘蛛网一样的连接，从而被称为"网"。[1] 就网络起源而言，这项军事研究可以说是因特网的开端，并以万维网的方式扩展至全球。网页地址的前缀为 www。

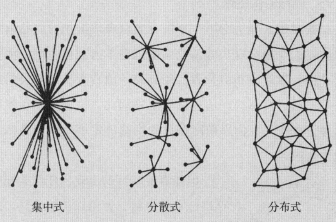

集中式　　　　　分散式　　　　　分布式

图 5-1　集中式、分散式和分布式网络

另一种说法是，20 世纪 80 年代开始盛行的研究机构利用网络（CSnet，Computer Science Network）建立了各种各样的机制与协议（通信标准），这种学术性的使用被认为是互联网的起源。这些虽然不是富有实用价值的讨论，但具有正本清源的作用。

多亏了抗灾网络，最近发生的两次地震表明，即使发生大地震这样的灾难，互联网链接也可以很容易地连接起来，使人们可以绕过其他途径相互联系。

请思考网络化社会的核心——互联网。

1　图 5-1 参见 "An Atlas of Cyberspaces"，https://personalpages.manchester.ac.uk/Staff//m.dodge/cybergeography//atlas/historical.html。

第二节　互联网的特质与问题

一、信息的民主化

互联网是人类手中第一个没有大众媒体偏见的原始信息传播手段。工业革命以来的工业文明创造了大规模生产、消费的消费社会。生产者和消费者已经分离，消费者只是对公司大量生产的商品进行选择。信息世界也是如此，信息集中在国家和大众媒体手中，它们以新闻报道的形式决定谁应该知道多少内容和什么内容。

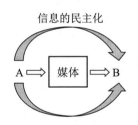

信息的民主化

但随着互联网的出现，任何人拥有有网络链接的电脑，就可以传输信息。这就是"信息的民主化"，被称为茉莉花革命的非洲、中东各国的民主化运动，其带来的结果暂且不论，据说是通过 SNS 扩散、扩大的。然而，互联网已经把每个有电脑的人变成了记者。监管互联网信息需要付出相当大的努力。因此，互联网使人们难以操纵信息，并带来了信息的民主化。

二、编辑缺位

任何事物都具有两面性。大众传媒发挥了信息编辑的作用。作为社会责任的一部分，他们被要求在报道时调查事实并撰写正确的内容。在表达信息时，好比电视广播的禁用语，应使用适度的语言。然而，在互联网的世界里，原始信息四处飞扬，无人扮演

编辑缺位

违法、有害信息、损坏名誉

编辑的角色。这使得信息在内容和表达方面都容易出现问题，前者产生的是"违法、有害信息"的问题，后者产生的是"损坏名誉"的问题。

（一）违法、有害信息——内容问题

当新媒体出现时，色情业一马当先，没等警察作出反应就大捞一笔，反过来又刺激了媒体的繁荣。似乎很难给欲望套上枷锁。互联网首个让人头疼的问题便是色情电影。

根据《日本刑法》第 175 条的规定，淫秽物品应受到管制。然而，由于《日本国宪法》第 21 条规定了"言论自由"，法庭上经常出现关于究竟是淫秽还是艺术的争论。著名的例子如文学作品《查泰莱夫人的情人》《四叠半书房》，以及电影《爱的柯里》。然而，随着时间的推移，淫秽的标准已经发生改变，曾经被认为是淫秽作品的《查泰莱夫人的情人》现在已经有了完整的平装译本。

互联网特有的另一大问题是"无边界"。虽然许多亚洲国家和日本一样，大力打击淫秽物品，但欧美国家呼吁解禁色情制品，自 20 世纪 70 年代以来，淫秽罪已从刑法中删除，不再是刑事犯罪。问题在于，互联网已经使国境变得毫无意义。原则上，法律只在本国境内产生效力。不管在日本怎么取缔，"翻墙"到国外网站的话，在日本也能轻易访问违法信息。

西方国家确实已经将一般淫秽行为排除在犯罪之外了。然而，儿童色情制品自始至终都是一种犯罪。[1]虽说已经解除了色情制品的禁令，但取而代之的是对传播加强监管。如将色情制品放置在专门的色情商店或书店后面，避免被公众看到，以防不想看的人或儿童看到它们。结果，相比于欧美，在日本，一

---

1 根据日本法律，猥亵儿童行为，不构成《日本刑法》第 175 条的猥亵罪，直到 1999 年制定《取缔与惩罚儿童卖淫、儿童色情制品有关活动及保护儿童等相关法律》为止，都不是犯罪。

般人反而更容易看到这些。与日本不同的是，在许多国家，携带显示年龄的身份证是强制性的，且容易核实。

然而，问题是如何在互联网上实现这种流通管制。为此创建了网络过滤与网络评级，目前仍在改进中。前者在特定用语出现时，停止网络传输与接收，但是，例如出现本章中使用的"猥亵""色情"等词语时，无论使用目的是什么，都会被屏蔽。这一功能有望通过导入人工智能的深度学习成果来实现精细化。后者允许事先对信息内容进行评级，并决定其应显示哪个等级。最初，开普敦电视台的节目是根据暴力和性表达的程度进行排序的，这样家长就可以决定给孩子看哪些节目，现在这种做法已适用于互联网。

管制方式不仅限于法律，还出现了介入法律监管和自我监管之间的"共同监管"理念。在所谓的自我监管也即依靠行业准则进行规制难以为继的领域，由公共机构和行业共同管理以解决具体问题。德国承认了共同监管的效果，从而废除了为强化儿童色情制品管制所专门制定的法律。这是因为由行业协会创建的通报制度发挥了作用，且不仅限于互联网，它对于应对变化激烈的信息化社会也是有效的，有望成为新的监管方式。

（二）损坏名誉——表达问题

据说，人与人交流时，话语的意义只占不到 10%，90% 以上是由语义以外的因素构成的，如讲话方式、手势和面部表情。在 YouTube 等 App 普及之前，人们在互联网上只用文字信息进行交流。当话语被翻译成文字时，它们会给人一种比预期更生硬的印象，并可能出乎意料地伤害他人。从网络新闻（全球互联网上的公告板）和邮件列表盛行的时代开始，网上争斗就不断发生，当时互联网仅限于大学和其他研究机构使用，未向公众开放。现在的说法是"流行"。在当时，著名的邮件列表分裂或突然消失是家常便饭。

不过，由于当时的网络使用者主要是以大学为基础的研究组织，即使发生了问题，禁止学生使用网络（暂停或注销账户）、停课或开除等内部惩戒措施就足够了。也有因网络跟踪而被解雇的大学老师。然而，从 20 世纪 90 年代中期开始，当互联网向公众开放商业使用时，内部纪律措施已经不够用了，于是这些问题成为法律纠纷被诉诸法庭。然后，注意力转向提供互联网连接、提供信息或将用户的信息登载在网站上的供应商。该专栏简要介绍了互联网的历史，随后逐一作出解释。

专栏 2

在互联网上不能主张著作权吗？

据说互联网的发展曾经历过一个与我们通常在视频、电视和音乐网站上看到的警告恰好相反的时代。互联网的发展可以分为三个主要时代：第一时期始于 20 世纪 80 年代，我称之为"互联网村"。互联网是大学和研究机构之间分享信息的论坛，不向公众开放。商业用途也被禁止，它是一个学术网络，研究结果和信息在同行之间共享。在互联网上发布的信息是"公共领域（Public Domain）"，所以不能主张著作权。

当时，普通民众通过会员制的 PC 通信，如 NIFTY-Serve 使用互联网，但这是与封闭网络公司签约的会员们共享信息的场所，可以说是会员制社交俱乐部（尽管它拥有超过一百万的会员，在当时比因特网的使用更为活跃，至少在日本是这样）。

后来，与美国同步，日本于 1992 年成立了第一家商业供应商 IIJ，1993 年，邮电部批准了互联网的商业使用，从而消除了 PC 通信和互联网之间的障碍，向大众开放。这一时期被视为互联网发展的第二阶段，可称之为"连接世界的通信系统"。

由于商业利用被认可，对著作权等权利的保护变得与一般社会一样，而且由于一般人也参与进来，使得仅依靠学术机构内部的处分难以为继，诉讼也随之增加。

在目前的第三阶段，IP 电话、电视（视频流）、广播，各种管制与控制、电子商务等，已经成为社会基础设施（社会基础设施）不可缺少的一部分。

想进一步了解互联网历史的同学，可以参见日本原始网址授予机构 JPNC 网站的"互联网历史年表"。（https://www.nic.ad，https://www.nic.ad jp/timeline/）

三、服务商的责任

要连接到互联网，需要在大学等机构或互联网服务商（Internet Service Provider）处获得账户。然后你可以连接到互联网，或连接到网络购物服务商（Commerce Server Provider）、博客或网站服务商（Information Contents Provider）、社交网络服务（Social Networking Service Provider）等。在美国，用于商业用途的全部供应商和大学等研究机构的服务商被统称为"网络服务商"，也可译为"互动通信服务商"。

虽然在互联网上的信息交流中，没有人像大众媒体那样扮演编辑的角色，但是作为提供、管理互联网的服务商，能否让他们承担这一角色——负责删除违法、有害信息，并注销从事这种活动的人的账号，成了问题。美国在 1996 年制定了《通信礼仪法》，以确保服务商为了保持质量而删除信息等行为不会被追究责任。然而，美国法院裁定，即使服务商不管理如损害名誉等有害信息，也无需承担责任。但是，如果侵害著作权，将受到《著作权法》的严厉规制。

日本东京地方法院在 1997 年审理的一起利用网络损害名誉案件中，判决服务商应承担责任（Nifty Serve 损害名誉案）。[1] 虽然法律上（或合同上）没有规定服务商的责任，也没有先例（判例），但该判决基于常识（基于"一般原理"），认定服务商仍应删除相关内容。判决赔偿金额仅为索赔金额的 1/100。东京高等法院即二审法院，认定服务商已经采取了必要措施，不存在过失，从而否定了服务商的责任 [2]（如一审判决那样，这是写帖子的被告的责任）。

当法律专家作出法律判断时，其判断的依据被称为"法源"，包括：法律、习惯、判例与原理。法律是通过国会制定的法律规范，由天皇颁布，除非另有规定，否则在颁布后 20 天内生效（《法律适用基本法》第 2 条）。在没有法律、法规的情况下，或者在法令允许的情况下，习惯（公认的地方或专业惯例）可以成为法源（该法第 3 条）。虽然有争议，但过去的司法判例也可以作为法源被引用。倘若类似案件因为受审法院不同或因审理时期不同而获得相差甚远的判决，必然会损害人们对裁判

的信任。日本实行三审制终审制,一个案件原则上最多可以审理三次,最终由最高法院来实现判决的统一性。此外按照诉讼法的规定,针对与最高法院裁判不一致的判决,可以提出上诉(《民事诉讼法》第318条和《刑事诉讼法》第405条)。在这个意义上,可以说判例至少具有事实上的法源的效力。此外,即使在没有法律、习惯或判例的情况下,也必须解决争端时,作为最后手段,必须使用"一般原理"来审理案件(《法院行政指令》第3条)。"一般原理"一词,指的是事物的规律、道理。

上面提到的判例使服务商处于这样的境地:如果他们不理会损害名誉的帖子,就会被受害人起诉;反之,如果他们删除帖子,就会被写帖子的人起诉。为了解决这个问题,2001年的《服务商责任限制法》(关于限制特定电信服务供应商的损害赔偿责任和披露发送者身份信息的法律)对相关的责任进行了减轻。此外,该法还规定了"保持通信秘密"的特例(《日本国宪法》第21条,《电信业务法》第4条等)。通常情况下,特定通信的内容以及发件人的信息都受到这一通信保密规定的保护,因此,不可能从电话号码中查询到用户的个人信息。然而,在互联网上,人们经常使用绰号(网名)进行交流(匿名性)。名誉受损的受害者必须先起诉服务商,让其披露发件人的信息,才能起诉加害者,这意味着他们必须经过两次裁判,才能实现对加害者的权利。《服务商责任限制法》规定,如果存在明显的侵权行为,并且有合理的理由,例如向法院提起诉讼,可以披露识别发件人的信息(该法第4条)。虽然要求很抽象,但该法限制了因删除帖子或者因未删除帖子而引发的责任(该法第3条)。

但是,如果首先连接某一大学的校园网,再通过校园网连接到其他内容服务商，在服务商处产生了侵权问题，此时，送信人的信息由大学掌握，而侵权事实发生在其他内容服务商处（例如"2ch 网站"）。如果该大学可以检查内容服务商提供的内容，则另当别论，否则，在封闭式会员制服务商的情况下，没有办法检查连接服务商的大学，也没有任何以解决该问题为目的而设置的程序，这是今后有待解决的课题。

随着信息化社会的迅猛发展，像本案一样，法院遇到越来越多的新型案件。即使没有法律、习惯或判例，也必须作出判决以解决争端。可以说，利用被称作"最后手段"的"一般原理"来判决的案件会越来越多。为了解决由此产生的矛盾，需要制定法律，并且对法律不断进行修改。

本案发生在网络还属于"特殊情况"的背景之下。但如今，网络借助智能手机愈发普及，几乎所有人都"日常"地使用网络。这样一来，"通信"一词的内涵也随之发生变化。这将在后面叙述。

第三节　新事物与法律制度的应对

一、电子商务（EC）

智能手机的普及加速了个人对互联网的使用。其中，电子商务（EC，Electronic Commerce）的增长尤为显著。图 5-2（经济产业省，"2019 年日本数据驱动型社会的基础设施建设（电子商务市场调查）"[1]）显示了 B to C（Business to Consumer 企业消费者间交易）的市场规模和 EC 化率。35％ 的交易是通

---

[1] https://www.meti.go.jp/press/2018/04/20180425001/20180425001-1.pdf.

过智能手机进行的。顺便提一下，B to B（Business to Business 企业间交易）是 317 兆 2.110 亿日元（同比增长 9.0%），大约是 B to C 的 20 倍［指个人之间的交易（C to C），如跳蚤市场；以及"B to E"：企业与员工；"B to G"：企业与行政；"G to C"：行政与消费者，均代表了不同的电子交易模式］。

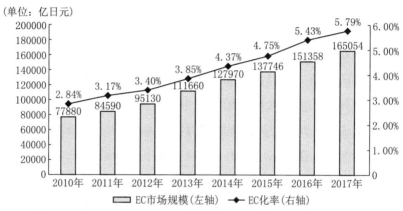

（单位：亿日元）

图 5-2　BtoC-EC 的市场规模及 EC 化率的逐年变化

让我们看看法律制度是如何应对迅猛发展的互联网交易。

传统的交易形式是面对面的交易、书面交易以及电话交易，在这些交易中，双方是面对面的，或通过地址或电话联系的。然而，在互联网交易中，对于屏幕上显示的公司是否真实存在，具有不确定性。为此，出现了使用电子签名的电子认证系统。此外，信用卡最初是唯一的支付手段，担心信用卡信息可能被盗或被滥用是阻碍使用信用卡的因素之一。针对该问题，各种支付方式被开发出来，包括借记卡、电子货币，甚至虚拟货币。顺便说一下，借记卡是一种使用现金卡的支付方式，它将钱从你的账户转到商店的账户。与信用卡不同的是，你的银行账户中必须要有钱。针对银行卡信息泄漏与未经授权的使用，采用了加密技术，此外，《日本个人信息保护法》的颁布要求公司作为处理个人信息的主体，必须妥善管理信息。让我们来看看下面的每一条法律。

专栏 3

所谓六法

　　汇编法律的书被称为六法，包括宪法、民法、商法、刑法、民事诉讼法、刑事诉讼法这六部法律，尽管宪法作为国家基本方针具有特殊性，但并非说这些法律就是特殊的。这本书汇集了司法考试和公务员考试中经常被问及的基本法律，作为俗称成为了法律集的代名词。

　　规定个人之间法律关系的法律是民法，它是关于个人财产和家庭的法律。在这种个人之间的权利与义务关系中，有关商业部分又被称为"商法"的其他法律群进行规范。它包含了一系列关于公司的规定（如股份公司）、关于票据和支票等证券的法律，以及关于保险合同等商业事项的特别规定。这些规范个人之间的法律关系的法律被称为私法。

　　规定国家和个人之间的关系的法律被称为公法。宪法规定了国家的结构，同时对属于国家和公民之间关系的基本人权作出了规定。刑法也是公法之一，规定了犯罪与刑罚。它以罪刑法定原则为基础，除非法律事先规定，否则不成立犯罪，因此，通过查看所有刑法规定，可以确定某一行为是不是犯罪。所谓"诉讼法"，是规范法院等司法机构和个人之间关系的公法，分为以个人间的法律关系为对象的民事诉讼法和判断有无犯罪、刑罚轻重的刑事诉讼法。由于他们都规定了审判的程序，所以将两者统称为诉讼法（程序法）。与此相对，规定了作为审判对象的个人间的权利关系，或者犯罪和刑罚的其他法律，则由实体法一词来区分。

二、民法

《日本民法典》由财产篇 3 篇和家庭篇 2 篇组成。财产篇包括总则（第 1 篇），适用于整部法典；物权（第 2 篇），即对物的权利，如汽车；债权（第 3 篇），即对人的权利，如要求归还借款的权利；家庭篇包括亲属（第 4 篇）与继承（第 5 篇）。近代法的原则之一是"意思自治的原则"，指除非基于个人意思，否则个人不会获得任何权利或承担任何义务。民法是这种意思的表达，以意思表示为支柱制定的。例如，购买三明治的行为是一种买卖合同行为，当"卖了"这一邀约的意思表示和"买了"这一承诺的意思表示达成一致（重叠）时，该合同就会生效。此时，既不需要书面合同，也不需要印章和签名。《日本民法典》规定了 13 种合同，其中大部分只在意思表示一致时生效（称为诺成合同）。另外，在任意性规则（表现为"以与公共秩序无关的事项为目的的法律行为"）的情况下，意思与习惯优先于法律（《日本民法典》第 91—92 条）。由于合同的条款是在任意性规则的范畴内，所以也可以修改内容，或者签订新内容的合同（例如租赁合同）。

个人必须能够表达自己的意思，因此，由于年龄、疾病或其他原因而无法表达自己的意思的人，将被视为限制行为能力人受到保护。另外，个别行为属于无意间犯错（错误）、被骗（欺诈）、被胁迫（强迫）或作出虚假的意思表示（心里保留、恶意串通）时，意思表示无效，或者视为可撤销的意思表示（《日本民法典》第 93—96 条）。

此外，还制定了多部作为特别法规的消费者保护制度以保护消费者免受企业与消费者之间地位不平等的影响，之所以制定这些法律，主要是考虑到由于大规模生产、大规模消费的消费社会的成立，生产者和消费者之间发生分离，而对信息量的掌握处于压倒性弱势的消费者，其意思形成是不完全或者不平等的。

互联网对民法产生了一定的影响。例如在 2001 年，为了与国际规则保持一致性，制定了《民法典中关于电子消费合同和电子接收通知的特别条款的法律》。与身处异地的人（有距离的人）之间的合同成立时间通常被认为是作出承诺意思表示的时间，而对于电子消费合同，则为意思表示到达的时间（2017 年民法修正后，民法上也变更为到达生效原则）。有趣的是，该法第 3 条允许在不弹出确认画面的情况下，可以根据误解的相关规定，撤销因无心之失做出的行为。具体来说，可以提出这样的事由（抗辩）："我并不打算买，但不小心按了按钮"或"因为系统没反应，我按了三次按钮，但我并不打算买三件"。随着这项法律的颁布，网络销售网站会弹出确认画面。

另一个重大变化是《联合国国际货物销售合同公约》（《维也纳销售合同公约》）于 2009 年 8 月对日本生效，但与其说受到互联网社会的影响，不如说它是对全球化的回应。它统一了国际货物销售与购买，从而统一了关于货物的实体法，并使公约文本在缔约国之间直接适用。网络化或多或少地促进了全球化。在这个意义上，这种法律的共同化也可以看作是网络化社会对法律体系的影响。

民法的财产法中，关于合同生效，原则上没有要求必须要书面文件。目前唯一需要书面文件的合同是保证合同（《日本民法典》第 446 条第 2 款）。这一条款是为了保护保证人而新设立的，但同时，如果文件是通过"电磁手段"制作的，也被视为书面文件（该法第 3 款）。同样，关于消费者保护的特别法律包含了大量需要书面文件的条款。然而，由于计算机（在法律中被称为"电子数据处理组织"）和网络的普及，要求必须使用书面文件的条款被认为是对贸易的障碍，从而促成了法律修改。我将在下一节商法之中，讨论放宽对书面文件的要求，以及另一种惯例——印章。

三、商法

规定商法的《日本商法》于 1899 年颁布，但被分拆为《票据法》(1932)、《支票法》(1933) 和《公司法》(2005)。本节中，采用包含上述法律在内的广泛意义上的"商法"。

（一）印章

印章虽然有着悠久的历史，但 2005 年修改前的《日本商法》第 32 条规定，"在本法规定需要签名的情况下，可以用记名印章代替签名"。事实上，按照《日本商法》规定，签名是原则，记名印章可代替签名。此外，由于是"记名"印章，只需在打印的名字上盖章即可。虽然现在不太常见，但是以前没有印章的话，就连邮局的挂号信都取不出来。应该有人有过慌慌张张去买便宜印章的经历吧。

与可以在十元店买到的便宜印章不同，有一些印章，被称为实印，在商业交易中仍然发挥着重要作用。根据印章登记制度，在市区町村的地方自治体登记印章，可以发行印迹证明书，即"印章证明书"。由此可以证明该印章被登记为属于特定的人。此外，它还可以作为一种简单的身份识别方式，因为在发达国家，所有公民都持有身份证的情况，是非常罕见。

成为社会人后，在重要的交易中使用的"实印"、在银行登记的"银行印"、工作单位登记的印章、领取行李的便宜印章、用于矫正文件的矫正印章，其他国家罕见的丰富多彩的印章文化在日本遍地开花。为了使行政文件实现线上化、电子化，日本政府于 2019 年 3 月倡导推进无印章的程序，但遭到了印章行业的反对。

这些印章、签名或书面文件的用途是什么？正如我们已经看到的，民法的财产法几乎没有要求这些，但是关于遗嘱，要求签名和盖章（见《日本民法典》第 968 条及以下条款）。这是为了制作重要交易的证据，相关内容将在民事诉讼法中进行说明。

网络社会对商法的影响明显体现为放宽书面文件的要求（无纸化）。

（二）公司债券、股票的电子化

股份有限公司简单来说就是资金的集合，公司的财产被划分为股份，由股东以股权的形式持有。公司的经营者是股东，即公司所有者所委托的人。为了使这种股份容易流通，被做成票面的股票，股票是一种有价证券。公司发行的另一种有价证券是"公司债券"，它是向公司提供贷款的证书。

有价证券的出现是为了促进权利的流通，但纸质证书的存在带来了盗窃、伪造和损失的风险，同时增加了发行与储存的成本。此外，信息技术的发展减少了权利流通方面票证存在的必要性，权利逐渐与票证相脱离。目前制定了各种各样的法律，关于股票，2006 年对《公司法》进行修订后，原则上不再发行纸质股票，在股票托管和记账式转让制度下，上市公司的纸质股票在 2009 年被全部废除。关于公司债券，2003 年推出了短期公司债券（无纸化 CP）的记账系统，使得没有必要再发行证书。两者都受《金融商品交易法》的监管。

（三）电子记录债权——证券结算法制的改革

在日本，被称为"期票"的有价证券被用于企业对企业的交易，尽管最近它们在减少，甚至在发达国家也很罕见。这是承诺到期支付一定款项的有价证券，使用这些证券需要开立一个活期账户，即无息结算账户。结算（支付）受到《汇票法》的有力保护。开出（签发）票据的公司无力结清票据被称为"不兑现"，根据法律规定，如果票据在六个月内两次不兑现，那么该公司的银行交易将暂停两年，这对经营企业的人是致命的。在实践中，哪怕一次不履行义务，也往往因为债权人的追债而导致破产。

作为有价证券，人们期待它可以像钱一样使用、辗转流通。因为被转让人的名字被写在背面，所以转让又称为"背书"。如果出票人无法结算时，背书的公司有义务代表出票人进行支付。

冲绳首先尝试将期票电子化，制作成电子票据。[1] 实际上，2007 年制定了不限于期票债权，而是将所有债权一般电子化的《电子记录债权法》。这使得债权（在这里是付款请求权）的发生、转移（转让）、保证、消灭（结算），所有的一切都可以在互联网上进行。

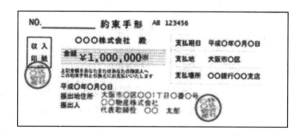

---

1 「資料 2 電子手形サービスの概要と沖縄実証実験について」https://www.fsa.gojp/singisingikinyu'dai2siryou/20060921/02-01.pdf。

（四）提单、贸易金融交易的电子化

交易过程中，以数字数据形式交换文书被称为电子数据交换，英文缩写为 EDI（Electronic Data Interchange），据说，最近是通过网络进行交换。

这种数字化趋势也涌向了贸易交易领域。当货物往返于海内外时，通过被称为提单的货物提取凭证，确定货物的交付对象（《日本商法》第 757 条）。没有正本提单，收货人就不能收到货物，即使货物已经抵达目的地。这意味着在从邻国进口的情况下，即使货物已经到达，由于未收到提单，无法接收货物，而电子系统则有望加快这一过程。此外，包括银行的文件（信用证）等在内，贸易金融交易的整体目标是实现全流程的数据交换。

目前的现状是虽尚未有明确的法律或条约，不过已经有民营系统，如 Bolero 电子提单系统。按照该系统，托运人、银行、航运公司和收货人都得是 Bolero 系统的成员，并且都签署了一份遵守 Bolero 规则的合同，据此，运输、银行裁决，以及货物交付都通过计算机系统进行。

（五）放宽书面材料要求

在《日本商法》中，大量的条款要求签订书面合同或证券，或者如保存会计记录等。《日本民法典》还从保护消费者的角度制定了一些需要书面文件的特别法律。以下简单总结有关放宽书面材料的要求。

1. 书面材料的交付——实现 IT 文书统一化的法律

2001 年 4 月起施行的《关于制定使用信息与通信技术传递书面材料的相关法律的法律》，允许使用电子手段来处理 50 个需要书面材料的法律。以对方事先同意为条件。

2. 书面材料的保存——e 文书法、e 文书整备法

根据《日本商法》（《公司法》），会计账簿等文件必须保存

一定的时间。此外，财务报表（资产负债表、损益表等）必须在股东大会召开前寄给股东，股东大会的书面投票制度要求交回盖有印章的书面投票表格。为了使这些工作以电子方式进行，商法的各种规定被修改了。

此外，根据《关于私营企业利用信息通信技术保存文件等的法律（e 文书法）》。和《关于整备执行〈私营企业利用信息通信技术保存文件等的法律〉的相关法律的法律（e 文书整备法）》，允许私营企业经营者使用电子数据存储法律文件。该法自 2005 年 4 月起生效。

3. 建立数据库、信息披露

自 2001 年 6 月 1 日起，用于披露有价证券报告书的电子数据处理系统开始运行（"电子数据处理系统"是"计算机系统"的法律术语），称为 EDINET（Electronic Disclosure for Investors' NETwork）。这是根据《基于金融商品交易法的有价证券报告书等公开文件相关的电子公开系统》开发出来的系统，旨在将有价证券报告书（每个财政年度准备向外界披露公司业务细节的披露文件）、有价证券申报书、大额持股报告书等的披露文件，从提交到公众预览等的一系列程序电子化，全年 24 小时运行。

如果把必须公开或可以公开的信息放在网站上，允许人们阅览，就可以节省通过电子邮件或其他方式转发的时间和精力。虽说《信息披露法》为公众请求披露公共机构的信息提供了法律依据，但倒不如说，公共机构在网上积极自动地披露信息更能节省公开手续，因此借助通知、指南等方式披露信息的情况越来越多。

四、民事诉讼法

（一）合同的制作——书面和印章

我们已经注意到，根据《日本民法典》，大多数合同可以在没有书面文件的情况下签订。那么，为什么重要的合同必须要书面合同的呢？为什么还要盖章呢？在买车、租房或买房时，没有书面合同的合同是不可想象的。不仅如此，为承租人提供担保时，往往会被要求提供实印和印章证明。正如《民事诉讼法》第 228 条所规定的，这是为了准备应对纠纷的证据。

第 228 条第 1 款规定："文书，必须证明其成立是真实的。"换句话说，作为证据被提出的合同，必须证明它是真实的。第 4 款规定，"私人文书有本人或其代理人的签名或盖章时，推定其成立是真品"。也就是说，如果有签名或盖章，则法律上推定其为真实。结果，被质疑为伪造文件的人必须证明这一点（举证责任的转移）。这就是签订合同和盖章的原因，实印、印章证明是为了防止借口（抗辩）说印章不是自己的。在法庭上，问题不在于它是正确的还是不正确的，而在于是否能证明它是正确的。为此需要准备证据。

公司是否真实存在，或者与你打交道的人是否为本人，这不仅仅是网络上的问题，现实世界中也是如此。不过，可以建立各种制度，准备证据来保证这种实际存在性和可靠性。类似制度在网络中也被创建出来。以下，我们来看看与之相关的重要内容。

（二）电子签名、电子认证

1. 密钥、私钥、公钥

将签名电子化后成为电子签名，其使用了密码与哈希函数。密码用于保守信息秘密的历史悠久，直到 20 世纪 70 年代被提倡用于网络上的认证之后，使用了质因数分解法。例如，数字 77 可以被质因数化为两个质数 7×11。设 77 为公钥，7 为私钥。这样一来，私钥就可以隐藏在公钥中。77 很容易被发现是 7×11，但发现位数大的素数实际上是有着悠久历史的数学难题题，如果有足够的位数的话，现实中就无法破解私钥了。私钥只有自己知道，公钥是向他人公开的。虽然最近几乎看不到了，但以往有人会在网站上公开自己的公钥。其实不需要向所有人公布公钥，但你可以提前告诉对方。然后用只有自己（A）知道的密匙将要传达的内容转换成密文，并发送给对方（B）。接收方使用事先从 A 处收到的公钥对密文进行解密，并转换为明文。公钥和私钥之间是一一对应的关系，因此，用某一密钥加密的密文只能用另一个密钥解密（不能转回为明文）。这样一来，B 可以解密的文字至少可以知道是用 A 的私钥加密的，只要 A 的私钥不被其他人知道，就可以知道是来自 A。

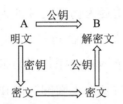

图 5-3 密钥化与解密的运行方式

此外，这些钥匙是由认证机构颁发的，该机构可以确定公钥属于个人。可以说，它是一张可以在网络上使用的身份证，通过数字签名的方式实现在线认证（识别）。这就是电子认证。以前还有一种由地方当局认证的住宅身份网络卡，但它没有普及，最后被"My Number Card"所取代。"My Number Card"中的 IC 芯片包含三个部分：秘钥、公钥和身份卡。

电子签名是由 2000 年颁布的《电子签名和认证服务法》（简称"电子签名法"）所规定的。根据该法第 2 条，电子签名需符合两个要件："其一，必须用于表明有关信息是由采取该措施的人创建的"；"其二，必须能够确认有关信息是否被更改"。前者是通过使用这里描述的密码来实现的，而后者则使用了哈希函数。

2. 哈希函数

哈希函数是将文件数值化的函数，其数值化的值被称为哈希值。由于难以伪造具有相同哈希值的文件，若重写文件则哈希值也会发生变化，因此可以用于确认文件的同一性，并确保文件没有被篡改。文件固有的哈希值，有时也称为文件的"指纹"。

在图 5-3 中，将 A 发送的明文通过哈希函数取得哈希值，预先发送到 B。B 用自己的计算机提取对发送来的文件（密文）进行了解密的文件（明文）的哈希值。如果发送来的哈希值和计算出的哈希值是相同的值，就可以知道该文件在网络上没有被修改。在向政府机关提交电子证书时，证书和其他文件的哈希值通常以"文件指纹"的形式公布在网站上。

这种哈希函数软件是免费软件，任何人都可以在诸如"窓の杜"等网站上免费下载和使用。电子签名被赋予与实际签名完全相同的法律效力。《电子签名法》第 3 条规定，"使用电子签名的，推定文件真实成立"。这与前述的给予印章或签名的推定效力相同。

3. 时间戳——时间认证

法律文件的成立日期、时间往往很重要。《民法实施法》第 4 条规定，"倘若书证没有附明确日期，则自其成立之日起对第三方具有充分的证据效力"，即要求文书有"明确的日期"（《民法实施法》第 5 条），以确保文书被视为在该日期缔结。例如，在转让债权时，需要有明确日期的合同（《日本民法典》第 467 条第 2 款）。

以运营时间戳局的 NTT 数据的 SecureSeal 为例。[1] 这是要

---

1 http://www.securesal.jp/timestamp/about.html.

求第三方机构（时间戳机构）证明某一电子文件在某个时间存在，并且从那时起数据没有被篡改过的系统，该系统同样使用了哈希值，即通过对所创建文件的哈希值进行记录和存储来实现的。

（三）电子公证制度

公证制度是事后检查和证明信息内容的机制，以防止信息被伪造。按照这一制度，如购买房屋的合同或经过公证的遗嘱等的重要的文件，是由被称作公证员的第三方来拟定，以担保其真实性。

电子公证制度是根据《部分修改商业登记法的法律》对《公证法》进行修订后建立的，该系统自 2004 年 4 月开始生效。由司法部长指定处理电子公证服务的公证人被称为指定公证人。他们是处理电磁记录的公证人，工作内容包括：在成立公司时对公司章程进行认证，授予上述的确定日期，以及对文件的真实性进行认证。

与时间戳一样，电磁记录有两种证明内容真实性的方法：一是存储哈希值；二是存储内容本身而非哈希值。

（四）民事裁判的 IT 化

如今，日本面临的最大课题之一是民事裁判的 IT 化。日本由 6000 多个岛屿组成，许多岛屿无人居住，但如果某一偏远岛屿的居民想打官司，他或她必须每隔几天坐船到大陆的法院进行审判，然后坐船回去，这需要耗费大量的时间与金钱，且非常辛苦。另外，地广人稀的北海道只有四个地方法院（包括支部在内共 19 所法院），顶着暴风雪前往偏远地区的法院是非常困难的。而使用 IT 技术的话，可以进行远程审判。这种技术已经在家事法院的案件审理中得以运用了。

另外，如果将审判程序及其记录数字化，则记录、保存、再利用、发送就变得更容易、更便宜。这一点已经在催告程序中实现了。在比特币交易所 Mt. GOX 破产案中，许多当事人都是海外居民，在取得个人书面同意后，诉讼程序通过互联网进行。为使民事裁判的 IT 化能够用于一般的裁判，目前正在推进相关立法。

在制作证据方面，由于法官可以自由评价证据（自由心证原则），因此，对于电子数据本身是否可以作为证据（证据能力），以及电子数据能够在多大程度上用于证明（证明力）等问题，没有产生争议。过去一直使用的签名、印章和公证文书等证据的制作，也可以通过上述电子签名、电子认证和电子公证等制度来实现。

另外，随着内容的专门化，在医疗、IT 领域，专家的调停、仲裁等 ADR（Alternative Dispute Resolution，审判外纠纷解决程序）被重新评估。线上进行的 ODR（Online Dispute Resolution），也可能被进一步扩大。这些已经在部分国家运行了，在跨境案件（国际案件）中特别有效。

五、刑法、刑事诉讼法——网络犯罪公约

犯罪与刑罚必须由法律事先确定（罪刑法定原则），由于法律是一国的法典，在不同的国家有不同的规定（见上文色情制品的例子），除非另有特别规定，否则该法律不能在该国之外适用。然而，在网络社会中，信息在覆盖全球的网络（互联网）中传播，冲淡了国界的意义。这使得需要对涉及网络的犯罪（通常被称为"网络犯罪"）寻求全球合作。《网络犯罪公约》就是其中的成果之一。该公约始于 1989 年欧洲内阁会议提出的关于计算机犯罪的劝告，2001 年在欧盟的倡议下制定的这一条约原本拟适用于欧洲，但由于美国、加拿大、日本等其他欧盟

外的国家也参与了起草过程，从而使之成为一项特别条约，并于 2004 年生效。

　　网络犯罪具有高度的匿名性，几乎不留下犯罪的痕迹，并且很容易通过加密技术隐藏证据。它的另一个特点是可以轻易地跨越国界，使大量人口受害。此外，罪犯的特点包括匿名性、模仿性以及缺乏罪恶感。该公约旨在建立共同的网络犯罪对策，以共同应对具有这些特征的网络犯罪。为响应该公约，日本在 2011 年通过了《为应对信息处理的高度化而部分修改刑法等的法律案》（第 74 号法律）[1]。主要修改内容为以下三点：

　　（一）刑法上的影响

　　过去，民法和刑法上规定的财物、物都是有形物体。例如，《日本刑法》第 175 条规定的传播淫秽文书图画罪的对象是照片、录像等物。但问题是，基于 01 信号的数字信息所产生的淫秽图像是否可以被视为"物"呢？同样地，盗窃指盗取物品，数据本身不属于盗窃对象，即使是盗窃公司机密信息，也非指盗窃信息本身，而是盗窃公司的纸张或存储介质，或根据经济法中的《防止不公平竞争法》和《不正访问行为禁止法》处理。目前，只针对不当获取部分已设定访问权限的商业秘密的行为，规定了罚则。今后，还应考虑完善法律制度，广泛地将信息本身视为财物，并将其纳入规制对象。

　　（二）刑事诉讼法上的影响

　　例如，当磁盘（RAID）中只有一个违法数据时，应该如何扣押问题。因为扣押的对象也是有形物，所以以往会直接扣押电脑或磁盘，但应查封的是违法数据，而非电脑本身。如今设

1　http://www.shugin.go.jp/internet/itdb_housei.nsf/html/housei/177201106 24074.htm.

置了新的扣押制度，如拷贝（复制）违法数据，命令删除电脑里面的违法数据等。

（三）国际互助

网络的跨境性要求应促进国际互助，并制定相应的规定。

第四节　对 21 世纪的法律的影响

一、从物到信息

《日本民法典》是规范人与人之间法律关系的法律（如商品买卖），以有形物为对象。与买饭团并付钱不同，以有形物为规范对象的《日本民法典》不能用于规范通过无线电波向购买者的智能手机传输 01 信号的音乐文件信息的行为。

对无形物的权利（被称为"无体财产权"）曾经被纳入"工业所有权法"的范围内进行讨论。在笔者所处的学生时代，它还不是很流行，但随着信息技术的发展，它作为"知识产权"或"知识财产"而备受瞩目。包含在著作权法、专利法、外观设计法等法律中。

如果将上述音乐文件的下载视为购买音乐信息，则下载音乐信息的人对音乐信息享有所有权。所有权，指的是对所有物享有自由使用、收益及处分的权利（《日本民法典》第 206 条），但将音乐文件转让给他人或放在互联网上供他人下载，是违法的，受到严格限制。下载违法上传的文件的行为也应受到惩罚（《著作权法》第 30 条）。然而，由于所有权最初是以有形物为对象的，因此，购买音乐文件信息不属于买卖合同，而是只将音乐文件的使用权授予下载者的合同（许可合同），这就比较容易理解。

此外，利用云服务，在线听音乐的做法逐渐成为主流。同样，判例和法律法规的数据已经从书本变成了 DVD，进而又变成了在线数据库。无论何时何地都能连接到网络，即所谓的信息泛滥的社会的实现，使得各种场合下都出现了从物的所有向物的利用转变。

二、网络空间的拓展——"虚拟"空间？

网络是通过通信将计算机连接起来的，始于学术信息的共享。然而，现如今它已经变成了社会的基础设施。随着计算机的普及，数据的"数字化"也随之而来。更高性能的个人电脑、更快的网络和不断深化的 MPeg 等压缩技术和通信规约（通信标准）的出现，使得音乐到视频都出现了基于数字化的媒体整合（多媒体）。只要有一台连接到网络的计算机，就可以处理所有的信息了。

此外，随着智能手机的普及，几乎所有人都能访问网络。现在智能手机既是电话，又是相机，既是广播电视节目的接收机，又是扫描仪，是从日程管理到办公软件的电脑。

即使是特殊网络的互联网，如果普及到这种程度，也很难区分网络空间和现实空间。从另一个角度来看，《通信法》所定义的特殊世界正在向现实世界扩展。可以说，这就是"虚拟（网络）空间向现实空间的转化"。

（一）通信和广播（新闻）的融合

过去，凸版印刷的书籍改变了世界，因为它使廉价和大量的信息传达成为可能。信息进一步通过电波在世界范围内实时传送。现在，所有这些信息都通过互联网传输，世界也因此发生改变。这就是多媒体的意义，即通过数字化实现媒体的融合。

　　传统上，通信与广播在设备上有明显的区别，在法律体系中也由不同的法律来规范。然而，智能手机的普及导致了固定电话用户、报纸订阅量、电视收视率等的下降。公司在互联网上的支出也比传统媒体多，在美国，公司在互联网上的支出已经超过了电视。年轻一代正在远离传统的广播和新闻报道，他们利用网络从原始的主要来源或在线专家那里获取信息，而不是从媒体的摘要中获取信息。曾经由报纸和电视播放的新闻，现在通过互联网这一通信网络传播。由于原先以广播的形式向不特定的人传播信息，而现在则是在网络的通信领域进行，因此有必要重新定义通信秘密的含义和范围，而这些通信一直从隐私的角度得到保护。这就是制定《个人信息保护法》的原因。

　　而且，相较于个人，通信的保密对于企业、国家等公共团体来说更为必要，这就产生了以数据保护法的形式对其进行更广泛监管的需要。

　　（二）社交网络服务与服务商

　　社交网络软件借助网络的跨境性把世界连成一个整体，其使用频次已经远远超过了购买报纸的数量。在把个人直接连接起来（Peer to Peer）的社交网络中，很可能会出现本章第二节中所讨论的网络上欠缺编辑的问题。如何保证内容的准确性和防止不适当的表达是一大难题。这里再次讨论了提供论坛的服务商的责任。例如，刑事犯罪应该由警方处理，从网络中立的角度来看，由作为私企的社交网络服务的提供商进行管理是有问题的。然而，也有人质疑市值大到使国家经济相形见绌的公司被当作私企看待真的恰当吗？换句话说，它不应该受到与国家和个人之间的关系一样的人权法规的约束（国家关系类比说）。

三、金钱的意义——被区块链改变的未来

（一）虚拟货币、加密资产

虚拟货币因为比特币交易所 Mt. Gox 破产案而成为话题，其中负面报道居多。虚拟货币最初是为了逃避金融机构过于耗时和昂贵的国际转账，即是为了"结算"而使用的，但由于错误关注变成了"投机"的对象（加密资产[1]）。因为没有国家担保功能，与公共当局发行的货币不同，缺乏权威性，故而有的国家甚至不承认其为货币。

然而，现在公共当局发行的货币，特别是纸币，是从期票演变而来的，其历史只有 200 年左右。它们曾经与黄金或白银挂钩，只能按其持有量的比例发行，并最终可以兑换成黄金（可兑换票据），但自 1971 年"尼克松冲击"以来，它们就不能再被兑换了。换句话说，它们被接受只是因为它们有国家的信誉支持，而且每个人都相信它们有价值，但如果国家失去了信誉，即使是现在，就像在津巴布韦和委内瑞拉，恶性通货膨胀就会发生，纸币就会被淘汰。黄金和白银的情况也是如此，它们之所以有价值，是因为人们相信它们因其稀缺性而有价值。

驳斥虚拟货币不是法定货币是没有意义的，只要人们相信它们有价值，它们就会继续被当作货币使用。一些虚拟货币已经被提议与货币挂钩，如脸书的 Libra，这些货币不是投机对象，结算手段才是其主要用途。此外，欧盟和中国也在考虑将自己的货币数字化。

（二）结算

关于国际汇款，有一些匹配的网站，如 Transfer Wise。如

1　关于"加密资产"的表述，参见 https://gendai.ismedia.jp/aritles/-55035。

果有一个人想从日本往德国汇款 100 万日元，另一个人想从德国向日本汇款价值 100 万日元的欧元，每个人都可以在国内把钱转到另一个想汇款的人的账户上，得到的结果与他们向海外汇款一样。与金融机构的传统汇款方式不同，这种汇款方式涉及多种银行费用、货币兑换费用和汇率问题，但只需要在国内汇款就可以完成，所以成本极低，且产生的效果与汇款相同。

网络支持的个人之间的数据交换（Peer to Peer）削弱了货币政策的功能，货币政策一直由国家垄断，例如货币供应的管理。匿名性也有弊端，那就是使调查逃税和洗钱等犯罪变得更加困难。发达国家对加密资产的消极反应似乎是出于对这两个问题的担忧。

如何应对新技术，特别是如何基于网络的跨境性来实现国际协助，或者如何制定国际通行法规，成为今后的课题。

（三）区块链

从没有权威的个人与个人直接联系的意义上来说，区块链技术在社会各行各业都受到关注。它因虚拟货币比特币而成名，并被翻译为分布式账本技术。"它具有被称为区块的递增有序记录列表。每个区块包含了一个时间戳和前一区块的连接。理论上，一旦记录下来，区块链中的信息就不能追溯性地篡改。"[1] 它是一种以防止篡改为目的，由所有参与者依次连接并使用哈希值记录的账本。通过向公众开放账本并由所有参与者监督，可以防止篡改。由于使用的是哈希值，所以不可能看到也不能公布个别记录的内容，而且篡改会改变哈希值。这可以在所有联网的参与者的个人电脑上进行。

---

1 https://ja.wikipedia.org/wiki/%E3%83%96%E3%83%AD%E3%83%83%E3%82%AF%E3%83%81%E3%82%A7%E3%83%BC%E3%83%B3.

如果利用这一性质，例如，记录银行交易就不再需要有巨大的服务器和严格的安全保障，而且汇款也可以在个人之间进行。需要制作与储存证据的合同与结算，也可以便捷进行。区块链技术已经被用来收取音乐发行的版权费[1]和使用虚拟货币转账，并吸引了银行业和房地产行业[2]等其他难以制作文件的行业的关注。而且，注册制度、公证制度等需要官方证明的传统法律制度也有可能因此发生改变。这是因为区块链机制可以储存篡改的准确、未经修改的信息，而不需要公共机构来保证信息的准确性。

四、GAFA

据东洋经济网[3]报道，被称为 GAFA（谷歌、苹果、脸书和亚马逊）的四家公司加上微软的总市值为 461 兆日元，超过了 2019 年 GDP 位居世界第四的德国的 GDP 总额 425 兆日元。[4]形成如此庞大的经济规模，自然会令人怀疑是否违反《反垄断法》。此外，随便一家提供通信平台的私营企业，其与用户之间的力量悬殊，不逊于国家与国民之间关系的差距。例如，可以设想将人权条款适用于个人信息的处理（本节的国家关系类似说）。

例如，关于儿童色情制品，需要尽快删除，以保护受害者的人权。那么应该由谁、根据什么标准、在什么程度上予以删除呢？有一家平台公司在劳动力成本低的国家雇用了一批被称为"鉴黄师"（Content Moderation）的人，按照操作手册进行删除。

在大多数国家，传播儿童色情制品被视为犯罪，但在 1999

1　https://ujomusic.com/.

2　https://www.coindeskjapan.com/16565/.

3　https://premium.toyokeizainet/articles/-/19468.

4　https://ecodb.net/country/DE/imf_gdp.html.

年日本颁布所谓的《儿童卖春·儿童色情画禁止法》之前，播放儿童不穿衣服的画面行为不受管制，不认为是淫秽。互联网的跨境性，使人们可以轻易地翻墙到国外，因此无法只在一个国家的控制下保护权利。那么，应该使用哪个国家的标准？

此外，谁将负责监管已经传播到世界各地且难以完全消除的违法、有害信息，以及根据什么程序进行监管？如果人权必须得到与国家间相同的保护，那么问题就来了，对于那些要求通信保密、禁止检阅的表现自由，应如何进行保护和规制。

人们也越来越意识到，基于属地原则的现行税法无法应对[1]在互联网上运营的寡头公司。纠纷也随之产生，比如法国对GAFA 发起的"数字服务税"，遭到了美国的关税制裁。

围绕这些寡头企业的监管性质的讨论开始超越任何一国的法律制度。不能简单地把这些企业作为一家私营企业来对待，预计在尽可能的国际互助下，法律制度将发生重大变化。

第五节　AI 对法律制度的影响

本章到目前为止，都没有使用人工智能一词。人工智能是一个热门词汇，在各种意义上被使用。本书中，它被广泛定义为"允许计算机代表人类进行语言理解、推理和解决问题等智能行为的技术"。

人工智能在法律领域也早就受到关注，并在所谓的由计算机进行法律推理的专家系统[2]方面作出尝试，而贝叶斯理论在事

1　例如，法国的"数字服务税"。https://japan.cnet.com/articlehttps/35141784/。

2　吉野一编『法律人工知能—法的知識の解明と法的推論の実現〔第 2 版〕』（創成社、2006）。

实认定中的应用[1]也与后来的贝叶斯网络有直接联系。

在第二次人工智能热潮中，当机器学习被提出后，除了这些专家系统和贝叶斯网络外，基于案例的推理也开始流行起来。在国际象棋方面，出现了可以通过输入（学习）许多游戏记录来击败人类的计算机。第三次人工智能热潮中加入了深度学习，即计算机通过模仿人脑神经回路的神经网络来分析数据，并作出更准确和更有效的决定。即使在更复杂的围棋游戏中，计算机也可以通过人工智能之间的对局不断学习，直到战胜人类为止。有人预测到 2045 年人工智能将超过人类的智能（科学技术的特异点）。[2]

一、人工智能技术的进步及其对立法的影响

人工智能被安装到信号灯中，以缓解拥堵。通过在各个信号灯中安装人工智能并将其联网，而不是中央控制，可以缓解和消除交通拥堵。此外，如果所有的车辆都完全自动化并相互联网，则不再需要十字路口的信号灯。人工智能技术在社会中的应用将在许多方面影响法律规制。

二、产业构造的变化及其对法律制度的影响

如上所述，EDI（电子数据交换）正在产业界取得进展，而作为价值象征的货币即将成为虚拟货币。大多数结算已经在个人账户之间进行，汇款也是计算机之间的数字信息交换。个人网上银行也只不过是数字信息的交换，不需要真实的货币。由此，首先这可能会导致结算的 P2P 化和银行失去结算功能。

1　太田勝造『裁判における証明論の基礎—事実認定と証明責任のベイズ論的再構成』（弘文堂、1982）。

2　「ゼロからわかる人工知能」Newton 2018 年 1 月号。

同样，虚拟货币作为一种加密资产，和真实货币的存款一样，只不过是数字数据的记录。

在虚拟货币、加密资产中使用的区块链技术作为分布式账本，是一种可以用于金钱交易的具有高度可靠性的技术，因此也可以应用于其他记录。例如，它可以适用于需要高度可靠性与安全性的由公共当局或同等机构处理过的信息，如各种登记册和医疗记录。

恐怕，金融机构、公共机构自身也会因为采用了区块链技术从而发生重大转变吧。由于这种技术本质上是一种 P2P 技术，所以，发展的最终结果可能是金融机构、公共机构也丧失部分存在的意义，这肯定也会对登记、金融机构相关的各种法律产生影响。

三、人工智能对司法制度的影响

大数据与人工智能的结合带来巨大变化。爱沙尼亚正在建立"机器人法官"[1]，中国海南省也开始了"人工智能法官"和让人工智能担任法官的尝试。据悉，中国的尝试是一个基于人工智能的量化规范系统，综合运用人工智能技术，利用大数据处理、自然语言处理、图结构数据、深度学习等。[2]

此外，据说还建立了处理在线相关纠纷的网络法院，负责提供人工智能诉讼风险评估工具并利用机器翻译和语音交互技术自动准备诉讼相关文件。

1　https: //amp.review/2019/04/14/robot-judge/ ただし、2020 年 2 月现在停止中という。

2　https: //www.barandbench.com/colums/is-articial-inelligence-replacing-judgingg.

AI "ROSS" [1] 是由美国 ROSS Intelligence 公司开发的人工智能，负责提示与破产有关的信息、案例。德国的法官工具也同样具有提示案例信息功能。像这样利用人工智能检索判例等大数据逐渐成为全球趋势。

实务中，人工智能利用的成功案例譬如荷兰的在线 ADR（ODR，Online Dispute Resolution），网站"Rechtwitter（司法的路标）"。[2] 这是一个利用人工智能的离婚 ODR 网站，收取 10000 日元的费用，输入有关夫妇情况的信息（年龄、收入、教育、孩子的监护权和住房等）后，人工智能会提出妥协方案。它还包括儿童抚养费计算和协议起草功能，并可寻求专业调解员服务。据说，没有成功离婚而走上法庭的，只有大约 5% 左右。

四、大数据和管理社会

然而，大数据可能会引发个人隐私保护问题。

在写这篇文章的时候，人类正处于新冠病毒大流行时期，而日本的防疫政策暴露出很多日本组织上的问题。

所谓的《新冠特别措施法》（正式名称为《针对流感病毒等的特别措施法》），顾名思义，是针对 2012 年为应对 2009 年 H1N1 流感而制定的同名法律，于 2020 年 3 月 13 日进行修订，并于次日实施的法律。根据该法第 32 条，紧急状态由总理宣布，但紧急措施由地方公共团体（条文中指"市町村"）的负责人实施。然而，除了如征用土地用于医疗设施（该法第 49 条）等个别情形外，这些负责人没有权力发布命令，只能作出"要

---

1 https://zuuonline.com/archives/125364.

2 https://www.hil.org/news/rechtwijzer-why-online-supported-dispute-resolution-is-hard-to-implement/.

求”和“指示”，不遵守指示也没有惩罚措施。可以说，这部法律就像一本行政应对手册，很难说是紧急立法。本书不讨论这部法律的利弊，但会补充说明与大数据有关的问题。

五、信息的网络化

有人批评关于特殊定额福利、补贴的分配需要花费太多时间。利用所谓的 MyNumber（社会保障、税号）制度的话，可以实现便捷分配。而且，如果和银行账户有关联的话，甚至可以在当天完成。然而，在日本，许多人拒绝了国家集中管理个人信息的方案。如 1980 年代的国民身份号码系统的法案就被否决了，2002 年开始运营的住基网（居民基本台账网络系统）以及台账卡因陷入诉讼事实上处于停止状态[1]，对于第三次尝试的 MyNumber 制度，目前也已经有三份针对它的宪法诉讼判决。[2]

然而，虽然不是国家机构，但事实上几乎所有的公民在很早以前就被分配了健康保险的保险人号码。在全民医保的背景下，几乎所有公民都拥有自己的保险人号码和健康保险证。但是，据健康保险协会联合会的数据称，尽管目前健康保险协会的数量已经大大减少了，但 2019 年仍有 1388 个[3]，因此，在现

1　关于争议焦点与目前的审理情况，参见舘野圭悟「番号制度の導入と住民基本台帳事務等について」月刊 LASDEC 平成 26 年 2 月号 16 頁以下、オンラインで入手可能。https://www.j-lisgo.jp/data/open/cnt/3/1282/1/H2602_03.pdf。

2　要求禁止使用 MyNumber（个人号码）的案件——横滨地判令和 1 年 9 月 26 日、名古屋地判令和 1 年 12 月 27 日、东京地判令和 2 年 2 月 25 日、3 件とも棄却。黒田充「マイナンバーはこんなに恐い！—国民総背番号制が招く“超”監視社会」（日本機関紙出版センター、2016）。

3　「2019 年度健康保険組合予算早期集計結果と『2022 年危機』に向けた見通し等について」健康保険組合連合会 https://www.kenporen.com/include/press/2019/20190222.pdf。

实中，实现网络化仍存在很大困难。

同样，据了解感染了新冠病毒的人数、接受 PCR 检查的人数等，由于保健所和医疗协会等报告格式的不同，统计方法也不同，使得距离问题链已过去 3 个月以上，仍无法得到准确统计。另外，诊疗信息的网络化、在线化也没有取得令人满意的进展。

这里的问题是，大数据本身还没有准备好在组织内部甚至是跨组织之间建立链接，各种忽视数据兼容性的商业软件非常多，无法相互链接。新冠疫情引发的相关问题揭示了信息在有些时候无法网络化的现状。

六、监视社会还是自由社会?

按照《特别措施法》，新冠病毒问题只能分批解决，而且这些措施是建立在有疫苗或治疗方法的假设之上。幸运的是，日本没有出现大范围感染，但如果要在未来继续采取这些措施，就必须针对感染途径不明者采取措施。为了找到密切接触者，利用手机位置信息的软件备受关注。

重视个人信息保护的国家，只能在最大限度地保护人权的情况下使用部分数据。GPS、信用卡或 Suica 卡的使用记录也能确定位置数据，但所谓的接触追踪软件，是安装在智能手机上的。同时，还采取了以下措施，如由数据处理运营商而非国家处理这些数据，或者建立一种只将与感染者发生接触的信息通知给本人的系统。[1]

七、远程办公和远程教育

为了避免人与人之间的接触，远程办公得到推广，学校的

---

1 「新型コロナ感染：接触追跡アプリに潜む意外なハードル」Yahoo ニュース https://ews.yahoo.ojp/byline/kazuhirotaira/202002300174778/。

停课也促进了远程教育的发展。虽然新冠病毒是一场不幸的灾难，但多亏了这一点，20 年来一直没有动静的职场远程办公、学校远程教育获得发展。当发达国家已经顺利过渡到这一阶段，日本仍在仓促准备视频会议。除了那些已为电子数据及其交换作好准备的组织外，那些没有作好准备的组织不得不来上班或上学，只是为了在文件上盖章。

教育界没有为远程教育准备教材，而是通过远程会议系统来代替授课。特别是在大学，比起播放讲义，编写适合远程教育的教材和学生之间的讨论[1]更为重要[2]，但只有少数教师致力于这方面的工作。

其结果是，日本各种各样的制度落后于信息化时代，不过，至少在促进信息化方面，新冠疫情留下唯一的正面作用。

八、结语

随着时间的推移，大众媒体开始被视为与三种国家权力并列的第四种权力，此外，个人开始通过社交网络服务等网络承担起现有大众媒体的功能。这使得个人成为可以发挥强大影响力的实体[3]（例如，战后许多损害名誉的案件都是声称受到大众媒体的侵害，但现在网络上个人侵权案件更多）。

1　笠原毅彦、私立大学情報教育協会委員会報告書「サイバーキャンパス再論—電子会議室の活用」、DropBox で公開している。https: //www.dropbox.com/home/%E5%85%AC%E9%96%8B/%E4%BC% 9A%E8%AD%B0%E5%AE%A42020%E8%B3%87%E6%96%99?preview-%E9%9B%BB%E5%AD%90%E4%BC%9A%E8%AD%B0%E5%AE%A47.doc。

2　笠原毅彦「人材育成のための教育支援システム『サイバーコート』」映像情報メディア学会誌 Vol.62.No.1（2008）15 頁以下参照。

3　トーマス・フリードマン『フラット化する世界（上・下）』(日本経済新聞出版社、2006）。

　　日本对国家权力的过度否定，一方面使得国家不能充分发挥保护国民安全的作用，另一方面，似乎也滋生了对超过国家规模的平台企业侵犯人权的可能性的漠视，比如上面提到的GAFA。

　　人们希望，受新冠疫情的影响出现的日本信息社会的构建，能超越省厅之间的对立，继续向前发展。

第六章
法律专家系统与法律推理模型

新田克己　佐藤健　西贝吉晃

小剧场

B：你听说过专家系统吗？

A：当然啦。这是一种将专家的专业知识与技能输入电脑，以便普通人可以咨询的系统。

B：是啊。我父亲年轻的时候，听说有很多项目想利用医学、法学等各个领域的专家系统来提高社会的便利性。但当时，他们不得不手工处理这些信息，使其成为基于字符串的信息，或者说，必须将技术信息转化为语言，然后转化为规则，以便计算机能够推理，最终效果并不好。据说人工智能的历史就是"幻灭累累"。

A：这么说来，听说在我祖母的年代，计算机只能处理0和1，所以连续的色调、情绪、感觉和艺术在原理上无法处理。结合微积分的思维或量子力学的话，一眼就能识破这些伪科学完全是无用的。

B：的确如此。如今，图像识别、面部识别和其他难以用语言描述的领域是人工智能发挥得最好的领域。

A：反过来说，文本信息处理已经达到了完美的程度。但是，外语和日语之间的自动翻译无论如何也达不到精准的程度呀。也许，所谓自然语言处理，其实不是处理文本信息，而是认识世界，它也是根据我们的物理感官来识别世界，这对于由铁制的机器人组成的人工智能来说几乎是不可能的。

B：呵呵，你很熟悉啊。本书第一章中出现的法律推理不就是字符串处理吗？

A：我觉得完全不一样。什么样的事实关系属于"过失"，什么样的事情会破坏"信赖关系"，这不是字符串的问题，而是一种对人、社会、世界进行感知与价值判断的"人类的，类似于人类的"活动。

B：那当然。但是在专家系统中输入问题后，可以立马得到答案。而且，法律条文是文字，法律要件与法律效果是"既然A，则B"的逻辑结构。

A：正因为如此，法律专家系统的开发研究才得以推进。我奶奶说，使用一种名为PROLOG的人工智能语言的研究自20世纪80年代初以来一直在进行，该语言以一阶谓词逻辑为基础，具有公认的完整性，日本在这一领域具有领先优势。

B：在法律领域，有庞大的法律法规和案例，是最适合研发专家系统的。

A：是这样的。我听说试验系统已经开始实行，并用于法科大学院的法律教育。

B：哇，我不知道。

A：我很期待今天的课程，因为它将解释现代日本的法律专家系统是如何达到目前的状态的。

思考题

- 什么是法律专家系统？
- 如何分析和组织法律知识以建立一个法律专家系统？
- 我们如何对法律人的思维过程进行建模，以建立一个法律专家系统？

第一节　所谓法律专家系统

所谓"法律专家系统"，指的是以实现下述等功能为目标而开发的计算机程序。

输入案件数据，它会告诉你结论（判决）。

提出关于法律法规的问题，它会告诉你答案。

输入法律草案，它将检查是否存在逻辑矛盾。

它还会给你关于如何合法地赚取更多的利润的建议。

法律专家系统的预期功能因立法者、法官、律师和检察官、法学学生或公众的使用而不同。如果能够开发出一个功能强大的法律专家系统，那么没有钱聘请律师的普通民众就可以随时使用，从而实现法律上的平等社会。

然而，为了实现法律专家系统，必须解决以下问题：

如何在计算机中存储和使用法律、案例和理论等法律知识？

如何组织法律专家的思维过程以及如何在计算机上实现他们的思维模型（法律推理模型）？

为了解决这些课题，既需要基本的法律知识，也需要人工智能技术。到目前为止，各种法律专家系统已经被开发出来，可以解决"有限"法律领域的"典型"法律问题，并且可以用于法律教育。然而，法律专家系统仍然难以解决连人类都存在争议的"疑难"法律问题，而且这些系统还没有达到可以替代法律专家的水平。并且，使用法律专家系统来解决这些难题的社会合理性还没有得到验证，专家系统作出错误决定时的责任理论也没有得到充分的讨论。

除了这类法律专家系统的发展，近年来随着 IT 技术的兴起，审判程序的在线化改革已经提上议程，通过由律师事务所提供在线合同支持服务，法律相关的各种各样的业务正在以电子文本而不是纸质文件的形式进行。此外，现在通过以深度学习为代表的机器学习技术，已经能够分析大量的文件。通过将法律技术的解析技术与传统的法律专家系统技术相融合，有望实现更先进的法律专家系统。

第二节　法律人的思维（法律推理）模型

当法律人参照法规和案例解决问题时，所涉及的思维过程是非常复杂的。在这里，我们试图用一些基本推理方法的组合来模拟这种思维过程。

一、基本法律推理模型

如第一章中所述，很多法律规范可以描述为以下形式的规则。

符合"法律要件"时，产生"法律效果"

这类似于 A=>B（如果是 A 则 B）的逻辑公式。当观察到一个与法律规范有关的新事实时，可以通过以下三段论法获得结论（对该事实的法律效果）。三段论是最基本的推理方法。

大前提：法律要件 => 法律效果

小前提：事实

———————————————————

结　论：对该事实的法律效果

例如，《刑法》第 199 条（杀人罪）规定："凡杀人者，处死刑、无期或五年以上有期徒刑。"这可以写成如下命题逻辑公式：

（加害者把被害人）杀了

　=>（加害者）处死刑，无期或五年以上有期徒刑

如果我们掌握了"太郎杀了次郎"的事实，我们可以用如下命题逻辑的三段论法得出结论。

大前提：（加害者把被害人）杀了

　=>（加害者）处死刑，无期或五年以上有期徒刑

小前提："太郎杀了次郎"

———————————————————

结　论：（太郎）处死刑，无期或五年以上有期徒刑

如果把法律法规描述成这样的逻辑公式，就可以把咨询案件的事实、中间事实和证据作为逻辑公式输入，通过三段论法获得结论（图 6-1）。这是法律推理的最基本模式。

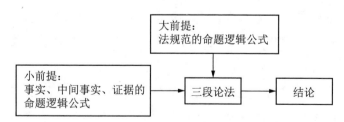

图 6-1　命题逻辑的法律推理模型：从大前提和小前提中寻求结论

专栏 1

法律法规转为命题逻辑公式的难点

图 6-1 显示了根据命题逻辑解决法律问题的模型。然而，用一组命题逻辑公式来表达法律法规并不容易。这主要是由于以下三个原因：

（1）法律法规是用日语书写的，当句子长且语法复杂时，要读懂文字的意思并从中读出"如果 A，则 B"这一逻辑结构是很困难的。

（2）为了理解法律法规，有必要补充日语的常识性知识。例如，《日本民法典》第 402 条第 1 款主干部分规定，"如果债权对象是金钱，债务人可以根据自己的选择以各种货币进行偿还"，其逻辑表达如下：

债权对象是金钱，且有货币的选择

=> 可以用该货币来偿还

但是，该逻辑式只是记述了能够偿还的要件，无法表现偿还的效果（债权消失）这一常识性的意义。

（3）由于法律法规一般都是抽象的，因此不仅要用命题逻辑公式表达法律规范，而且要用命题逻辑公式表达大量的附属定义，以阐明其含义。即使是在本节所示的"正当防卫"案件中，也包含了"急迫的不法侵害""为自己或他人的权利""不得已所为"等抽象的要件，需要更加详细定义。然而，我们不可能在一个逻辑公式中详尽地描述这些定义。

二、高级法律推理模型

当法律人实际解决法律问题时，他们不只是单纯地使用三段论法，还使用了更复杂的推理方法。以下对三种典型的推理类型加以说明。

（一）模糊概念的判断与案例的引用

法律要件常常是用模糊的表述写成的，有时难以涵摄于事实。例如，《刑法》第36条第1款（正当防卫）规定："对紧迫的不法侵害，为自己或他人的权利，不得已所为的行为不予处罚。"但这可以表示为：

存在紧迫的不法侵害，且为自己或他人的权利，且不得已所为的行为

　　=> 不予处罚

但是，这样的大前提不足以解决实际问题。实际问题的小前提是：

因还债而发生口角

对方先动手

发生肢体摩擦

口腔出血

用刀刺

等具体事实，与大前提的要件部分在具体性上有差距。法律上没有定义"紧迫的不法侵害""为自己或他人的权利""不得已所为"这三个抽象要件的判断基准，因此无法建立逻辑公式来判断这三个要件。如果不能建立逻辑公式，就不能用三段论法来解决问题。

为了判断这些抽象要件，法律专家们研究了大量相关的案例，并据此形成了判断的统一考虑——根据案件情况从案例集中检索出类似案例，并将其作为判断的参考。这种做法虽然与基于逻辑公式的三段论法存在差距，但与对案例集进行机器学习和利用案例集的基于案例推理相类似。

1. 以案例为对象的机器学习

法律人通过观察大量案例，在头脑中逐渐建立判定标准的过程，类似于对案例群的机器学习模型。例如，如果可以从大量案例中提取证据与事实之间的关系作为付条件概率，则如第一章中介绍的那样，可以通过概率推理来模拟模糊要件的判断，也可以使用神经网络来模拟模糊判断。图 6-2 表示一种神经网络，在左侧以 YES/NO 的形式输入事件特征（"对方攻击""用刀反击""恐惧感"）时，右侧会输出是否为正当防卫的判断结果。如图 6-2（a）所示，从案例数据库中输入大量判断正当防卫的判决，并学习神经网络的耦合系数，使事件特征与正当防卫的认定与否之间达到最大的命中率。当使用这个学习过的神经网络，输入新事件特征，如图 6-2（b）所示，就可以对正当防卫进行判断预测。

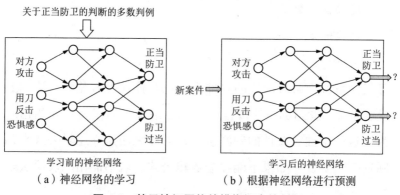

图 6-2　基于神经网络的模糊概念的判断

专栏 2

神经网络和深度学习

神经网络是参照生物神经系统而建立的计算模型，是人工神经元（节点）结合的图表，通过信号在其中的流动来进行计算。节点之间的耦合强度用数值表示为耦合系数。

在图 6-3（a）的简单感知器中，左边的三个节点（A、B、C）代表事实数据，右边的两个节点（X、Y）代表判断结果。现在，在"对方先攻击"和"用刀反击"成立，"有恐惧感"无法成立的事件的情况下，作为 A、B、C 节点的信号值输入 1.1.0。该值通过耦合系数传递给链接节点。结果是，1×0.53（来自 A）、1×0.36（来自 B）和 0×0.35（来自 C）的信号值被传送到 X，其总和为 0.89。同样地，总和为 0.80 的信号值被传送到 Y。当传输的信号值超过预先确定的值时，每个节点都会启动，并将信号 1 传输给与之耦合的节点。如果现在的基准值为 0.85，X 就会启动，信号值变为 1，而 Y 不启动，信号值保持为 0。因此，本案的输出结果是"正当防卫"。

耦合系数通过事先使用学习用的数据，通过机器学习以最大限度地提高学习数据输出的准确性。

由于简单的感知机对输入数据的分类能力较弱，所以通常如图 6-3（b）所示，使用在输入节点和输出节点之间设置中间节点的神经网络,把具有多层中间层的神经网络的学习称为"深层学习",通过增加中间层的数量,还可以学习复杂模型。

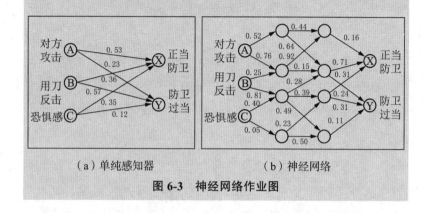

(a)单纯感知器　　　　　(b)神经网络

图 6-3　神经网络作业图

2. 以案例为对象的基于案例推理

法律人从案例数据库中选择一个适当的案例,并对所选案例的判断和结论进行套用,这种思维被称为基于案例的推理。例如,如果存在这样的案例:"在打完棒球回家的路上遇到强盗袭击时,用棒球棒反击,使得强盗被逼到绝境,并从天桥跳下去受了重伤。这次反击被认定为正当防卫。"那么,对于"散步被歹徒袭击时,让狗还击,使得歹徒掉进了河里并受了重伤"这一案件,基于案例推理作出的判断是,"情况相似,所以本案情形也被认定为正当防卫"。

(二)法律法规的解释

当将法律法规适用于现有案件会得出不可接受的结论时,法律人可能会试图扩大法律法规的含义(扩大解释)或限缩法律法规的含义(限缩解释),以得出适当的结论。

例如,公园里有"汽车禁止入内"的规定。照原样解释这一规则的话,得出以下逻辑公式:

（对象物是）汽车 =>（对象物）禁止入内

那么，当公园内有人受伤时，按照以下三段论法，救护车不能进入公园。这真的合适吗？

大前提：（对象物是）汽车 =>（对象物）禁止入内

小前提：（救护车是）汽车

———————————————————————————

结　论：（救护车）禁止入内

"禁止汽车入内"这一规则，在大多数情况下，对其进行直接解释是不存在争议的，但紧急状况除外，这是常识性的解释。因此，如下所示，通过增加隐含的例外条件（"非紧急情况"表示"紧急情况只是例外"）来创建一个更详细的逻辑公式。

（对象物是）汽车，且，非紧急情况

　=>（对象物）禁止入内

如果使用新的逻辑公式进行三段论法，就会得出一个合理的结论，具体如下：如果没有"紧急情况"这一信息，结论就会和以前一样，而"这是紧急情况"的信息会阻止得出"禁止入内"的结论。隐性先决条件并不总是可以事先预测的，往往只有事件发生时才能认识到它们的存在。

新大前提：（对象物是）汽车，且，非紧急情况

　=>（对象物）禁止入内

小前提：（救护车是）汽车

———————————————————————————

结　论：（救护车）禁止入内

　

新大前提：（对象物是）汽车，且，非紧急情况

　=>（对象物）禁止入内

小前提：（救护车是）汽车

紧急情况

———————————————————————————

结　论："（救护车）禁止入内"不适用！

专栏 3

两种类型的否定

本章在逻辑公式中使用了两种不同类型的否定（¬和 not）。"¬是紧急情况"表示"不是紧急情况"。以下逻辑公式意味着，满足"（对象物是）汽车"与"有紧急情况"这两个条件时，"（对象物是）禁止入内"成立。因此，两个条件未同时满足之前，不能得出任何结论。

（对象物是）汽车，且，¬是紧急情况

=>（对象物）禁止入内

与之相对，not 表示该条件是例外条件，因此，

（对象物是）汽车，且 not 紧急情况

=>（对象物）禁止入内

得出的逻辑公式是：

（对象物是）汽车 =>（对象物）禁止入内

这一逻辑公式附加了"紧急情况"这样的例外条件。原本如果满足"（对象物是）汽车"的话，可以得出"（对象物）禁止入内"的结论。但是，这一结论并未确定，除了"（对象物）是汽车"之外，在满足"紧急情况"时，不能得出"（对象物）禁止入内"这样的结论。

这相当于对法律法规的"限缩解释"，因为在大前提的条件部分增加了新条件，从而缩小了大前提的适用范围。

相反，通过删除大前提中的部分条件或用更广泛的条件取代它，可以扩大大前提的适用范围。这相当于对法律法规的"扩大解释"。

三段论法中将法律法规作为不变的大前提，从大前提和小前提中寻求结论（被称为"演绎推理"）。与此相对，像限缩解释与扩大解释那样，为了得到理想的结论而临时重作大前提的推理，是一种从数据中提取规则的"归纳推理"。

（三）矛盾的处理——规则间逻辑冲突的消除方法

在法律上，同样的案件可能出现不同判决，这取决于适用的法律法规、引用的案例。例如，在修复历史建筑时，"命令对老建筑进行抗震工程以防止地震的法律"与"禁止对具有文化价值的建筑施工的法律"的结论之间可能会有冲突。根据不同的法律法规，"有义务施工"的结论与"禁止施工"的结论相冲突，必须择其一。

在审判中，原告和被告通过引用不同的法规，以不同的方式解释法律，对法律要件作出不同的判断，从而主张不同的结论。在可能出现多种替补结论时，在可以使用如"特别法优先于一般法""上位法优先于下位法""新法优先于旧法"等"确定一般优先关系的规则（这里称为元规则）"的情况下，就可以应用元规则来消除矛盾（图6-4）。然而，元规则并不总是写在法律法规中，其存在与否及内容都可能产生争议，也可能有不存在元规则的情况。如果没有元规则，则根据法官的价值判断（证据的可靠性、立法目的、结论的妥当性等）来决定采用何种结论。这种基于元规则和价值来消除矛盾的推理方法被称为"利用优先关系的非单调推理"（非单调推理是一种推理方法，除非证明非真，否则即是利用真实假设进行推理的方法）。

总之，解决法律问题的思维可以类似于以下四种推理技巧的组合。

1. 法律法规的适用，类似于使用法律规则的演绎推论（三段论法）。

2. 利用案例对模糊概念的判断，类似于通过利用案例数据库的机器学习和基于案例的推理。

3. 对法律法规的扩大与限缩解释，类似于对法律规则的变形。

4. 逻辑矛盾的消除，类似于利用优先关系的非单调推理。

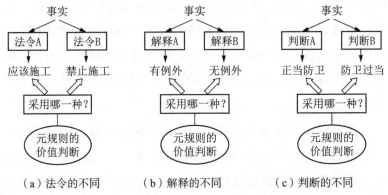

图 6-4　基于法律法规、解释、判断的差异形成的多种替补解释及其选择

三、律师、检察官的辩论模式（议论模式）与法官的判决模式

（一）律师、检察官的辩论模式

前文表明，法律推理类似于四类推理的组合，这就是个人解决法律问题时的推理模式。这个推理模式足以创建出专家系统，对特定的案例进行判断预测。然而，在审判、调解或仲裁中，不是个人在独自解决问题，而是和对方进行争论、辩论，在此基础上解决问题。因此，要开发像检察官和律师那样具有

与对方争论功能的专家系统，除了前文中介绍的法律推理模型外，还需要建立"辩论模式（辩论协议）"和"辩论战略"。

在审判过程中，根据《民事诉讼法》和《刑事诉讼法》，原告和被告（或检察官与被告人）之间会进行辩论（议论、争论），决定辩论规则的是辩论模式。例如，在关于一辆救护车穿过禁止车辆进入公园的事件中，辩论如下：

原告："救护车不应该进入公园。"——主张 A

被告："反对这一主张。"——否定主张 A

原告："救护车是汽车，它违反了汽车不能进入公园的规定。"——支持主张 A 的理由（提示论证过程）

被告："该规则禁止车辆在正常时间内驶入公园，不应适用于紧急情况下。这次是紧急情况，所以应对规则进行限缩解释。"——反对主张 A 的理由 + 主张 B

原告："即使不经过公园也能去现场，所以不是紧急情况。"——否定主张 B+ 否定理由

被告："以前的案例允许救护车沿同一路线通过。本案情况类似，应允许通过。"——否定主张 A 的理由（提示论证过程）

观察上述发言类型的流程，其辩论过程可概括如下：

事实的主张→主张的否定→给出理由（提示论证过程）

→给出理由的否定 + 新主张

→否定新主张 + 给出理由（提示论证过程）

→否定当初的主张的理由（提示论证过程）

"辩论模型"确定了"主张""承认或否认"和"给出理由"等发言类型的顺序。如果双方都按照辩论模式进行发言，就能顺利进行辩论，但如果一方不遵循辩论模式而擅自发言，辩论就难以达成一致。在前文中介绍的 HYPO 系统中用于讨论的例子介绍了下述辩论流程，这也是辩论模式的典型例子。

→引用类似案例 A

→指出案例 A 与本案的不同点。引用其他类似案例 B

→指出案例 B 与本案的不同点。引用其他类似案例 C

此外，发言的时候，根据选择反驳还是妥协，反驳的话先对哪一论点进行反驳等，辩论流程会出现很大变化。为了选择对自己有利的陈述和论据类型，"辩论策略"是必要的。例如，作出发言后，预测对方将如何回应，并根据预测的结果选择下一次发言，是一种经常使用的策略。这一辩论策略可以用在日本将棋和国际象棋比赛节目中使用的游戏树的探索予以表示。

专栏 4

游戏树的探索

在日本将棋和国际象棋等竞技游戏中，游戏树被用来确定下一步棋。在图 6-5 所示的将棋游戏树中，针对当前棋盘 A0 有三步候选棋（3 四步，2 五角，2 二王），棋盘相应地变为 B1、B2 或 B3；针对 B1，对手的下一步棋有三步候选棋（6 三金，1 一飞，同金），棋盘相应地变为 A11、A12 或 A13……这样一来，棋盘就会根据所有候选棋步的变化而变化，最多可以列出几步棋，末端的棋盘就会被计成点数。较高的分数被认为是对自己有利的。

在该图中，由于末端的 12 个盘面（B111、B112、……B322）中 B321 的 7 个点最大，所以最好遵循从 A0 到 B321 的 A0 → B3 → A41 → B321 路径。但是，在中途的 B3 中，对方不是选择"5 五步"，而是选择"7 八银"，所以结果不会如我方所愿。

为了能够在考虑对方反击情况的同时确定下一步棋，从棋盘末端开始一步一步地追溯，在途中的盘面上把自己及对手的最佳棋步的分数向上位传达。在图 6-5 中，在 A11 处，通过比较 B111 和 B112 的分数，即 5 分和 3 分，棋手知道他在 A11 处的最佳棋步（最高分）是"同步"，为 B111（5 分）。同样，计算 A11、A12、A13、A21、A31 和 A41 的最佳棋步以及当时的点数。接下来，B1 比较了 A11、A12 和 A13 的 5 分、4 分和 6 分，发现对方的最佳棋步（最低分）是"1 一飞"，为 A12（4 分）。同样地，计算 B2、B3 中的最佳棋步和当时的分数。这样交替向上位传达最大分数和最小分数的话，A0 的分数是 4。这个分数被传送到 B122 → A12 → B1 → A0。从这个结果来看，A选择下一步到 B1 的"3 四步"是最好的。

击败国际象棋冠军的 Deep Blue 每次轮到它的时候都会创建出预读了 14 步的巨大游戏树。据说每个棋盘上可走的平均数是 35 步，所以提前 14 步将是巨大的棋盘数，为"35 的 14 次方"。

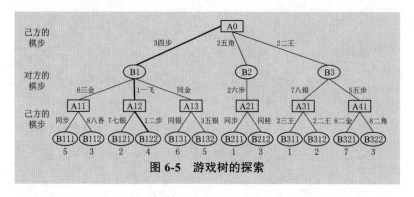

图 6-5 游戏树的探索

（二）法官的判决模型

当辩论结束后，原告和被告中的一方击败了另一方（这里的"击败"是指一方未能提出充分的论据），法官很容易确定胜者。然而，如果双方都无法完全击败对方，法官将对双方论证的优越性进行价值判断，并决定采用哪种主张。在上述例子中，比较"行人的安全"与"通过公园的便利性"，

如果重视行人的安全，可能作出禁止救护车进入的判断；

如果重视通过公园的便利性，可能作出允许救护车进入的判断。

基于另一价值判断基准，比较"文理解释"与"目的解释"，

如果重视文理解释的话，可能作出禁止救护车进入的判断；

如果重视目的解释的话，可能作出允许救护车进入的判断。

第三节　逻辑编程语言 PROLOG

PROLOG 是一种逻辑编程语言，使用谓词逻辑中的逻辑推理来进行计算。作为开发人工智能的语言，PROLOG 曾被用于 20 世纪八九十年代日本的第五代计算机项目。如今，PROLOG 在法律专家系统的开发中发挥了重要作用。因此，在介绍第四节

中的法律专家系统的例子之前，本节先对 PROLOG 进行说明。

首先，简要解释命题逻辑与谓词逻辑的区别。在前面几节描述命题逻辑时，"文（命题）"被作为一个单位，来描述大前提、小前提与结论的单位。

太郎杀了次郎

在谓语逻辑中，主语（太郎）、宾语（次郎）等在文中是分开的，作为变量，描述为：

杀了（太郎，次郎）

此外，"如果太郎杀了次郎，太郎将被处死刑，无期或五年以上有期徒刑"，是命题逻辑，描述为：

太郎杀了次郎

　=> 太郎被处死刑，无期或五年以上有期徒刑

但在谓词逻辑中，它被描述为：

被杀（太郎、次郎）.

　=> 被处死刑，无期或五年以上有期徒刑（太郎）

除此之外，谓词逻辑允许变量作为参数使用，而使用变量可以编写出通用性高的抽象规则。

∀X∀Y 杀了（X，Y），且，是人（X），且，是人（Y）

　=> 处死刑，无期或五年以上有期徒刑（X）.

该规则为："如果 X 杀了 Y，无论 X 和 Y 是谁，X 将被处死刑，无期或五年以上有期徒刑。"我们把下述事实适用于这一规则后，

杀了（太郎、次郎）

是人（太郎）

是人（次郎）

将太郎代入 X，将次郎代入 Y，并使用三段论法得出以下结论。

大前提：∀X∀Y 杀了（X，Y），且，人（X），且，人（Y）

　=> 处死刑，无期或五年以上有期徒刑（X）.

小前提：杀了（太郎、次郎）

　　　　人（太郎）

　　　　人（次郎）

结　论：处死刑，无期或五年以上有期徒刑（太郎）.

PROLOG 在很大程度上继承了谓词逻辑的这种结构；PROLOG 与谓词逻辑的主要区别在于以下两点。

（一）记法的差异

在谓词逻辑中，大前提被描述为：

条件 => 结论

而在 PROLOG 中，条件和结论是相反的，被描述为：

结论 :- 条件

如果有一个以上的条件，如"条件 1　且　条件 2　且　条件 3"，则描述为：

结论 :- 条件 1，条件 2，条件 3

在 PROLOG 中，逻辑否定符号（¬）不能在结论和条件中使用，但否定符号（not）可以在条件中作为证明失败而使用（见专栏 3）。

（二）实施方法

在谓词逻辑中，结论是由大前提和小前提通过三段论法得出的，但在 PROLOG 中，当问到"结论是否成立"时，会检查导致结论成立的大前提和小前提是否成立，并输出 YES 或 NO。

例如，编写一个由以下两个规则（大前提）和四个事实（小前提）组成的 PROLOG 程序。如下所示：

大前提：

　　A　处死刑，无期或五年以上有期徒刑（X）:- 杀了（X，Y）

　　B　杀了（X，Y）:- 施加了暴行（X，Y），有杀人意图（X），

死亡（Y），因果关系［暴行（X，Y），死亡（Y）］。

小前提：

　　C　施加了暴行（太郎，次郎）。

　　D　有杀人意图（太郎）。

　　E　死亡（次郎）

　　F　因果关系［暴行（太郎，次郎），死亡（次郎）］

输入以下问题时的执行过程与输出结果显示为：

设问

　　? -处死刑，无期或五年以上有期徒刑（太郎）。

　　% "太郎是被处死刑，无期或五年以上有期徒刑吗？"

执行过程

步骤1：

　　要回答这一问题，请发现以它为结论的规则A。

　　然后发现，为了满足A的条件部分，"杀了（太郎，Y）"

必须成立。

步骤2：

　　为了检查"杀了（太郎，Y）"是否成立，发现以它为结论的

规则B。接下来，为了满足B的条件部分，我们知道，必须满足

以下四个条件："施加了暴行（太郎，Y）"，"有杀意（太郎）"，

"死亡（Y）"和"因果关系［暴行（太郎，Y），死亡（Y）］"。

步骤3：

　　这四个条件在C、D、E和F中得到满足。因此，最初的设

问是成立的

输出

YES

第四节　法律专家系统介绍

第二节中介绍的法律推理模型以及对其进行扩展的论证模型被广泛运用于法律专家系统中。

最古老的法律专家系统是 20 世纪 70 年代初期的 TAXMAN，它使用美国税法的知识，处理关于企业活动进行征税的妥当性的判断。另一个是开发于 20 世纪 80 年代的 HYPO，该系统仅使用案例而非法律法规来模拟法庭纠纷。20 世纪 80 年代开发的基于逻辑语言的 PROLOG 用逻辑公式描述程序。当法律规范和经验法则用 PROLOG 的逻辑公式记述时，可以通过演绎推理得出结论，这与图 6-1 所示的初级法律推理模型是一致的。因此，许多法律专家系统是用 PROLOG 开发的。在 20 世纪 90 年代，同时使用法律和案例的综合性法律推理系统也被开发出来了。

这里介绍了五种法律专家系统。这五种系统使用了本章第二节中描述的法律推理模型。表 6-1 显示了哪一系统使用哪一推理方法。

表 6-1　法律专家系统与推论模型

	演绎	法律解释	模糊概念的判断		规则的优先	辩论模型
			NN 概率推论	案例库		
英国国籍法	○					
HYPO				○		○
SPLIT UP	○		○			
HELIC-II	○				○	○
New HELIC-II	○	○			○	○

一、英国国籍法的咨询系统

我们很容易建立这样一种系统：用 PROLOG 记述法律文本后，只要提供一个咨询案例和问题，立马就能得到答案。英国帝国学院的 Marek Sergot 用 PROLOG 记述了英国国籍法，并展示了其有效性。以下是其中的一个例子。

1-（1）本法生效后，在英国出生的人，

如果在出生时，父亲或母亲是

a 英国公民；或 b 居住在英国；

则，是英国公民。

该条规定了成为英国公民在出生地、出生日期和父母身份方面的要求。这可以在 PROLOG 程序中描述如下。由于父母的条件被分成"a 或 b"两个部分，为此，PROLOG 程序中也区分了两种情况。

英国公民（X）:- 出生地（X，英国），出生日期（X，Y）。法律生效后（Y），父母（Z，X），英国公民（Z）。

英国公民（X）:- 出生地（X，英国），出生日期（X，Y），法律生效后（Y），父母（Z.X），居住在英国（Z）。

咨询案例的信息如下。

出生地（一朗，英国）.% 一朗出生于英国。

出生日期（一朗，1980/1/1）.% 一朗生于 1980 年 1 月 1 日。

法律颁布后（1980/1/1）.%1980/1/1 是在法律生效之后。

父母（花子，一朗）.% 花子是一朗的父母。

居住在英国（花子）.% 花子居住在英国。

进一步提问：

？-英国公民（一朗）.% 一朗是英国公民吗？

那么，上述咨询案例符合两个 PROLOG 方案的第二个条件，所以答案是，输出 YES。

二、利用案例的辩论系统 HYPO

使用类似案例的推理被称为基于案例推理。虽然目前已提出好几种基于案例的推理方法，但本节只介绍由美国匹兹堡大学的 Kevin Ashley 开发的 HYPO。HYPO 是一种教育支援系统，其存储了美国商业秘密法的案例数据库，在某一企业泄露企业秘密时，可以一边引用案例一边进行虚拟辩论，以确定被告（前员工、竞争对手公司等）的行为是否违反了法律。

HYPO 使用案件的关键要素列表（在 HYPO 中称为因素）来描述个案，如以下例子：

F1：所披露的信息处于协商公开过程中。

F2：该员工被贿赂，从一家公司跳槽到另一家公司。

F3：被告是原告产品的开发商。

……

F6：原告采取了安全措施，防止泄密。

……

F15：有关的秘密是独一无二的，没有其他类似的东西。

F16：有关的秘密很容易分析，而且不是很重要的信息。

……

F21：被告知道该信息是保密对象。

……

个案与案例可以表述为一组因素。下面的 Mason 案就说明了这一点，在该案中，争议问题在于，啤酒商向餐厅老板索要饮料的收银小费的行为是否构成了未经授权的商业秘密的获取。在图 6-6 中，下划线的句子是梅森案的关键事实，表明这属于哪个因素。图中显示，梅森案的特点是有五个因素 F1、F6、Fl5、F16 和 F21。

其他案例也以同样的方式描述为一组因素，并存储在案例数据库（案例库）中。图 6-7 显示了在案例数据库中搜索与梅森案相似的案例，按照相似度的顺序（即最常见因素的顺序）排列。在该图中，与 Digital Development 案相比，（F1，F6，F15，F21）是原告胜诉的共有要素；与 Speedy 案相比，（F16）是被告胜诉的共有要素；与 American Precition 案相比，（F16，F21）是原告胜诉的共有要素。

餐馆老板梅森开发了一种由杰克-丹尼尔威士忌、7 Up 和其他饮料混合而成的饮料，并以林奇堡柠檬水为名进行销售；梅森只教调酒师如何混合，<u>但命令他们对此保持沉默［F6（p）］</u>；以及酿酒作业是在顾客看不见的地方进行的。 这款饮料广受好评，<u>但无人能复制同款饮料［F15（p）］</u>。然而，专家们说，<u>这款饮料很容易复制［F16（d）］</u>。 酿酒师兰德尔在餐厅喝了林奇堡柠檬水。据梅森称，他们<u>约定给梅森及其团队做推广，于是梅森把配方的部分告知兰德尔［F1（d）］</u>。兰德尔也回忆说，<u>他印象中这是一个秘方［F21（p）］</u>。 一年后，该酿酒商为基于该配方的饮料举办推广活动，但没有邀请梅森，梅森也没有获得补偿	F6（p）：采取了安全对策 F15（p）：无类似物 F16（d）：可解析的信息 F1（d）：公开谈判中 F21（p）：知悉是秘密信息 p：原告有利 d：被告有利

图 6-6　梅森案的因素表示：基于五个因素
（F6，F15，F16，F1 和 F21）的案例概况

参见 "Teaching Case-Based Argumentation Through a Model and Examples"
Ph. D. Dissertation, Vincent Aleven, University of Pittsburgh 1997。

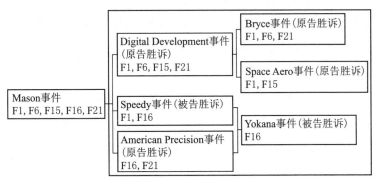

"Modeling Legal Argument" Kevin D. Ashley, The MIT Press. 1990.

图 6-7　与梅森案相似的案例：按与梅森案相似的顺序排列

因此，类似案例因关注哪个因素而不同，从而出现原告胜诉或被告胜诉的不同结论。但是，这并不意味着有更多共同点和类似度高的结论一定会被采纳。如图 6-7 所示，梅森案中的类似案例按相似性顺序排列时，可以引用下述类似案例，指出所引用案例的异同点，同时在原告和被告之间建立模拟法庭上的辩论。匹兹堡大学将这一系统用于法庭辩论的演习。

原告："梅森案与美国 Digital Development 案有两个共同点，即 F16 和 F21；原告在梅森案中应像在美国 Digital Development 案中一样胜诉（选择类似案例）。"

被告："在 F1 这一重要因素上，American Precision 案与梅森案并不相似；被告应以 Speedy 案的方式胜诉，因为 F1 和 F16 是共同的（指出不同点，选择其他类似案例）。"

原告："由于在 F6 这一重要因素上，Speedy 案与梅森案不相似；原告应以 Digital Development 案的方式获胜，其中 F1 和 F6 是共同的（指出不同点，选择其他类似案例）。"

……

三、SPLIT-UP

夫妻离婚时如何分割财产，对法官而言是一大判断难题。由澳大利亚开发的 SPLIT-UP 是自动确定财产分割比例的系统。该系统的使用是基于规则的推理（演绎推理）和神经网络的组合。

首先，讨论丈夫在婚姻期间对家庭的贡献是否比妻子大，丈夫在未来是否比妻子需要更多的财产，婚姻生活是否富有等，从图 6-8 的神经网络的 DATA 部的节点输入其结果后，从 CLAIM 部分输出丈夫应接受的财产比例。这个神经网络的耦合系数是从过去很多离婚审判的财产分配结果中预先学习得出来的。

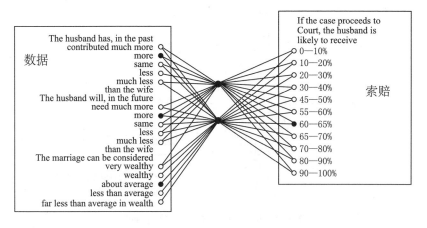

"Split-Up 系统：神经网络与基于规则的推理在法律领域的整合。——引自人工智能与法律国际会议（ICAIL 1995）。

图 6-8　SPLIT-UP 中财产分割比例的判断

四、混合法律推理系统：HELIC-II

日本第五代计算机项目中开发的 HELIC-IIHELIC-II 如图 6-9 所示，由三个推理模块——演绎推理、基于案例的推理，以及非单调推理，和三种类型的数据——法律法规、案例、价值观组成。该系统具有输入想咨询的案件的事实数据，并提出问题后，自动输出答案的功能。

1. 法律规则库和演绎推理

在 HELIC-II 中，法律文本是用扩展 PROLOG 的程序编写的，并存储在"法律规则库"中。输入用户想咨询的案件的事实数据和问题时，PROLOG 程序被激活并输出答案。

2. 案例数据库和事例推论

与 HYPO 系统一样，各个案例被表述为因素组，存储在案例数据库中。对于想要咨询的案件的事实数据作为因素组提供后，可以和 HYPO 系统一样进行案例的类似检索。

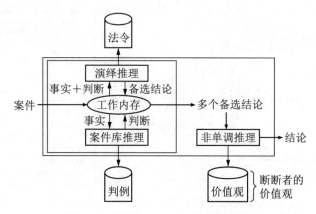

图 6-9 根据 HELIC-II 的推理模块

3. 价值判断和非单调推论

利用法律法规和案例进行演绎推理和基于案例的推理，如果法律法规有多种解释，或者有 2 个以上的类似案例时，根据采用哪种解释或引用哪种案例法，通过列举原告和被告的所有可能的逻辑发展，产生多个备选结论。

在 HELIC-II 中，备选结论可以被列举出来一并输出，或者可以参照价值观来划分案例，如下所示，根据情况分类列举备选结论。

如果重视行人的安全，禁止救护车进入；

如果重视通过公园的便利性，允许救护车进入。

如果你事先输入自己的价值观，比如：

"行人安全很重要"；

就可以缩小结论范围，输出单一的答案：

禁止救护车进入。

五、混合法律辩论系统例：新的 HELIC-II

HELIC-II 具体体现了前文中阐释的法律推理模式。更先进的新的 HELIC-II 具体体现了前文中阐释的法律辩论模式。

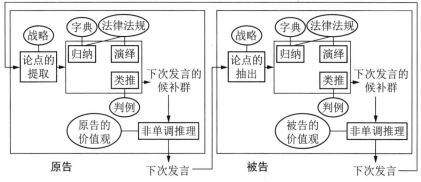

图 6-10 根据 New HELIC-II 的辩论

在新 HELIC-II 中，如果将两个 HELICII 结合起来，一个给出原告的价值观，另一个给出被告的价值观，那么就可以像在 HYPO 中一样，通过双方交换论据自动产生虚拟辩论（图6-10）。新的 HELIC-II 集成了 HELIC-II 推理模块以及用于扩大解释和限缩解释的归纳推理引擎，为辩论提供了更强的能力。

六、法律专家系统的课题

前文介绍了利用法律法规、案例的法律专家系统的例子。

利用了"法律法规"的系统的优点在于，通过清楚地说明得出结论的规则（逻辑公式），从而清楚地表明判断理由。它的缺点在于不容易用规则来表达法律法规（专栏1），而且，为拥有大量条款的法规制定一套规则的工作量巨大。因此，至今为止，日本还没有制定大型成套规则的例子，下文将介绍制定大规模详细规则组的开发尝试。

利用"案例"的系统的优点在于，能够推断出疑难复杂案件的结论。然而，它的缺点是很难解释结论的判断理由。虽然如本章介绍的 HYPO 和 HELIC-II，当案例的相似性由因素决定时，可以明示判断理由，但像 SPLIT-UP 那样，当判断是由机器学习案例作出时，可能无法明确说明裁决理由。此外，机器学习需要大量的案例，但商业案例集并没有足够数量的案例。

目前，还没有明确的方法来客观地评价法律专家系统。评价法律专家系统的标准包括：可处理的案件范围是否广泛，可处理的案件是否详细，结论是否高度准确，是否提供判断理由，以及系统是否具有用户互动功能。为了进行这些评估，需要大量的测试数据，但这种测试数据并不存在。案例集可以作为备选的测试数据，但对于某些法律法规来说，案例集中的案例数量可能并不充足，而且"案例集中的案例"的分布可能与"实际判决"的分布不同。因此，在使用案例集作为测试数据时，应谨慎行事。

专栏 5

机器学习在法律业务中的应用

本章所述的法律专家系统旨在将案件数据应用于法律推理模型中，以寻求结论。与此相对，使用归纳和统计方法，反过来从数据中寻求模型的是机器学习。近年来，利用机器学习的新商业模式已经开始了。

例如，Ross 系统具有这样的功能——如果用英语输入"能解雇长时间无故旷工的员工吗？"等问题，系统将检索事先收集的法律文件，检测出相关文章，并用英文给出回答，同时附上依据的文件及信赖度。Ross 系统以 IBM 的 Watson 程序为基础。Watson 机器人通过分析庞大的文件，学习单词和单词之间的共同关系来回答问题，并因在美国问答节目 Jeopardy Ross

中击败人类而闻名。ROSS 目前被一家美国律师事务所聘用，是"第一个找到工作的机器人律师"。

另外，Lex Machina 对以往大量知识产权法相关案例进行统计分析，按法官、当事人、律师事务所、律师、地区等名称分析裁决的趋势，并提供客户想咨询的案件信息。

第五节　要件事实论和人工智能

本章第二至四节中介绍了法律研究者的基本思维模型（法律推理的模型）。本节将解释如何将作为更高级的法律推理的要件事实论，予以模型化。

所谓要件事实论，指的是在民事裁判中，法官如何整理案件事实并作出判决的理论。然而，从人工智能研究的角度来分析要件事实论时，它被认为是赋予了民法条款的每一要件存在或不存在的默认值，以便在不知晓要件存在与否的情况下使用，这样，即使在信息不完整的情况下，法官也能作出判决。默认值对应民事诉讼法学中的客观证明责任。本节将介绍基于这一思路的判决推理支持系统 PROLEG（PROlog based LEGal reasoning support system）的概况、应用和局限性。

民法是规定当事人之间民事权利和义务的法律，在适用该法律时，假定信息完备，并在满足某一法律上的要件的情况下（包括在非例外情况下），得出其结论。例如，如果根据买卖合同出售或购买商品时，卖方可以向买方要求支付货款。为了请求货款，必须签订买卖合同，其要件是存在买卖标的物的合意。

尽管这一要件本身似乎不足为奇，但事实上，为了签订合同，前提是卖方和买方必须具备订立合同的法律能力（在民法中称为"行为能力"），例如非未成年人。只有当所有这些在民法中随处可见的相关前提均成立时，买卖合同才成立。

上述例子表明，民法在确定以上所有要件是否存在之后，才决定哪些权利和法律效力可以成立。相反，在实际裁判中，由于证据不足等情况，可能无法完全确定民法中的要件是否存在。如果人们试图在演绎逻辑中得出完全正确的结论，在这种情况下，如果要件的存在或不存在是未知的（有时被称为"真伪不明"），那么，唯一的判决结果是"不知道"。然而，法院不能回答"不知道"，因为它有义务作出判决以回应裁判的当事人（原告和被告）之间的纠纷。为了解决这个问题，可以事先准备存在或不存在的默认值，以备在某一要件存在与否未知的情况下，可以得出结论。

第三节介绍了逻辑编程语言 PROLOG。然而，即使向法务人员提供直接使用该逻辑程序进行法律推理的系统，也难以发挥作用，因为他们必须理解逻辑编程的语义。

因此，利用上述事实要件中的默认值与"原则＋例外"的表现形式之间的对应关系的 PROLEG 被新开发出来。PROLEG 由两部分组成，一是通过"原则＋例外"表现要件事实论的规则库；二是记载案件中认定的主要事实的事实库。PROLEG 是从最终辩论已经结束、法院已经结束事实认定、所有主要事实的存在与否已经被证明（或者确定真伪不明）的状态当中，执行判决推理。

（一）PROLEG 的规则库

在 PROLEG 的规则库中，要件事实论用以下两个公式加以表现（正如 6-3 的 PROLOG 部分所解释的，与谓词逻辑不同，要件部分与结论部分的位置以及箭头的方向是相反的，但在逻辑上，即使方向相反，内容也相同）。

结论 <= 要件 1，要件 2，……要件 n。

例外事由（结论，例外）。

然后，结论、要件和例外分别以谓词名称（参数 1，参数 2，……，参数 m）的形式加以表现。上方第一个公式（称之为"原则规则"）的读法是"如果要件 1 且要件 2 且……且要件 n，则结论成立"，其直观的含义是，如果要件 1，……且要件 n 都"存在"，则结论也"原则上""存在"。

第二个公式（称为"例外规则"）的读法是"例外是结论的例外事由"，其直观的含义是，如果例外"存在"，那么，无论原则规则的所有要件如何"存在"，"例外"的结论都是"不存在"。用要件事实论的语言来说，如果原则规则代表了请求原因，那么例外就意味着抗辩。

例如，买卖合同中的付款请求的要件事实，用 PROLEG 的规则库的形式表达如下：

支付货款请求权（买卖、卖方、买方、买卖合同）<=
　　合同的效力（买卖、卖方、买方、买卖合同）。
合同的效力（合同类型、债权人、债务人、合同）<=
　　合同成立（买卖、卖方、买方、买卖合同）。
合同成立（合同类型、债权人、债务人、合同）<=
合意（合同类型、债权人、债务人、合同）。
例外事由［支付货款请求权（合同类型、债权人、债务人、合同），
　　已偿还的抗辩（债务人、债权人、合同、偿还日期）］。
偿还的抗辩（债务人、债权人、合同、偿还时期）<=
　　本人偿还（债务人、债权人、合同、偿还时期），
　　对系争债务作出决定（债务人、债权人、合同）。

上述规则指明，为使支付货款请求权成立，合同必须发生效力，因而需先签订合同，而签订合同的前提是有关于签订合

同的合意。这就是原则——如果有合意，则支付货款请求权成立。然而，已偿还的抗辩被记述为一个例外。换言之，即使有合意，作为例外，如果已经支付了货款，则表示不能再请求支付货款。

（二）PROLEG 的事实库

在 PROLEG 的事实库中，进行实际案例的主要事实的记述。在 PROLEG 的原则规则的要件事实中，如果没有得出作为结论的原则规则，则应该将它们记述为 PROLEG 的事实库中的主要事实。

例如，在上述支付货款请求权的例子中，对于合意（合同类型、债权人、债务人、合同），PROLEG 的规则库中没有得出作为结论的原则规则，所以如果存在与要件事实相对应的主要事实，则主要事实应当记入事实库当中。在 PROLEG 中，以"主证［合意（买卖，铃木，佐藤，买卖合同 1）］。"的形式记载此类主要事实。

所谓"主证（○○）"，表示主要事实的主张"○○"被提出，法官的心证超出证明程度。例如，铃木与佐藤就买卖合同 1 达成合意，以及佐藤就该买卖合同 1 已向铃木支付货款的事实表述如下。

主证［合意（买卖，铃木，佐藤，买卖合同 1）］。

主证［本人已偿还（佐藤，铃木，买卖合同 1，2003 年 11 月 1 日）］。

主证［对系争债务作出决定（佐藤，铃木，买卖合同 1）］。

在 PROLEG 中建立了规则库和事实库后，如果你向 PROLEG 系统查询某一法律结论存在与否时，系统不仅会输出存在或不存在，而且还会以图形的方式展示得出该结论的推理过程。这被称为 PROLEG 方框图。

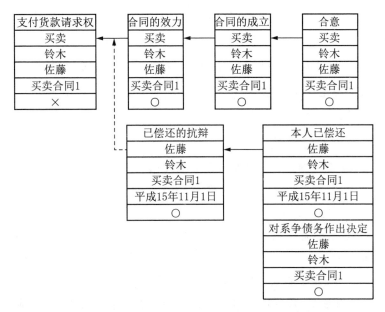

图 6-11 PROLEG 的输出例子（请求支付货款案例）

在 PROLEG 方框图的输出中，结论被放在左上方，与导致结论的原则规则的要件相对应的方框被实线连接到结论的右边，如果与该方框相对应的要件成立，则在各个方框底部显示"○"，如果要件不成立，则显示"×"。如果必须要考虑例外情形，那么与该例外情形相对应的方框就放在底部，用虚线连接，用"○"或"×"表示其成立或不成立。如果其中一个例外框是"○"，结论就是"×"。图 6-11 展示了请求支付货款案例中结论得出的 PROLEG 方框图。

在本案中，铃木是卖方，佐藤是买方，他们合意签订一份名为"合同 1"的买卖合同，然而，铃木向佐藤请求支付货款时，佐藤以已经支付了货款为由提出已偿还的抗辩并被法庭采纳。由于请求的例外已经成立，因此，铃木不能请求支付货款。

（三）PROLEG 的现状

目前，《日本民法典》中基于合同法部分的民法条款和最高法院案例都在被录入 PROLEG 中，形成大约有 2500 条规则的系统。然而，由于对案件事实的描述必须用逻辑公式来表达，除非熟悉逻辑，否则很难处理，目前正在开发从以自然语言记述的案件记述中提取与案件事实相对应的逻辑公式的技术。

本章参考文献

佐藤健 = 新田克己 =Kevin D. Ashley（2019）「人工知能の法律分野への応用について」法と社会研究 4 号 177—196 頁

佐藤健 = 西貝吉晃（2019）「刑事訴訟版の PROLEG の開発」第 33 回人工知能学会全国大会 https//doi.org/10.11517/pjsaiJSAI2019.0_4E30s7b05

高橋文彦（2013）『法的思考と論理』（成文堂）

新田克己 = 佐藤健（2019）「人工知能の法学への応用」人工知能 34 巻 6 号 870—875 頁

西貝吉晃 = 浅井健人 = 久保田理広 = 古川昂宗 = 佐藤健 = 白川佳 = 高野千明 = 中村恵（2011）「PROLEG：論理プログラミング言語 Prolog を利用した要件事実論のプログラミング」情報ネットワーク・ローレビュー 10 巻（1）54—89 頁

吉野一　編（1986）『法律エキスパートシステムの基礎』（ぎょうせい）

吉野一　編（2000）『法律人工知能』（創成社）

第七章
迈向神经法学

福泽一吉

小剧场

A：你有没有听说过人体的"终极疆域"呀？

B：当然，是大脑吧。

A：天呀，你居然知道？我还以为是DNA呢。

B：人类基因组已经被破译啦。不过，肯定还有很多未解之谜。

A：无论是PCR还是CRISPR-Cas9，科学一旦有了突破，就会突飞猛进。特别是测量技术的突破。日本人小川诚二博士带领的研究团队攻破的fMRI也是如此吧。他们利用血液中的血红蛋白在通过或吸收氧气时逆转其磁性这一事实来测量大脑的激活量。

B：哇，你还是专家呀！今天讲座的主题神经法学（Neuron Law）正是得益于fMRI的研究领域，或者可以把它翻译成"法与脑神经科学"吧。

A：根据脑科学，我们认为的自由意志只是大脑构建的虚拟事物，用来向我们自己解释之前就已经无意识地作出的决策。

B：真是难以置信。我的意志是我的意志，却又不是我的意志！那这究竟是谁的意志？

A：听说可以有意识地阻止无意识。哪怕无意识地伸手去拿眼前的糖渍栗子，但一联想到减肥，就会阻止吃东西。

B：但口水还是止不住地流呀。

A：当然啦，这是无条件反射。咦，真脏。

B：从脑科学的角度来看，自由意志并不像曾经所认为的那样，是理性、自律的人类的自主的决策。那么，以自由意志为前提的法律责任又将如何呢？道德责任同样如此。

A：简单来说，但凡我们还得动用刑事制裁来遏制犯罪，无论有无自由意志，从社会政策的角度来看，刑法都是必要的。这没啥好争论的。

B：这说法，多少有点不近人情哇。

A：人情味可能也是虚构的假想。

B：这样一来，骗子和老实人之间的区别也可能是虚构的呀。

A：撒谎也可以用脑科学来识别。不知道现在的研究进展到哪一步了。

B：今天的课也许会讲清楚这点吧。

A：现代科学中最尖端的脑神经科学与法，真是一个令人兴奋的主题呢。

　　近年来，脑神经科学的新成果激增，并开始与立法、刑事处罚和法的意思决定等法律领域产生交集。脑神经科学与法学领域的首次联动是 20 世纪 90 年代诞生的新领域——神经法学（Neurolaw）。[1] 换言之，这是考察大脑与法律的相互关系的

1　尚未有通用的译法，本书姑且称之为神经法学。

跨学科领域。详言之，神经法学是研究当神经机制的研究结果，如精神病鉴定、测谎等，被用作法庭量刑裁判的判决依据时存在的问题。此外，在考虑法律决策规则等时，神经法学可以被视为一种回归原点重新思考什么是人类思维的方法（Petoft，2015）。本章将阐释神经法学的背景、现状及其相关问题。

思考题

本章的结构如下。首先，在讨论法与脑科学之前，先简单提及脑神经科学和伦理学之间的关系。随后，本章的前半部分将阐述脑神经科学、自由意志、道德判断、自我责任。在该部分我们将着重探讨关于自由意志和脑的利贝特实验。本节论述涉及意识的自由意志与行为的控制，以及自由意志的启动与意识的拒绝的学理解释之间的平衡。

本章后半部分论述了用脑神经科学决定责任能力的发展动向，包括介绍传统的测谎仪（利用心理生理学指标的测谎仪）是如何识别虚假陈述的，以及它被何种脑神经科学所取代。这包括事件相关电位（Event-related Potential，ERP），有罪知识检查和P300。最后，概述法院采用的科学证据标准、定罪与脑影像诊断结果之间的关系及其现状。

- 在法与脑科学之前，脑神经科学与伦理之间有何种关系？
- 脑神经科学与自由意志、道德判断、个人责任之间有何种关系？
- 脑神经科学能用于决定责任能力吗？
- 诸如测谎器等传统方法以外，还有哪些脑神经科学新发现正在兴起？

第一节　脑神经科学与伦理

在提及神经法学的具体应用之前，先来探讨一下脑科学与伦理。有论者指出，脑神经伦理学是一种前所未闻的伦理学，其为传统的伦理学增添了新次元（福士，2008）。福士提出，生命伦理学、医疗伦理学表现在由以下两部分组成的生物学二维坐标上：①个体的时间轴，表现为"拥有人格的人是从何时起到何时止"这一人类观和价值观；②物种的时间轴，包括繁殖、遗传和进化。换言之，它们可以被认为是由个体发育时间轴和系统发育时间轴组成的坐标。

相比之下，脑神经伦理学也涵盖了神经科学的问题，它是与生物学领域之外的各种工程学科合作建立的，如核物理学、成像工程（神经成像等）和机械工程。例如，BMI（Brain Machine Interface），即人类通过思考"移动自己的手"来移动机器人的手臂；fMRI（functional Magnetic Resonance Imaging）研究，即涉及对外界刺激作出认知活动的脑内活动，以及从大脑特定区域的神经活动中再现相应的心理现实等。

据悉，脑神经科学将为上述生命伦理学和医疗伦理学所涉及的二维坐标轴增添新的坐标轴。该轴是"由于非生命化学物质和作为生命物质的人类之间的界限已经模糊，可基于从有机到无机，或③从自然到人工这一连续性的坐标轴"。因此，脑神经伦理学可以被看作是一门研究三维坐标系的学科，即在传统的生命伦理和医学伦理的"①"和"②"坐标轴上，新添了维度③（福士，2008）。

以这第三个坐标轴为对象的是脑神经伦理学，回归原点重新反思什么是与一个人的人格相对应的脑活动、什么是人的意志、什么是人的心等人类观。并且，值得注意的是，脑神经伦理学在性质上与其他伦理学不同，因为它直接针对"人的心"本身。

提及神经法学最为核心的问题时，人们往往倾向于关注脑神经科学的成果在审判中是否具有证据能力等实际应用问题。然而，正如福士（2008）所指出的，脑神经伦理学试图从根本上重新审视人类观的同时，持续关注脑神经科学的成果在维系人类日常生活的法领域中的应用可能性，这一点也是不容忽视的。

自19世纪中期关于人脑及其功能的研究成为近代科学的一部分伊始，脑神经科学取得了飞跃进展。其结果是，我们现在知道大脑的哪些部分参与了思考和感觉，并且在某种程度上我们可以预测这些活动，甚至控制人类行为的某些方面。为此，人们总是倾向于关注脑神经科学发展所带来的恩惠。但要注意，脑神经科学的发现也可能造成危害。

例如，在司法领域，被指控实施了不常见的残暴罪行的"罪犯"被问罪时，为了评价该"罪犯"的责任能力，有时会进行精神鉴定。这种精神鉴定是由精神分析学家和临床心理学家等使用临床测试进行的，但研究结论显示，鉴定人的判断往往伴随着主观与偏见，不同鉴定人之间存在分歧，在某些情况下，甚至同一鉴定人也可能作出前后不一致的判定（河岛，2008）。

另外，放弃精神鉴定，改为利用脑神经科学的方法得出结论，即在取代传统精神鉴定的情形下，我们真的能够相信目前的脑神经科学的发现就是"客观的东西"吗？从以往的研究报告来看，暂时不能得出可靠的答案。接下来，我们将概述传统脑神经科学研究与法律的关系。

第二节　脑神经科学与自由意志、道德判断、个人责任

一般来说，我们认为自己是理性、自律的主体，能够基于自由意志行动。所以，我们相信，我们是基于个人的自由意志合理地作出选择。也正因此，我们可以质疑自己行为的道德责任。换言之，自由意志与道德责任是不能割裂的。

在法律层面评价某一行为是故意还是过失时，行为人是否具有自由意志是问题的关键。例如，经常出现这样的问题：犯罪，是犯罪嫌疑人基于个人自由意志自主、自由选择的结果，还是其大脑先于自由意志无意中犯下的罪行，而犯罪嫌疑人并无选择的余地。

一、自由意志与关于大脑的利贝特实验

一般认为，脑为心灵的住所、精神的府邸，人之所以为人的生物基础。倘若如此，关于自由意志的科学研究就要关注自由意志与大脑的关系。

利贝特（2004）报告了一项关于自由意志和大脑之间关系的惊人研究。利贝特的这项研究报告因其著作《心理时间》（下條，2005）而广为人知。此处的介绍也主要参考了该日文译本。

首先，设定一个做出自发性行为的场景。此时，人们需要假定欲做出该行为的意志要么在导致行为的大脑活动之前出现，要么与行为同时出现。例如，意志首先产生，随后行动出现。如果这样假设的话，那么思想就会被有意识地激活，从而促使

自发性行为的发生。这与人类有自由意志（非决定论）的观点相符。

另一方面，如果导致自发性行为的大脑某一部分的活动先于导致行为的意志，又该如何？在此情形下，在本人意识到自己的行为意志之前，大脑的某一部位就会活跃起来。这与人类没有自由意志（决定论）的观点相一致。

利贝特（2004）进行了一系列的实验，研究自由意志是否存在。总之，他发现大脑在自由意志行动前的550毫秒（约0.5秒）开始工作。并且，在采取行动前150至200毫秒就感知到这种意志。这意味着，在我们意识到自己要采取某种行动的意志或意图之前的400毫秒，自发的过程就被潜意识地触发了。利贝特借此解释人类的意识比真实世界滞后约0.5秒。

（一）利贝特实验

利贝特实验概述如下。利贝特的实验是通过比较大脑活动开始的时间点（准备电位：在受试者做出自发行为前约800毫秒就已经准备好了），来确定受试者意识到的意志出现的时间点。实验装置上的光点以2.56秒的速度围绕钟表盘进行圆周移动（见图7-1）。这个时钟是为了将时间显示到几百毫秒而专门设计的。受试者被告知他们可以看着该钟表盘的中心，且只要他们愿意，就可以自由、自发地进行手腕弯曲运动。

他们还被进一步告知要记住促使他们进行弯曲运动的意图，或他们想做这个动作时的首个意识，并将其与不断进行圆周移动的光点的指针位置联系起来。换言之，他们要把自己做出手腕弯曲运动的意志决定的时间，与钟表盘上的光点位置联系起来，一并记忆。然后，受试者在实验后报告了将两者联系起来记忆的时钟显示的时间点。该试验重复了40次，得到了平均值。利贝特将受试者报告的时间点命名为 W，它代表一种有意识的要求、愿望或意志。还记录了受试者在该试验中每次自发的弯曲运动所产生的准备电位。最后，将准备电位的平均起点与 W 时间点的平均值进行比较。

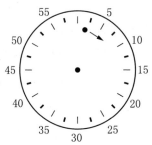

图 7-1　利贝特实验时使用的装置

注：利贝特用于测量精神现象的时钟装置。示波器的光点在 2.56 秒内沿着箭头的方向绕过钟面。钟面有 60 个刻度，每个刻度是 43 毫秒。

（二）两种不同准备电位启动的时机

在实验中，受试者报告说，尽管他们被告知不要计划在什么时机开始手腕弯曲运动，但他们还是打算在某个时间点左右开始运动。因此，准备电位启动的时机，被分为被试者有计划和无计划两种情形，并分别算出各自的准备电位。结果显示，有计划的情形下，大脑顶叶区的负电位在行为发生前约 800 至 1000 毫秒开始逐渐上升，这被称为准备电位 1（RP1）。相反，受试者报告没有计划的试验中，准备电位的平均起始时间为肌肉激活前 550 毫秒（图 7-2），这被称为准备电位 2。这意味着准备电位发生在受试者有意识的需求或动机的时间之前约 350 毫秒。而且，准备电位在补充运动皮层[1]中被激活。

---

[1] 补充运动皮层被认为在运动控制中起着启动自主运动、按照特定顺序执行不同的多种运动和协调四肢运动的作用。

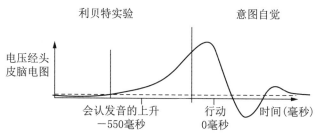

图 7-2　利贝特的实验中得到的脑波

注：纵轴显示从头皮获得的电压值，横轴显示时间推移。在实际运动发生前 550 毫秒，准备电位缓慢上升，这表明准备电位是在被试者意识到他/她的意图时产生的。

（Free Will and Neuroscience https://wmpeople.wm.edu/asset/index/cvance/libet）

根据这些结果，利贝特指出："导致自发性行为的过程，在伴随促使行为意识的意志出现以前，早已在大脑中无意识地激活了。这意味着，自由意志（如果有自由意志这种东西的话）不会启动自发性行为"，并得出结论说没有自由意志（Libet，2004）。

（三）伴随意识的自由意志与行为控制

有意识的意志（W）虽然在脑活动（准备电位）上升 400 毫秒后产生，但在实际运动前 150 毫秒出现。这可以解释为，有意识的意志（W）可能会对自发性行为的最终成果产生某种影响或控制。概言之，利贝特提出了一种假设：伴随意识的意志既可以实现最终的运动行为，也可以控制或拒绝它，使运动行为不得出现。

为了验证这一想法，利贝特做了一个实验，实验内容是拒绝计划在事先预定时间做出的行为。受试者被指示在时钟的某一时刻准备行为。然而，受试者会在 10—200 毫秒前拒绝预定时间内的行为。如此一来，作出拒绝前 1、2 秒会产生很大的准备电位。据此，利贝特主张，受试者能够在预定时间前的 100—200 毫秒内拒绝该行为。

根据这些结果，利贝得出结论："有意识的自由意志并不能激活我们的自由自发行为。相反，有意识的自由意志可以控制行为的结果和行为的实际表现。"前已述及，我们的自发性行为也是由之前大脑的无意识活动引发的。据此，利贝特认为，有意识的意志会在无意识引起的活动中，选择执行哪些、拒绝哪些。

（四）自由意识的启动与有意识拒绝的理论解释的平衡

用于解释一系列所谓的相关事件的理论必须是恒定的和内部一致的，这是科学常识。这种科学常识在利贝特自由意志的启动与关于有意识的拒绝的解释中没有得到维持。

利贝特用准备电位说明了自由意志并没有启动意志的过程，并据此论证了并不存在自由意志。如果是这样的话，从理论性解释的一致性角度看，必须考虑在有意识的拒绝中也有在其之前的准备电位。鉴于此，难道利贝特不应该坚称"有意识的意志和它的拒绝都是由于大脑的无意识活动造成的，并不是自由的"吗？然而，利贝特却认为，有意识的拒绝可能不需要之前的无意识过程，也不是无意识过程的直接结果。

居永（2013）指出，利贝特理论性解释中的这种不一致源于利贝特的道德观。换言之，利贝特认为，能够有意识地拒绝是人类道德性的基础背景。以下是居永主张的论据（Libet，2004）。

如果认为人能控制的不是欲望的产生，而只是欲望的抑制，而且即使没有实际发生难以容忍的行为，只要有想要行动的冲动就罪孽深重，那么事实上所有的人都是罪孽深重的……从这个意义上说，这种认为人的自由是有意识的拒绝，而不是有意识的意志的观点，为人有原罪提供了生理学的基础（Libet，2004）。

自由和原罪作为有意识的拒绝的想法似乎是利贝特宗教观

的根源。然而，必须指出，采取严格的经验科学方法来否认自由意志，但在承认有意识的拒绝自由时，却给出了道德和宗教理由，在某种程度上而言，这种解释欠缺一致性。换言之，这很难成为被普遍接受的科学解释。

专栏 1

挠自己的痒痒，也不会感到痒

中枢神经运动指令复制和正向模型

一般来说，自己给自己挠痒痒时完全不觉得痒，而别人给自己挠痒痒时却觉得痒。不过，有报告显示，精神分裂症患者给自己挠痒痒时也会感到痒。为什么会发生这种情况？这一发现引起了人们的注意，因为它可能关系到对精神分裂症的研究与治疗。

精神分裂症是一种精神疾病，具有多种多样的症状，如妄想和幻觉等。精神分裂症中众所周知的症状是幻觉、被迫体验。幻觉是指体验不存在的知觉信息的症状（hallucination）。幻听（对外部声音的错觉，但实际上并不存在）在精神分裂症中也很常见。另外，所谓被控制妄想，指的是由于出现幻觉的人感觉到知觉

信息似乎来自外部，所以很容易相信实际存在着产生知觉的人、物或其他发生源，他们抱怨说不是出于自己的意愿，而是被自己以外的人控制行动。因此，许多患者妄想将他们的症状解释为"恶魔附身""狐狸附身""幽灵与我对话""外星人与我交流""听到电磁波""脑中产生无线电波"，等等。

目前，解释精神分裂症中这种"挠痒痒行为现象"的有力模型是 Blakemore 等人（2000）的中枢神经运动指令复制障碍理论。中枢神经运动指令复制是指在移动手或其他物体时，大脑中出现的伴随运动指令的信息。该模型假设中枢神经运动指令复制被用来预测"自我行为的运动感觉结果"，区分自己以外的"外部带来的实际感觉刺激"。例如，即使闭眼，也很容易分辨是自己在移动自己的脚，还是别人在移动自己的脚。这是因为前者能进行中枢神经运动指令复制，而后者不能，这就是为什么精神分裂症患者认为他/她被自己以外的人强迫行动。总之，中枢神经运动指令复制可谓是区分自己与他人的基本信息。

中枢神经运动指令复制障碍理论指出，精神分裂症患者无法进行这种运动指令复制，因此无法区分他们自己做出的动作和他人对自己做出的动作。这一理论可以用来解释幻听和被迫行为，具体如下。体验幻觉的人无法进行中枢神经运动指令复制，所以他/她觉得知觉信息似乎来自外部，很容易认为实际发生知觉的人、物或其他发生源存在于自己之外。

第三节 利用脑神经科学决定责任能力

可以说，"人没有自由意志"的观点在目前尚未获得普遍接纳。因此，如果人们拥有可以自由决定的意志，那么，基于自由意志做出的行为就会产生责任。接下来讨论的问题是作为意志决定前提的健全的精神状态。

如果一个人犯了罪，而且可以证明他/她在犯罪时存在精神问题，那么，该犯罪嫌疑人就不具有责任能力[1]。此时，根据《日本刑法》第39条的规定，可以减轻罪行。换言之，如果认定犯罪是由于精神失常造成的，那罪责就会减轻。在此情形下，首先要进行精神鉴定，以评价该犯罪嫌疑人的精神状态。精神鉴定最常见的是心理测试、身体检查，另外，还包括对犯罪嫌疑人的家族史、病史等进行详细检查。

如果精神鉴定后发现异常，最终导致犯罪嫌疑人的罪行被减轻了，这意味着什么呢？罪与责任能力之间是什么关系呢？

假设由于大脑功能失常产生了异常的精神状态，那么即使主张"杀人并非其本人的责任，是人的大脑干的"，也无法反驳该大脑属于本案犯罪嫌疑人。既然异常状态与其本人是密不可分的关系，那么还有必要减轻罪责吗？

精神鉴定的一连串程序存在如下假设：犯罪、罪、责任能力等（尽管可能有其他因素参与）都"存在"某种与之对应的东西。而且，该概念与存在"人的心"这一假设紧密相关。

---

1 指判断自己行为的善恶、正邪、是非的能力，以及基于这种判断而采取行动的能力（河岛，2008）。

责任、责任能力是人们为了与其他大多数人顺利地进行社会生活而设想出来的一种服务于法律秩序的虚构概念。因此，如果主张"任何地方都不存在责任"的话，那么就不存在责任这回事。

鉴于此，对于维护社会秩序来说，重要的是在假设存在责任的基础上制定规则，而这种责任并不是天生就有的。这是因为有许多社会问题可以通过将责任归于其他地方来解决，而从社会法律秩序的角度来看，责任的概念是相当重要的。

而且，由于不存在所有人都能接受的犯罪、罪行、责任能力等，所以有必要建立更能被普遍接受的责任、责任能力理论模型，并不断地更新它，使之更好。换言之，有必要指明"这就是人的责任。所以大家有必要共同守护"。

一、精神鉴定的问题

精神鉴定的目的是根据所收集的数据，主要是心理方面的数据，判定相关犯罪嫌疑人具有多大程度的责任能力。此处所谓的"判定"，指的是基于一系列鉴定结果，归纳论证该行为人的精神状态，并得出关于精神状态的结论。然而，由于这里的推论是归纳性的，即使它所依据的鉴定结果是正确的，但最终的结论也不一定正确（参照第三章第二节）。而且，这类鉴定得到的结果也不可能精确到 DNA 鉴定的水平。换言之，归纳推理结果并不是100% 正确的。因此，精神鉴定在缜密性方面仍存在问题。

目前，理论上的假设是"责任能力是通过精神鉴定来评价的"。精神鉴定被视为决定行为人是否具有法律责任能力的有力方法。但是，这种心理学鉴定（通常称为心理测试）的可靠性、有效性一直饱受质疑。用于精神鉴定的检查也是如此。

为了考察某一理论模型的好坏，有必要列举鉴定的辅助假设，这些假设从理论上支撑精神鉴定中包含的所有项目。换言之，所谓辅助假设，指的是"如果进行了这样那样的面谈、测试等，就可以了解人的精神方面这样那样等等的情况"的假设。既然假设精神鉴定的结果会揭示受检者的精神状态，那么就可以通过将以辅助假设为背景的鉴定结果综合起来，重建受检者的精神状态。

然而，这些辅助假设是如何设置的，以及对假设的重构如何导致对责任的解释，在不同的研究者之间可能会有所不同。由此不难想象，不同的精神病学家会得出不同的结论。

二、虚假陈述和脑神经科学

被告人、原告在法庭上接受讯问或询问时，他们陈述内容的真实性有时会受到质疑。人们为辨别真伪采用了各式各样的手法。关于虚伪的检测，已知方法有：①侧重于陈述的语言方面的方法，如供述有效性分析、真实性观察，以及科学内容分析。②侧重于非语言方面的虚伪判断的理论模型，包括泄漏假说、四因素理论、自我介绍理论，以及人际虚伪理论。③利用心理生理学指标来检测虚伪的方法，如测谎仪。此外，通过检测大脑活动来考察虚伪的方法有：④事件相关的脑电位；⑤脑成像（Granhag et al.，2015）。最近，还报道了直接对脑施加磁刺激，以其反应作为结论的⑥经颅磁刺激（TMS）方法。本章的重点是脑神经科学与法，这一领域近年来取得突破性进展，以方法③到⑥为例。

（一）测谎仪（利用心理生理学指标的测谎仪）

测谎仪是一种同时测量自律神经系统的多种（poly）生理反应的方法，以此来检查犯罪嫌疑人是否在撒谎。人们认为，当一个人撒谎时，会出现情绪反应，而测谎仪通过使用被认为与这种心理状态相关的生理学指标作为线索，来检查犯罪嫌疑人的虚伪性。生理学指标包括：呼吸、心率、皮肤电反应和血压等。皮肤电反应利用了这样一个事实：说谎时，由于汗腺的作用，皮肤的电位会发生变化（中岛等，2005）。由于不可能直接感知谎言，这些指标被用来间接地推测谎言。

在使用测谎仪检测谎言时，需要注意以下两点：其一，佩戴测谎仪和接受测试的行为本身就会造成压力，甚至在普通人中也会导致生理上的反应。这样的结果可能导致冤假错案。因此，在使用测谎仪时，采用的是有罪知识测试。在这个测试中，准备了一些问题，其中既有与犯罪有关的项目，也有与犯罪无关的项目，这些问题都是事先研究过的，并以随机方式反复呈现。一般认为，即使是无辜的人也可能对与犯罪有关的项目作出反应，但犯人总是会对与犯罪有关的项目作出反应。

其二，即使使用有罪知识测试，如果当事人对有关犯罪失去记忆，也不会产生生理反应。另外，故意用力或思考与提出的项目无关的事情也会引起反应的变化。因此，有必要将测谎仪与科学方法相结合。该问题将在后文中展开论述（中岛等，2005）。

专栏 2

语言的生物学基础

有一门直接处理人脑和心灵之间关系的脑科学分支，被称为神经心理学。该领域一方面可以使用例如磁共振成像（MRI）来确定患者大脑的受损区域；另一方面，患者所表现出的临床症状和实验观察到的症状也能明确显示。通过将两者进行匹配，可以探讨哪些高级功能定位于大脑的哪一部分。该领域一般由神经内科专家和心理学专家研究，为患者病后状况的判定与治疗作出贡献。

神经心理学处理的症状表现为语言、认知、行动和记忆等广泛的障碍。存在语言障碍的失语症就是一个典型例子。与其他高级神经机能一样，语言在大脑中有其生物学基础。因此，当大脑受到物理损伤时（如脑挫伤、颅内出血、外伤等），语言也会发生各种各样的障碍。例如，左半球前部（额叶）的下部损伤，会导致一种称为"布洛卡失语症"的症状。患布洛卡失语症后，听觉理解能力相对保留，但语速缓慢，说话愈发困难，说话内容中助词等会缺失。另外，对颞叶后部的损害会导致一种被称为"韦尔尼克失语症"的症状。患这种失语症后，听觉理解能力明显受损，说话的语法往往正常，但说话的内容却变得毫无意义。

根据对病人症状的观察，可将失语症分为八大类（见图7-3）。复述是指让患者重复检查者所说的话。

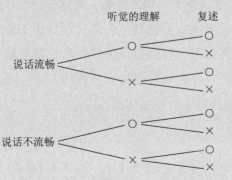

图7-3 失语的类型（○：症状相对较轻 ×：症状相对较重）

（二）事件相关电位（Event-related potential，ERP）

事件相关电位（以下简称 ERP）是指由外部刺激（对引起机体某种反应的输入的总称）大脑引起的感觉、注意、记忆和其他心理活动在大脑内产生的一系列电位变化，这些变化通过脑电波显示出来。专门研究 ERP 与虚伪检测之间的关系的是一种名为 P300 的脑波形。当刺激物突然变化或注意力被引向它时，会出现一个潜伏期（发生刺激提示的反应所需的时间），约为 300 毫秒的正电位成分。这种脑波的振幅随着刺激的概率而波动，并被认为与心理预测和判断有关（中岛等，2005）。

1. 有罪知识检测和 P300

P300 是与有罪知识测试联系起来使用的。有罪知识测试是一种探讨犯罪嫌疑人是否隐瞒对有关罪行的了解的测试。例如，在有罪知识测试过程中，大量提示只有犯人知道而无辜者不知情的内容。由于无辜者不知晓提示的内容，在测试时的反应是随机的。相反，犯人对内容了如指掌，因此，预计会对有罪项目表现出最大的反应。传统上，这种反应被假定是反映在皮肤电活动[1]、血压、呼吸等自律神经系统的指标当中，而这些指标会被用于检测虚伪。有罪知识测试将这种自律神经系统反应作为指标，而 P300 逐渐取代这些指标被用于检测。

使用 P300 时的辅助假设如下。如上所述，当刺激物突然变化或注意力被引向它时，事实上会出现一个潜伏期约为 300 毫秒的正电位成分。在此背景下，有罪知识项目的数量就会减少到低于非犯罪项目的数量，并提示给受试者。这样一来，如果是犯人的话，对有罪知识项目会有更敏感的反应。

1　在强烈刺激、精神活动或情绪下发生的皮肤电变化，被视为流经皮肤上两个电极的弱电流的变化（东等，1973）。

与自律神经系统指标相比，ERP 的优势在于有反应潜伏期。在自律神经系统的有罪知识检查中，自律神经反应的产生需要数秒，且还需要时间（大约 30 秒）使反应恢复到基线。相反，在 ERP 中，由 CRT（电脑屏幕）上短暂提示的刺激所诱发的电位在刺激提示的几毫秒内出现，并在 2 秒内恢复到基线。

自律神经系统有罪知识检测和 ERP 测量所花费时间的时间差，在阻止受试者对测量实施干扰方面是极其重要的。在自律神经系统有罪知识测试中，受试者被告知要对问题回答"不"。在刺激和反应之间间隔很长的自律神经系统有罪知识测试中，无论提问内容如何，都可以机械地回答"不"，此时，有罪信息作为刺激所具有的意义减半。而且，随着反应潜伏期的延长，也可以有意识地加强对刺激的反应。这指的是心理学上所说的剩余变量介入了实验。

另外，使用 ERP 时，可以要求受试者尽可能快地作出反应，从而使得他们更难以干扰测量。即使受试者确实作出了干扰反应，也可以假定这将会在脑波的时机和波形方面出现不同，如果反应时间的分布发生变化，就可以将其解释为干扰行为造成的结果。这些解释被认为是合理的（Granhag et al., 2015）。如此一来，自律神经系统有罪知识检测和 ERP 在反应潜伏期上存在显著差异，这些差异关系到能否阻止对原本拟测量对象的测量干扰。由此，P300 和有罪知识检测结合使用将有助于提升对虚伪的检测力。

2. P300 和有罪知识检测的实际运用及其问题

使用 P300 和有罪知识测试时，应考虑以下区别。有两种情形：第一，事先知道用于虚伪检测检查的项目，并且在收集证据或与犯罪有关的信息时，事先意识到将使用该测试；第二，使用已经完成的侦查数据中可以使用的材料。基于前者立场使用 P300 和有罪知识检测时，作用可能更大，而后者容易出现偏差。

第四节　神经成像（Neuroimaging）

人们熟悉的神经成像有 MRI（磁共振成像）、fMRI（功能性磁共振成像 functional Magnetic Resonance Imaging）、PET（正电子发射计算机断层显像 Positron Emission Tomography）、MEG（脑磁图 Magnetoencephalography）、经颅磁刺激技术（TMS，Transcranial Magnetic Stimulation）等。

fMRI（功能性磁共振成像）是一种试图通过利用磁共振可视化血流动态来捕捉大脑活动的技术。氧气由血液中的血红蛋白输送到大脑，随后，当某种神经学活动在脑内产生时，活动区域附近的氧气会被消耗掉。

这意味着，神经活动区域附近的毛细血管中的血红蛋白将氧气传递给活动区域的组织，导致消耗了氧气的去氧化血红蛋白增加。脑部活动被假定是氧化血红蛋白和脱氧血红蛋白的动态表现。fMRI 通过局部耗氧程度和神经活动之间的关系推断出特定区域的神经活动，而不是直接观察神经活动本身。此外，虽然 fMRI 有很好的空间分辨率，但它的时间分辨率的准确性并不高。

PET（正电子发射计算机断层显像）是一种试图捕捉大脑中神经活动的技术，它使用标记有正电子（＋电荷电子）发射核素的化合物，测量正电子与负电子在大脑中结合时发出的伽马射线。这是一种通过分子动力学揭示与生理功能和病症相关的空间和时间变化的成像法。此外，还应用了通过测量区域脑血流（rCBF）和区域葡萄糖代谢率（rCMRglc）检查脑机能的方法。另外，它也是擅长定量且高灵敏度地评价神经递质受体和合成酶等基于分子功能的大脑的神经化学方面的成像法，近年来还被用于阿尔茨海默病的早期诊断和治疗药物的开发。PET 具有出色的时间分辨率，但空间分辨率不是很准确。

MEG（脑磁图）是指，大脑是电化学的，当大脑活动时，会产生微弱的磁场。MEG 是通过检测这些磁场来捕捉大脑电现象并推断出大脑活动的技术。部分大脑活动是由神经信息传输过程中发生在突触（神经细胞之间的接触点）的电现象（突触电位）来承载的。由于电信号较弱，传统的脑波等测量方法很难推定电信号的位置，而电现象产生的磁场具有很强的电信号，可以成功捕捉到信号的产生部位。

一、虚伪检测、精神障碍鉴定与神经成像

神经成像已被用于检测犯罪嫌疑人的虚伪情况和鉴定精神障碍（Spence et al., 2001）。一般认为，相比于传统的生理学指标测量方法，神经成像是一种更直接的虚伪检测手法。本节总结了 Langleben 等人（2005）的研究，该研究发现 fMRI 在检测虚伪信息方面是有效的。

实验过程是，以 26 名男本科生为对象，使用了修正版的有罪知识测试。按照类似随机的顺序，向实验参与者连续出示扑克牌的照片。共有五张卡片，分别是：（1）伪，（2）真，（3）反复提示的同一干扰卡，（4）每次变化的干扰卡，以及（5）无意义的刺激（卡片的背面）。

实验参与者被递给了两张卡和一个装有 20 美元的信封。然后用 fMRI 拍摄脑成像时，他们被要求否认拥有其中一张卡片，同时承认拥有另一张卡片。实验参与者被告知，在 fMRI 拍摄

过程中，如果他们坚持谎称不持有但事实上持有的卡片，他们就能获得 20 美元。实验参与者还被要求要尽可能准确、正确地回答每个问题。

结果（行为数据）：刺激组（1）至（4）的正确反应率和反应时间均有统计学意义上的差异。11 名实验参与者报告在课题期间有意识地将注意力集中在真正的卡片上，而其他 11 人报告没有采取任何措施。在这两组中，未观察到正确反应率和反应时间在统计学意义上的差异。

结果（fMRI 数据）：这里只提到与本题有关的中央脑区。实验参与者对上述卡片的虚伪真相作出反应时，关于活跃的脑区中心[1]的对比结果显示，与虚伪有关的脑区是左、右额下回，右额中回和右边上回。另外，真正比虚伪反应强烈的大脑中区是双侧下顶叶，从那里进一步延伸到前中央回、上颞叶和楔前。

基于这些结果，Langleben 等人发现，在强迫选择课题中，有可能对虚伪和真实进行准确分类。他们表示，这个高分类制度证实了基于 fMRI 的虚伪检测系统的可行性。

二、fMRI 虚伪检测的可重复性和有效性

fMRI 研究结果的可重复性（可靠性）和有效性是判定证据能力的重要评估项目。有研究对可靠性进行了重复实验。

Kozel 等人（2005）对先行研究进行了重复实验，确认了结果的一致性。实验参与者被指示在 MRI 成像过程中报告真实或虚假的内容。（1）研究了从与虚伪相关的脑图像到与真实相

1　一般来说，它指的是三维图像中一系列连续的部分内的重心。如果该部位是球体、立方体、长方体等，则中心坐标确定，但在变形椭圆等情况下，中心无法确定，所以有时会假定重心的位置是某个散布的中心。

关的脑图像的差分，或（2）从与真实相关的脑图像到与虚伪相关的脑图像的差分。根据（1）的结果，确认了右眼眶前额皮质、右下前额皮质、右中前额皮质、带状回以及左中前额皮质的活性。从（2）的结果来看，没有确认有意义的活性部位。由此得出结论，MRI 可以用于关于虚伪的研究。作为重复实验对象，原始研究数据的再现准确率（86%）接近于原始研究数据集中发现的数值（90%）。然而，据报道，使用类似范式的多个实验结果之间的一致性较低（69%）（Kozel 等人，2009）。在重复实验中，可重复性存在显著差异，目前很难说可以确保可靠性。

Abe 等人（2007 年）使用 fMRI 检查了 28 名参与者是否可以区分真实记忆、虚假记忆和欺骗。他们准备了 60 个语义关联词的列表。实验参加者听了由最初的 1 个主题组成的 40 个单词，然后被要求判断所提示的单词是以前见过的单词，是语义相关但未曾见过的单词（对伪再识别的刺激），还是语义无关的新单词。

该实验揭示了以下三点。Abe 等人对此解释如下。第一，两种类型的欺诈行为（假装知道和假装不知道）与前额叶有关。这与执行功能位于额叶并与欺诈行为有关的观点相吻合。第二，正确再识别与假再识别都与左颞区和顶叶区有关。这是由于该区域参与了听觉提示词的编码，并与感觉再活性假说相一致。第三，发现与正确拒绝和假再识别相比，假装知道的场合下，左前额叶皮层处于活跃状态。相反，与正确的拒绝和假装知道相比，右前海马在假再识别时更活性。这些结果表明，尽管实验参与者的反应是知道一个他们不应该知道的新事物，但 fMRI 可以从大脑活动中检测到欺诈和假记忆的差异。

包括 Abe 等人自己指出的问题在内，这项研究的问题、局限性可以概括为以下几点：第一，"假装不知道"和实际上"忘记"之间的区别无法从本实验中得到分析。在大脑活动的层面上捕捉两者之间的差异是很重要且有意义的，因为在与犯罪有关的证词中也观察到，人们对于实际经历过的事情，有时也会回答"我不知道"。第二，实验参与者的成绩比较低，推测效果可能影响了结果。可能需要在实验范式上下更多功夫。第三，提出了有效性问题。实验室实验中的欺诈模拟，不能等同于现实场景中的欺诈。当然，这并非本研究的特殊现象，在一般的科学实验中也很常见。

通过概览经常被引用的代表性先行研究可以发现，使用fMRI 检测虚伪的可靠性、有效性并未达到较高水平。关于fMRI 的有效性，Granhag（2015）、Logothetis（2008）进行了批判性总结。

专栏 3

纯失读症与视觉性言语中枢受损症状

有人会"读不懂自己刚写的字"吗？这种奇特的阅读现象被称为纯失读症（pure alexia），属于神经心理学症状。

这种症状发生的机制只能通过神经学事实的组合来解释。相关的神经学事实有以下三点。一是大脑分为左半球和右半球，两者在一个叫做胼胝体的地方结合在一起。这个胼胝体允许左、右半球的信息来回流动。二是神经的单侧交叉性支配。这是指右半球支配身体的左半部，左半球支配身体右半部的神经。换言之，活动右手时，运动指令是由左半球的运动皮层发出的。另外，左手的触感会进入右半球体感皮层，也即运动和感觉方面都是单边和交叉支配的。视觉信息的处理同样如此。三是语言区位于左半球。人的语言（包括书面语言）是由语言区控制的。在右撇子当中，九成以上的语言区都位于左半球。

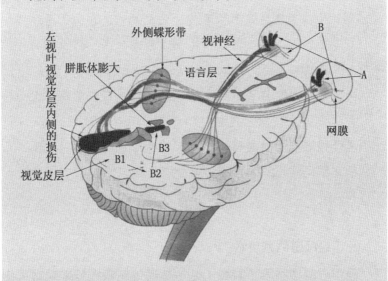

图 7-4　反映纯失读症状的大脑

参见 https://www.rewiring-neuroscience.com/retina-of-memory-we-caught-breeze-after，有删减。

图 7-4 中确定了纯失读症患者的大脑病变部位（2处）。一处是左枕叶视觉皮层的内侧（更接近大脑中心），另一处在胼胝体的后部（胼胝体膨大）。胼胝体膨大的部分被认为是一个半球上的文字信息向另一个半球传递时经过的区域。

如果左枕叶视觉皮层的内侧部分受损，双眼的右侧视野（图7-4中A）就会失明。这意味着，当直视前方时，两只眼睛的右半边都会看不见。只能看见左边的视野（图7-4中的B）。左侧视野中提示的字母B通过②单侧交叉支配投射到双眼的右视网膜，并通过视神经和外侧蝶形带B1进入右半球的枕叶视觉皮层。在阅读文字时，即把视觉输入的文字信息转换为语音语言信息时，需要把文字传送到语言区所在的左半球。为了将右半球的文字信息传送到左半球，它必须通过①胼胝体膨大。然而，在纯失读症患者中，胼胝体膨大部分损坏，因此文字信息无法从右半球传到左半球。换言之，文字B可以在右半球的视觉皮层中看到，但它与语言皮层无法连接，结果导致无法读出该文字，这被称为视觉性言语中枢受损症状。有时，可以看得见文字，但无法读出来，其特征是连自己写的字都读不出来。

三、经颅磁刺激技术

经颅磁刺激技术（TMS）是一种通过刺激大脑来观察大脑活动的非侵入性方法。它使用局部产生磁场的线圈中快速变化的电流。当刺激作用于头皮时，磁场会暂时干扰局部皮质的信息处理，引起神经活动的短暂变化。这种短暂的干扰效应产生了一个短暂的虚拟病变。由此获得的数据被用来对大脑和行为之间的关系进行机制因果关系的推论。譬如，与功能性磁共振成像（fMRI）或正电子发射计算机断层显像（PET）等神经成像方法相比，TMS 的主要优势之一就是可以推论这种类型的因果关系。与将神经活动与行为联系起来的神经成像技术不同，

TMS 通过扰乱神经信息处理来测量对行为的影响。在这个意义上，它与对具有传统神经心理学症状的脑损伤患者的分析相类似。（Magdalena et al.）

在照射一次磁脉冲的单脉冲 TMS 中，处理某一信息时，一个脉冲引起持续 40—60 毫秒的神经活动紊乱。这使处理过程的精确测量成为可能（Brasil-Neto et al., 1992）。对于不能用单一脉冲观察的受试者，采用重复性经颅磁刺激（repetitive TMS, rTMS）。在这种技术中，连续脉冲的高速照射会对神经处理过程产生足够的干扰（Rossini et al., 2010）。长时间使用 rTMS 时，其时间分辨率比 TMS 低。因此，TMS 和 rTMS 是以互补的方式使用。

（一）使用经颅磁刺激技术的虚伪检测

近年来，关于使用 TMS 进行虚伪检测的一系列研究表明，背外侧前额叶皮层与虚伪有关。在这些研究中，与虚伪有关的行为主要集中在模拟偷窃以及对有关物品的重新识别和否认上。

然而，目前尚未研究过在犯罪方面与环境无关的谎言癖，以及对谎言的依赖倾向与大脑特定区域的活动有什么关系。为此，Karton 和 Backmann（2011）研究了自发性谎言癖是否会被 TMS 所改变。他们要求受试者自由回答，要么如实报告电脑屏幕上圆盘的颜色，要么撒谎。他们表示，坚持正确答案的倾向是通过刺激背外侧前额叶皮层来操纵的。结果显示，对右半球的刺激减少了虚伪报告，而对左半球的刺激增加了虚伪报告。这表明，作出虚伪报告的决定可能或多或少地受到大脑刺激的影响。

Karton 和 Backmann（2011）的报告与先行研究的结果一致（Chris 等人，2009）。然而，这项研究也发现了一些问题。

例如，在双侧背外侧前额叶皮层之间没有发现虚伪率的差异，但在控制条件下的左、右顶叶之间却有差异。左侧和右侧的背外侧前额叶皮质之间没有发现差异。关于使用经颅磁刺激的虚伪和特定脑区活动，仍有许多不清楚的地方。

第五节　法院的科学证据可采性标准

本节将介绍 Farah（2010）中提及的神经科学及其证据能力。

美国采用两种不同的科学证据能力标准。两者都是以采用了相关标准的案件名来命名的。一个是弗赖伊（Frye）标准，它只允许就有关科学领域普遍接受的理论和方法提供科学证言。另一个是道伯特（Daubert）标准，其与弗赖伊标准所使用的"普遍接受"立场之间的关系有待讨论。道伯特标准赋予法官评估专家证言可靠性、科学有效性的权力（Farah，2010）。换言之，将什么作为证据能力的判断依据，取决于特定法官的自由裁量。虽说允许法官自由裁量，但道伯特判决中也确立了如下判断标准：是否基于科学方法？是否被相关专业领域的科学家普遍接受？是否已在同行评议的科学期刊上发表？是否经过彻底的验证？误差范围是否足够小？是纯粹的学术研究，还是针对本案诉讼的研究？等等。基于此，《美国联邦证据规则》作出部分修订。

一起基于弗莱标准否定证据能力的案件中，被告一方试图使用 PET 扫描图像和精神测试结果作为证据，主张该案的被告人因脑损伤导致额叶功能下降，无法形成策划一级谋杀所必要的预谋意图。然而，由于 PET 证据尚未被相关领域普遍接受，故而未被法庭采纳。在另一起类似案件中，一名被判二级谋杀的被告人控告事实审法官没有正确采纳他提出的 SPECT 证据[1]。他声称，由于脑部受伤，他的左颞叶活动减少，这导致他杀害了他的母亲和妹妹。然而，事实审法官认为，使用 SPECT 诊断创伤后应激障碍（PTSD）和脑损伤的技术尚未成熟，被告方提交的科学证据尚未获得相关领域的普遍接受，故而法院不予采纳，认为其科学证据不被普遍接受。但是，也存在其他将脑成像作为证据予以采纳的案件。

在 People v. Jones 一案中，脑成像作为证据被采纳了。在本案中，被告人主张法院不允许他接受神经学检查，以证明他杀人是因为脑部受伤导致其快速、灵活思考的能力以及对风险的感知能力受损，据此，被告人推翻了一场关于谋杀的审判并最终获得胜诉（Farah，2010）。

一、有罪／无罪的判定与脑成像诊断结果

被告人可以提交脑成像作为支持其无犯罪责任的证据。据此，行使他们享有的可以免除责任或减轻刑罚的权利。有些被告人在陪审团面前使用了这类证据。然而，这种方法称不上成功。在这种情况下，将脑成像结果作为无罪证据时，制定一个衡量其是否成功的标准并不容易。总而言之，与其说是避免有罪判决或免除责任，倒不如说它们只是为了减轻罪状而进行的辩解。无论在哪种情况下，将脑成像诊断结果作为否认犯罪意图和犯意的证据的案件非常多，并且数量不断增加。越多的案件中被用于否认犯罪意图和犯意（Farah，2010）。

一名被指控对银行撒谎的被告人诉称，法院妨碍了其提

---

1 SPECT 是 Single-Photon Emission Computed Tomography 的缩写，中文全称是单光子发射计算机断层成像术，是指在体内注射含有微量放射性物质（RI）的药物以检查脑内状态的成像。

出证据的机会，根据该证据中的脑成像，他不处于有能力影响银行的正常精神状态之下。在本案中，上级法院认为，该被告人有权提出脑成像诊断证据，以证明其没有说谎的意图。据此，对被告人的定罪被推翻了。同样，前联合劝募协会高管威廉·阿拉莫尼（William Aramony）通过脑成像数据声称自己大脑萎缩，无法满足贪污公共资金所需的故意条件。这使得指控交易成为可能。

也有关于脑成像诊断结果被驳回的案例。在 Anderson 案中，被告人辩称，脑部损伤导致的抑郁和偏执是其犯下一级谋杀罪的理由，这些病情使他无法事前考虑这一行为。然而，陪审团作出了有罪判决。在 Mezvinsky 案中，被告人 Mezvinsky 试图提出 PET 扫描以证明他没有实施欺诈的能力，但也被驳回了。

在一起案件中，脑神经成像被作为证据提交法庭，以证明被告人因精神错乱而应判无罪（President Council on Bioethics Staff cited in Farah，2010）。刺杀里根总统未遂案的被告人（Hinckley）提出了脑萎缩 CT 作为证据。辩方的神经科医生指出，被告人的脑萎缩程度异常，可能出现脑损伤。辩方的另一位证人，一名精神病学家作证说，证据表明被告人可能患有精神分裂症。法院最终采纳了这一证据。另一起案件（Weinstein 案件中勒死妻子）的被告人在审判中使用了 PET 调查结果作为证据。该证据显示，被告人的额叶蛛网膜滤泡周围的大脑功能出现损伤。该证据被作为证明被告人因精神异常而无刑事责任能力的有效证据提交法庭。控方提出异议，主张排除证据。法官采纳该证据后不久，控辩双方就进行了辩诉交易，对被告人的指控降格为过失杀人。可以推测，控方顾虑该大脑神经影像可能会说服陪审团。

随着对精神分裂症和相关病理的生物相关性进行神经学测

试成为可能，被告人可能会越来越多地将这种测试的结果作为有效证据提出。

二、处罚、刑罚的执行与脑成像诊断

被告人因为脑成像证据被无罪释放的案件较为罕见，但这种证据在一定程度为减轻被告人的有期徒刑发挥了作用。例如，这类证据被用来争取宽大处理，以减少指控（President Council on Bioethics Staff cited in Farah，2010）。

曾有过使用核磁共振（MRI）和正电子发射型计算机断层显像（PET）作为证据使被告人免于死刑的案例。1983 年 4 月，Pirela 因谋杀被判处死刑。同年 5 月，他因另一项罪行被判处死刑。然而，当判决被撤销，发回重审时，被告人的律师将 MRI 和 PET 作为证据来证明被告人有脑部损伤，系因精神障碍而实施犯罪，以请求减轻罪状。这两份证据促使陪审团于 2004 年一致同意改判终身监禁而不是死刑。还有一起与 Pirela 案类似的谋杀案。本案中被告人不仅使用了脑成像数据，还一并提出了神经心理学家们的证词，非常具有说服力。

还有一起类似案件——Borg 案——在该案中，PET 图像被作为证明被告人患有精神分裂症的证据提出，以减轻被告人的罪责。案件的最终判决结果也是从死刑改为无期徒刑。在判决后的采访中，陪审团表示他们受到这些脑成像结果的影响，目的是保护被告人的生命。

有的案件认同在量刑裁判阶段法院不允许当事人提交脑成像的做法属于审理过程中的错误。如佛罗里达州最高裁判所曾撤销了一份判处被告人死刑的判决，将案件发回下级法院重审。这使被告人有机会提出显示其大脑异常的 PET。

与此相反的是，在某些情况下，使用脑成像并不能成功地减轻刑罚。例如在 Kraft 案中，被告人犯下了 16 起谋杀和其他罪行。被告人为了减轻罪状使用 PET。这份证据显示专家诊断其患有强迫症，但该证据并未说服陪审团。被告人最终被判处死刑。还有其他类似案例。

在量刑程序中，控方将来也可能会使用脑成像数据。这类证据将有助于证明被告人有毒瘾、酗酒，或仍有人身危险性等负面因素，以要求判处被告人更重刑罚或撤销缓刑。不过，据悉目前还没将脑成像数据用于审查缓刑适当性的已知案例。

第六节　脑神经科学成果的证据能力之现状总结

正如本章所概述的，目前，能用作虚假陈述证据的脑神经科学成果是有限的。在法庭审判过程中，应当谨慎使用神经科学成果作为证据。今后，为解决该问题，需要积累关于虚假陈述方面认知神经心理学研究结果，以及构建更复杂的神经科学解释理论模型。

本章参考文献

Abe, et al.（2007）Deceiving others: Distict neural responses of the prefrontal cortex and amygdala in simple fabrication and deception with social interactions. Journal of cognitive neuroscience. 19（2）287—295

Blakemore, et al.（2000）Blakemore, S. J., Wolpet, D., and Frith, C. Why can't you tickle yourself? Neuroreport. Vol. 11, No. 11

Brasil-Neto, et al.（1992）Brasil-Neto, J. P., Cohen, L. G., Panizza, M., Nilsson, J., Roth, B. J., & Hallett, M. 1992 Optimal focal transcranial magnetic activation of the human motor cortex: Effect of coil orientation, shape of the induced current pulse, and stimulus intensity. Journal of Clinical

Neurophysiology, 9（1）132—136

Chris, et al.（2009）The contribution of prefrontal cortex and executive control to deception: Evidence from activation likelihood estimate meta-analyses. Cerebral Cortex, 19（7）1557—1566

Farah. M. J.（2010）Neuroethics An introduction with readings. MIT Press, 2010 Cambridge. Massachuestts.

Granhag, et al.（2015）Granhag, P. A., Vrija, A. & Verschuere. B. Detecting Deception: Current challenge and cognitive approaches. John_ Wiley & Sons. Ltd. 邦訳（荒川歩＝石崎千景＝菅原郁夫　監訳）『虚偽検出』（北大路書房、2017）

Jeannerod, M.（1994）The representing brain: Neural correlates of motor intention and imagery. Behavioral and Brain Sciences. 17. 187—245a

Karton, L. & Backmann, T.（2011）Effect of prefrontal transcranial magnetic stimulation on spontaneous truthtelling. Behavioral Brain Research. 225（I）, 209—214

Kozel, et al.（2005）Functional MRI detection of deception after committing a mock sabotage crime. Journal of forensic Sciences, 54（1）, 220—231

Kozel, et al.（2009）Can simultaneously acquired electrodermal activity improve accuracy of fMRI detection of deception? Social Neuroscience, 4（6）510—517

Langleben, et al.（2005）Langleben, D. D., Longhead, J. W., Bilker. W. B., Ruparel. K., Childress, A. R. Busch, S. I. and Gur, R. C. Telling truth from lie in indivisual subjects with fast event-related fMRI. Human Brain Mapping, 26（4）262—272

Libet, B.（2004）Mind Fime The temporal factor in consciousness Harvard University Press 邦訳（下條信輔訳）『マインド・タイム—脳と意識の時間』（岩波書店、2005）

Logothetis, N. K.（2008）What we can do and what we cannot do with fMRI. Nature, 453, 869—878

Magdalena，et al. Magdalena W. Sliwinska，Sylvia Vitello，Joseph T. Devlin

東ほか（1973）東洋＝大山正＝詫摩武俊＝藤永保　編『心理用語の基礎知識』(有斐閣)

居永正広（2013）「心脳問題と人間的自由―リベットの実験とディネットの解釈について」現代生命哲学研究 2 号 23―36 頁

乾敏郎　編『認知心理学 1　知覚と運動』(東京大学出版会、1995)

河島一郎（2008）「責任の有無は脳でわかるか」信原幸弘＝原塑　編著『脳神経倫理学の展望』(勁草書房)

信原幸弘＝原塑　編著『脳神経倫理学の展望』(勁草書房、2008)

鈴木秀憲「自由意志と神経科学―リベットによる実験とそのさまざまな解釈」科学基礎論研究 40 巻 1 号（2012）27―42 頁

中島ほか（2005）中島義明＝繁桝算男＝箱田裕司　編『新・心理学の基礎知識』(有斐閣)

福士珠美（2008）「脳神経倫理学の展開―成立からの経過と展望」信原幸弘＝原塑　編著『脳神経倫理学の展望』(勁草書房)

第八章
信息刑法——绪论

西贝吉晃

小剧场

B：信息，感觉就是似懂非懂的东西。在法律领域，专利权、著作权、外观设计专利权、商标权等各种各样的法律制度都是以它为对象的。

A：《广辞苑》将其解释为"（1）关于某件事的消息；（2）通过各种媒体获取的进行决策与采取行动所需的知识"。我真的是越来越糊涂了。

B：所谓信息化社会，是指电脑和连接它的互联网所构建起的社会。所以思考一下在电脑上进行的相关处理活动，可能会有助于理解。

A：如果是电子邮件的话，首先我会在脑海里进行思考和构思，然后用人类的语言将其表达出来，再用自然语言写进电子邮件的软件里。

B：点击发送按钮后，作为邮件内容的字符串就会变成可以在网上传输的电子状态，被发送到服务器。在我的印象中，唯一可以通过电子邮件发送的电子符号是被称为文本符号的电子符号，在发送和接收附件时，二进制文件被转换为文本并发送，然后在接收端转换回二进制。

A：一旦接收，电子符号将会被储存在硬盘或云端吧。在硬盘上，它被储存为一种电磁强度，读取文件时，分列为 0 和 1。

B：收件人利用电子邮件读取文件，并展示在显示器上。人们可以将液晶显示器的亮度、颜色模式当作文字来阅读。然后，将大脑接收到的事项进行重组。

A：发件人大脑中形成的内容和收件人大脑中重组的内容在相当程度上对应时，就实现了交流。人生阅历、知识、智力、品性不同的人，他们对相同的词语的理解与感受不同，从而使得在他们的头脑中构建的内容并不完全相同。

B：那么，仅就我们现在谈论的电子邮件而言，我们传递的信息是什么，又是在哪里传递的呢？

A：可以说，人的头脑里构建的是具有某种"意思"的信息，而通过电子邮件发送的光缆中传输的则是光强弱的"数据"。

B：硬盘上的磁性体产生的磁性类型或 U 盘上的电子状态类型，是作为介质的硬盘和 U 盘的"物理特性"。

A：真复杂啊。说到底究竟什么是信息？

B：需要根据场景和用途来考虑吧。

A：但是归根结底，人与人之间的交流才是最终的目的。无论是电脑、网络，还是手写的信、电话交流，从人类的角度来看，其实都是殊途同归。

B：话虽如此，但在网络成为我们社会的常态之前，没有流行网站、黑客攻击或报复性色情之类的事情吧。

A：是否可以这样理解：信息的传输、复制与以往是一致的，但速度和数量的爆炸性增长带来了质的变化。

B：2000 年开始就使用法律制度来管理这个"科幻的世界"，法律家们也真是不容易啊。

A：希望今天的课程有助于理清思路。

引　言

迈入 21 世纪后，随着物联网（IoT）的普及，进行更高阶处理的人工智能出现了。它们不仅有望替代人的劳作，而且可以部分超越人的能力，丰富人的生活。人工智能和 IoT 都属于计算机，其本质上都是通过处理数字数据来运作。然而，许多法律都是在早期计算机刚刚普及的时代，甚至更早之前制定的，因此，我们亟须回应法律的数字化问题。

同时，法律领域的专业化程度也在不断提高，甚至是过于专业化了。有些法学入门书籍甚至可以一举完成各个细分领域的入门。这对于概览各个法律领域而言是有帮助的。但是，似乎存在一些立法事实（新立法和法律修改时所依据的社会事实），在需要法律对此作出回应时，常常很难论述清楚其属于哪一领域、应对哪些法律进行调整。如果不先弄清某项法律与其他法律之间的关系就对其进行解释与修改，无疑是有问题的。然而，即使清楚地认识到这一点，在面对日益复杂的法律体系时，实际上也很难进行法律体系之间的对话。如果修改法律只是为了回应短期出现的社会问题，将可能导致法律在整体上变得七零八落，特别是当其他法律法规已经明确规定无需对类似问题进行规制时，还可能产生新修订的法律被利用（转用）于立法目的之外情形的风险。

例如，在美国，尽管存在单独的与商业秘密保护相关的法律，但由于计算机犯罪相关法律的解释空间很大，出现了广泛依据计算机犯罪相关法律处理商业秘密侵权案件的现象，特别是员工携带数据出国的案件。这是为处罚黑客而设立的计算机犯罪相关法律以超越立法者意图的方式，被转用于处理商业秘密侵权案件的典型例子。这种计算机犯罪相关法律的广泛适用甚至导致在一起与商业秘密侵权无关的案件中被追诉人自缢身亡，进而引发社会问题（Aaron Swartz 案）。虽然目前通过法院在司法解释方面的努力，促成了一定程度上的区分适用，但切勿忘记教训，这是由于法律制度之间忽视区分法律适用所导致的失败。

上述情况在任何国家都可能发生。当然对于这类问题，尽量提前预测和处理，而不是事后才开始应对。但是，法律讨论往往是单独展开的。这种趋势随着专业化的发展日趋明显，各个法律领域的专家都在各自的领域内展开讨论。在讨论过程中，由于所提出的各种法律概念在不同的法律领域中其内涵也有所不同（法律概念和法律解释的相对性），致使一边考虑法律秩序的整体统一标准一边进行灵活的法律修改的做法越来越难以实现。

为此，我们需要一个工具概念来分析法律之间的关系。如果法学教科书中已经有可以使用的概念，那值得庆幸，但也有可能没有这种概念。在这种情况下，在检验新的分析轴的妥当性时，批判性地将其作为具体的概念加以介绍，是有意义的。不过，徒增分析轴的做法，可能会招致不少批判，但相较于其功效，这种做法不可能造成明显的损害，当然，倡导者们首先负有解释说明新分析轴具有巨大效用的义务。

第一节　课题设定

法学具有不同于其他科学的专业性，往往有本专业独特的术语。一位掌握了跨学科知识的人，通过即时"翻译"，即可加入讨论并运用这些知识。然而，应该有更多的人参与讨论。为此，构建一个可以互动的共同概念，作为法学和其他科学之间的对话方式，将是一个好主意。这种讨论也可以适用于已经高度专业化的法律领域间的对话。

构建共同概念的难点在于多义词概念的处理方式。如果把多义性的概念作为"多义性的东西"来理解并开始讨论的话，就会产生这样一种危险：讨论中的各方当事人脑海里装着不同的内容开始进行对话。在某些情况下，甚至完全不在同一层面的话题仿佛被放在同一层面进行讨论。忽视多义概念的多义性会导致沟通成本的增加。姑且不论有无必要将多义性概念完全统一起来，但至少应使用能在一定程度上趋于一致的定义作为对话的概念，这才是合理的做法。

基于对上述问题的认识，本章拟围绕"信息"这一概念，通过分析考察，尝试进行跨法学的讨论。

第二节　三分法模型的介绍
（信息／数据／存在形式）

随着信息和通信技术（ICT）的普及，社会上大范围的信息传播需以利用计算机数据（可由计算机直接处理的数字

数据 [1]）为前提，然而，许多法律制度是信息技术普及之前的时代创建起来的。例如，作为在民事领域与刑事领域的基本法律，《日本民法典》和《刑法》中针对有形物制定相关规范的情况较多。例如，《日本民法典》第 85 条将物定义为有形物，《刑法》的盗窃罪（刑法第 235 条）将行为客体限于有形物（目前为多数说）。另外，由专利法、著作权法以及反不正当竞争法等组成的《知识产权法》，被认为是主要控制信息使用 [2] 的法律领域，各项法律中都规定了民事、刑事以及行政方面的规则 [3]。

因此，理解有形物与信息等概念之间的关系极其重要。此外，民刑法及特别法中出现的电磁记录概念与有形物、信息等概念之间的关系同样不容忽略。鉴于此，笔者将会使用一种能够对信息进行法律分析的工具，姑且将这一工具称之为"三分法" [4]。具体而言，就是尝试从以下三个角度来分析拟考察的对象。

> （1）关于信息的性质、种类的"意思内容"的维度
> （2）关于数据（信息的表现）"表现形式"的维度
> （3）关于物理现象层面"存在形式"的维度

1　不仅包括存储在媒体中的内容，还包括通信中的内容。正如我们将在后面看到的，诸如存储和通信等事项并不是数据概念本身所固有的，而是存在形式方面的问题，所以，把它们归入计算机数据的定义中，是不合逻辑的。

2　此处的"使用"一般是指为某种目的使用信息（信息的有用性），而不是指知道信息本身。这样一来，《反不正当竞争法》中关于商业秘密侵权的规定就超越了信息的使用，因为它不仅将信息的使用，而且将信息的获取也作为一种侵权行为。

3　与刑法、民法一样，知识产权法所包含的法律群在计算机出现之前也是存在的，尽管其管理模式与今天不同。

4　岩村充＝神田秀樹「データ保護の技術と法」法とコンピュータ 13 号（1995）109 頁中，提及了应当区分数据、媒体与信息。因其与本章的讨论存在关联，本文撰写时关注了相关研究。

（1）中的定义为意思内容。对象是否存在于现实并不重要，譬如，知识、精神状态、思想以及思考的内容都是信息。

（2）中的定义为信息的表现。数据是用于表示信息的符号或信号，然后将其转换为信息，例如字符、莫尔斯码、二进制代码等的组合就是数据。

（3）是信息的存在形式，涉及是不是有形物、是不是电磁波等层面的讨论，也可称之为物理属性。过去，信息常常被以二元方式分类，即有形物体或信息，但由于信息亦可以有形的形式存在，从三分法的角度来看，以往的分类是不准确的。

首先，本章第三节讨论了区分（1）和（2）的理由，本章第四节讨论了区分（3）与其他部分的理由。与使用类似模型的信息通信模型——OSI 参考模型相比较，这种三阶段讨论的处理较为抽象。不过，希望以上三阶段的区分，有助于促进人们系统理解信息相关法律制度。

第三节　信息与数据

一、作为引言的思考实验——商业秘密和计算机数据

区别于（可见可摸的）的有形物，当争议事项本身是观念上的，那么，往往很难理解观念中的概念之间的相互关系。

本章开头的美国案例已略有涉及，在此，我们通过简单的思考实验来探讨一下计算机数据和商业秘密的概念。

如果计算机数据是信息，商业秘密也是信息的话，那么就很容易联想到表 8-1 所示模型：

表 8-1 模型 1

	电脑数据	商业秘密
特征	……	……

然而，这种模型是有问题的。因为该模型无法反映以下特征：既有表现为电子媒体的商业秘密，也有表现为印刷媒体的商业秘密，反之，无论依托何种媒体，也都有可能不是商业秘密。鉴于此，我们创建了模型 2 所示表格。通过表 8-2 可知，计算机数据和商业秘密是在不同的层面上进行讨论的。①到④中的各自对应的例子请大家自行想象。

表 8-2 模型 2

	是商业秘密	非商业秘密
电脑数据	①	③
不是电脑数据	②	④

根据模型 2，保护商业秘密的规定涉及上表中的①和②，而关于计算机犯罪（网络犯罪及 CIA 犯罪）的规定涉及①和③。如果仅仅因为将完全计算机数据化的信息作为问题的网络犯罪的激增，就全面强化对商业秘密保护的笼统规制，这种做法是有问题的。严格来说，在这种情况下应加强监管的只有第①部分，而加强与网络犯罪无关的第②部分的监管是不合理的，相反，可能还需考虑强化对第③部分的监管，而后者常常容易被忽视。

如本例所示，如果不将信息加以类型化并进行分析考察，就很难理解实际法律中各个规则之间的关系。因此，应该考虑建立一个经得起法律体系之间比较的分析轴。

二、信息与数据的关系

基于以上的内容，有效的方法是将分析的维度区分为信息与数据。此处，信息被认为是"意思内容"，数据被认为是信息的表现。如前述商业秘密与计算机数据的例子所示，信息种类的讨论，与是否为计算机数据，属于完全不同层面的问题。

概言之，信息经由计算机技术表现为数字数据。如果用本章的例子进行说明，其一，关于某一客体是否为商业秘密这一问题，讨论的是客体所包含的意思内容，因而属于信息层面的讨论；其二，关于某一客体是否为计算机数据，讨论的是信息的表现手法，因而属于数据层面的讨论。

意思内容具有各式各样的种类，相同地，属于数据层面的事项也有丰富的形式。

三、因语境而变化的信息价值

统一定义某一表达的意思内容，是相当困难的。辞典中，对于某一表达（虽然在这个阶段已经形成固定表达）记载有各种各样的（候捕的意思）。哪种意思最为合适，取决于这一表达所使用的语境。

为此，请大家思考我们常常无意间使用的"语境"一词究竟承载着什么样的功能。此处的语境，指的是表达以外的事物或现象，可以说，对某些人而言，这些事物或现象是在将表达的意思（信息）特定化时所必要的事实关系。如此一来，对接受者而言，表达的内容作为一种包含意思的东西，可能基于不同语境，出现一定程度的限缩。[1]

具言之，第一，对于已经知道某个信息的人，即使告诉他

1　所谓法律解释，是一种在一定程度上限制候补意思的过程，它将文本之外的情况（如立法者的意图）作为背景加以利用，以便赋予法律文本这一数据（字符串）以某种意义。从法信息学视角看，当人工智能处理法律信息时，这种概念整理可能是有效的。

这个信息，也不能称其为"知道了"这个信息。[1]由于他们已经知道了该信息，而发信人传递了与他们已知信息相同的信息这一事实，充其量只是追加了新的事实。反之，向不知道该信息的人传递该信息时，该信息就会被添加到这个人的记忆中。

第二，可能出现这些信息是否可以被有益利用的问题。这种情况下，可以通过将信息接收者的知识状态作为语境事实来进行说明。换言之，对于商业秘密而言，并不是说知道之后就能立即充分利用它，而是需要一定的知识储备才能使用。这就意味着，使用商业秘密的人能否因此获益，主要取决于使用者及其伙伴所拥有的知识（的状态）。

在法律判断过程中，需排除恣意的判断。对此，原则上将接收者假定为一般民众是可以理解的（参照专栏1）。这种做法虽有利于在个案中作出灵活判断，但残留一定的模糊性。

专栏 1

淫秽信息的判定方法

《刑法》第 174 条、第 175 条等规定的猥亵罪对公开的猥亵行为和公开陈列淫秽物品等行为作出了限制。这些罪可以被理解为是通过防止向不特定多数人传播

---

[1] 这在实体法解释中也经常出现。例如，当把"泄露秘密"解释为"向不知情者传递秘密的行为"时，看似随意，实则理所当然地添加了"不知情"这样的修饰语。"不知情"这一事实，其实是信息保密的重要背景事实。

淫秽"信息"，从而保护性道德的规定。问题是，何谓淫秽"信息"？我们使用上述关于信息的讨论来分析日本当前的相关理论。

猥亵被解释为"以刺激或满足性欲为目的，冒犯普通人正常的性羞耻心，违背善良的性道义观念"的行为（最大判昭和32年3月13日刑集11卷3号第997页）。可以认为，这是信息接收者对其所持客体的印象。如前所述，信息如何被感知，一定程度上取决于接收者，而这里"接收者"被认为是"普通人"。这种对接收者的假定，使得"我没有被刺激性欲，所以我发布的写真集不是淫秽的"的反驳变得毫无意义，因为这会被视为个别接收者的主观印象。换言之，所谓的"淫秽"，是一个将接受者限定为"普通人"的概念，尽管它是关于特定语境下的接收者所掌握的信息的（负）价值的问题。

四、关于数据维度的讨论

信息的表现方式（数据维度）多种多样。虽然关于这方面的讨论在法科和文科并不瞩目，但鉴于依赖技术的新表现形式将可能络绎不绝，故而不容轻视。

本章首先考察计算机数据，然后再探讨其他的表现方式。这是因为我们有必要清楚信息是如何通过计算机技术表现出来的。作为客体的计算机数据与网络安全、网络犯罪之间关系密切，为此，还需同时兼顾对网络安全的讨论。

（一）数字社会与计算机数据

信息化社会所带来的重大变化是，几乎所有的信息都转化成为计算机数据。计算机数据可以以电信号、磁信号等形式存在，其核心特征在于数字性。

模拟数据是存在于自然界的连续量，具有无限大的有效数字（测量的刻度或分辨率）。相比之下，数字数据可以用离散数值或符号来表示[1]，不一定非要表示为二进制数（binary）。

第一，我们假设创建一个代码[2]来转换信息与数据，例如将意义 a 赋予代码 0，意义 b 赋予代码 1，意义 C 赋予代码序列 00，那么数字数据就可以用来表示所有种类的信息，我们称其为多媒体。

第二，在模拟数据的情况下，当它被存储于记录媒体上时，由于噪声等原因，数值会随着时间的推移而改变，但在数字数据的情况下，该变化不容易出现。并且，数字数据可以被准确地复制等，只要连续更换媒介，就可以永远储存。

这些特点表明以数字数据形式存储的信息易于使用，并逐渐形成依赖数字数据的社会。但同时，这也引发了如下所述的网络安全上的问题。

数据层面最重要的是网络安全问题。关于法律的讨论，特别是关于打击网络犯罪的讨论将是 21 世纪持久且重要的课题。

（二）网络安全与网络犯罪对策

随着互联网的发展，维护网络安全的必要性受到关注，许多国家都出台了打击网络犯罪的立法。在此，有必要从法律层面探讨网络安全保护的指导方针。

应认识到，当人们发现程序存在一定漏洞时，往往会利用信息技术进行一定程度的修补。换言之，信息技术在某种程度

---

1 作为符号串的文章也具有数字性质。即使使用符号和数值之间一一对应的字符编码进行数字化处理，其信息量也不会减少。

2 亦可称之为"协议（protocol）"［山口和紀　编『情報［第 2 版］』（東京大学出版会，2017）4 頁］。

上有助于消灭安全漏洞，就像发现程序漏洞与修复漏洞一样，循环往复。面对技术性攻击，采用技术予以应对即可，无需通过法律进行规制。从法的谦抑性（应克制颁布与执行法律，因为法律规制不仅限制自由，还会产生处罚和行政处分等强制性效果）的角度看，这是合理的。

然而，即使用尽技术对策，未知的漏洞也有可能因为零时差攻击等原因受到破坏，进而产生严重的危害。此外，网络攻击的特点往往是很难将原始状态恢复到攻击前的状态。在这种情况下，有必要采取某些法律措施。[1]同时，在考虑关于网络安全的法律规制时，应该假定攻击手段和防御技术将进行拉锯战，而制定法律的目的旨在应对这一问题。从刑法谦抑的观点来看，例如可以考虑只处罚攻克已设置的防御手段的人[2]。目前，未经授权访问计算机罪要求事前采取了访问控制功能的保护措施（参照本章专栏 2），《电波法》规定的密码通信复元罪（《电波法》第 109 条之 2）以攻破（访问控制乃至加密等）保护措施为必要条件。

然而，应处罚已知的网络攻击手段，与应着眼于数据层面进行监管，这两者之间存在逻辑上的差距。为了填补这一空白，有必要将数字性质特征作为论证需要特别保护的诸如计算机数

1　有论者提出，制定惩罚黑客行为的规定是徒劳的，因为无法收集证据。如果该主张是以黑客行为不应受到惩罚的观点为导向，则是有问题的。相反，为了避免徒劳无功，应关注正当程序，同时，考虑将《刑事诉讼法》数字化。

2　如果能够假设存在一种行为类型，其实际上无法使用防御性技术的话，则另当别论。如果一旦有技术访问权限，就很容易删除数据等的话，应采取的观点是：即便是对于那些有技术访问权限的人，在不应该未经授权删除数据的情况下，也应该受到惩罚（这就意味着，不应采取这样的立场：仅在为使其无法变更而设置保护措施的情况下，才应受到保护）。

据等表现为数字数据的信息的理由。

在进入讨论之前，有必要从法律角度对网络攻击行为所侵犯的"网络安全"下一个简单的定义。网络安全和信息安全这两个术语，一般被用于讨论信息与网络的保护。不仅信息和数据本身应受到保护，而且记录它们的媒体以及使用它们的系统也应受到保护。从全面保护信息和信息系统的宗旨来看，该立场是正确的。然而，在论及法律保护的对象是网络安全和信息安全这种状态的维护时，法律究竟应该保护什么，以及如何保护呢？倘若仅仅抽象地指出网络安全应受到保护，可能会模糊保护的范围，甚至引发过度监管的危险。

因此，有必要更加具体地确认网络安全的构成要素。网络安全和信息安全通常被称为 CIA。CIA 是 confidentiality，integrity 和 availability 的首字母缩写。它有时与犯罪联系在一起，被称为 CIA 犯罪（虽然这是所谓的网络犯罪的一部分，但是，随着计算机和网络的出现而出现的新型犯罪应该被赋予极其重要的地位）。在域外具体的法律规制中，也会有与 CIA 相关的讨论，这有助于加深对域外法律的理解。在容易发生跨境行为的网络法律领域中，理解外国法律尤为重要。此外，如果能够将 CIA 理解为独立的保护法益，则有望促进法律专家与安全专家之间的对话。

观察以下具有法学交互性的定义。[1] 保密性（C）被赋予了各种定义，如未经授权的访问和不为人知等。访问是多义的 [2]，

1　定义中不可避免地会出现一定程度的任意性。为了确保关于信息安全的讨论具有可对话性，与其批判定义乃至否定全部论点，不如进行讨论以找到更好的定义。

2　访问本身可以被赋予与整个 CIA 相关的内涵，如果采取这种定义，那么 C 就不能被理解为访问，因为其逻辑是循环的。

在法律学中，理解"秘密"所依据的前提是：不被特定的人（有知悉权）以外的人所知晓。照此理解，例如，似乎应该把信息的保密性定义为"信息不为人知"等。论及数字数据时，按照前述立场，可定义为"数据不被读取"等。完整性（I）被定义为准确且完整的特性，亦可被理解为对信息的不可变更性[1]或信息的真实性[2]的维护，包括篡改内容数据、签名等。可用性（A）被认为是"……可以访问和使用的特性"，但同样，鉴于访问的多义性，也可以定义为使用可能性等。数据本身虽然没有被改变，但由于储存数据的媒体被藏匿、通信被切断等行为造成数据无法使用的话，将构成对可用性的侵害。

参照上述关于CIA的讨论，乃至某些情况下关于信息安全的讨论，我们应该更详细地考察数字数据所固有的脆弱性。否则，鉴于网络犯罪很容易引发轰动社会的事件，且现行法规在某些情况下难以发挥功效，在经历某一严重事件后，立法者有可能固执地认为必须强化规制而收紧法规，致使那些不具有危害性的行为也成为规制的对象。因此有必要使用CIA来明确数字数据的哪些状态应该受到保护，同时从法律的角度来探讨数字数据的哪些特征是保护这些状态的理由。

一方面，例如，未经许可复制他人数据的行为是一种侵犯数据保密性的行为。数字数据的（技术性）特征使其很容易被完全复制，且原始文件仍在受害者手中，致使受害者很难意识到数据已被复制（社会性特征）。其存在的另一极大风险是，数据可能在其他地方被不断复制进而扩散，并且事实上无法回收

1　从刑法的角度来看，侵害不可变更性，可否评价为损坏罪？

2　从刑法的角度来看，侵害真实性，可否评价为（有形）伪造罪？

数据。这些特征是有形物所不具备的，因此有必要从不同于保护有形物的规制的视角出发，以数字数据为对象进行专门的讨论。

另一方面，在未经许可篡改数据的行为成为问题的局势下，与这一问题相对应的问题是数字数据的易篡改性与可消除篡改痕迹的特性[1]。这些特征可作为保护易被篡改的数字数据的理由，进而有必要建立起关于数据篡改的犯罪类型［此外，数据篡改还可能招致关键基础设施出现严重物理损害的风险（见专栏3）］。

关键在于，通过这一思考过程，努力通过识别与保护需要保护的领域来避免过度监管的风险。关于网络安全和网络犯罪的讨论仍遗留许多课题。

专栏 2

日本未经授权访问罪的特征

日本的未经授权访问罪究竟属于 CIA 中的哪一类保护呢？这一问题很难有定论，姑且认为，其是为了保护网络上的用户认证功能。虽说，与防止获取数据一样，倾向于从保护机密性的角度来理解对数据的未经授权访问是有道理的，但日本的未经授权访问罪却是从不同的角度进行立法的。因此，《禁止未授权访

---

1 篡改检测技术可以在一定程度上回应该问题，且理应如此。但可能仍然需要立法保护。

问行为的相关法律》（以下简称为《禁止未经授权访问法》）中对为识别每个用户的代码——"识别码"进行了定义（该法第2条第2款各项）。

　　认证一般是通过用户ID和字符串密码来实现的（该法第2条第2款第1项），不过，生物识别认证也受到保护（该法第2条第2款第2项）。然而，受保护的是"身体的全部或部分肖像或声音"，只有指纹、虹膜、视网膜等被认为是实际使用的识别码。[1]"身体的全部或部分肖像或声音"以外的生物识别信息可能不受保护。作为一种行为生物识别，个人独有且不易改变的签名等信息，如果被用作认证的线索，将可能不受第2项保护。除签名本身受到《禁止未经授权访问法》第2条第2款第3项的保护外，有论者提出，行走方法也可以被用作行为生物识别。对此，例如，在第3项的签名之后增加一项兜底条款，仅将签名作为示例之一，如此一来，签名以外的所谓"习性"信息也能事先得到保护。关于电磁性记录（《刑法》第7-2条）的部分规定中包括"以电子方式、磁性方式以及无法被他人感知识别的方式制作的记录"这一部分，而规定"无法被他人感知识别"这一要件是为了适应新技术的出现，同时，也为识别码之概念定义的开放性解读奠定必要的基础。

1　不正アクセス対策法制研究会編著『逐条不正アクセス行為の禁止等に関する法律［第2版］』45頁（立花書房、2012）。

专栏 3

网络物理安全保护的必要性

为了保护重要基础设施等免受网络攻击，人们早在讨论前述网络安全以前，就已经开始讨论网络物理安全。虽然这些讨论还在进行中，但有必要进行简要介绍。

网络互联的物联网普及的世界，是一个由无数个物联网构筑起来的巨大 IT 系统支撑的世界。对构筑 IT 系统的网络空间进行黑客攻击和破解，不仅会影响网络空间，也会影响物理空间。类似核电站等重要基础设施的控制权被接管，或者供应链的控制系统瘫痪，可能会造成不可估量的人身损害或财产损失。此外，通过传感器系统（从物理空间到网络空间）进行未经授权的输入也可能引发类似的后果。通过传感器获得的数据也将由 AI 在网络空间进行处理，并将输出结果返回给物理空间。基于这种运作模式，网络攻击不单是改变网络中的数据，也会直接影响我们生活的物理空间，鉴于此，有必要专门考虑维护网络物理安全。

（三）属于数据维度的其它要素的具体例子

就信息的表达方式而言，例如，我们使用的语言也属于数据维度。在传递信息时，是用日语还是用英语来传递，这是选择意思内容的表现形式的问题。

想要表达某一信息时，可以同时选择日语和英语，此外，还可以单独考虑将信息制成计算机数据或储存在虚拟媒体内，如此一来，语言选择问题，与该信息是否为计算机数据问题，是相互独立的两个问题。

由此看来，关于数据的讨论维度，还可以进一步细化。在数据维度，为传递信息，需要根据不同场合进行多次符号变换，各个数据变换过程的容易性的综合程度成为从用于传达的数据中理解信息的容易性的指标。

某些情况下要通过多次符号转换来传达信息，每个数据转换过程的难易程度的乘积是用来传达信息的数据的理解难易程度的指标。

在这个意义上，关于数据的讨论的层面可以进一步细分。鉴于数据水平在某些情况下可能涉及符号的多次转换以传达信息，每个数据转换过程的难易程度的乘积就是衡量从传递的数据中读取信息的难易程度的指标。

因此，关于数据维度的讨论，不是为了确定信息本身的性质，而是有其他意义，即关注信息传递的难易程度。在专栏4中，我们将以对淫秽物品的规制为例，考察语言选择问题。

专栏4

语言选择与信息：信息的评价与
信息传递可能性的评价之分离

应如何评价外文文本的淫秽性？如果这仅是关于如何表达某些信息（意思内容）的问题，那么，用什么语言来写并不重要，因为淫秽信息被表现/描述出来这件事本身不因语言的形式而发生变化。然而，没有代码（将表现和意义内容对应起来）的人，此处指不懂外语的人，根本无法理解究竟是何种信息被描述了出来。

这里需要指出的是，在关于信息层面的讨论，如是否淫秽（评价意思内容的维度），与该信息传递的可能性、便捷性（关于数据维度的讨论）之间，已经进行了区分。从信息和数据应区分理解的角度看，两者不应该被整合，而应该独立研究。

现实中可能存在这样的情况：由于语言能力水平的原因，（1）翻译淫秽内容耗时耗力，导致性欲得不到刺激；或者（2）由于翻译不当，刺激性的表达未被准确翻译出来。

能否基于诸如（1）这样的主张而否定文本的淫秽性呢？如果译文可以准确传达相同的意思内容，那么，在不累的时候重读译文，自然有可能刺激性欲。翻译的工作量不影响信息的淫秽程度，而应考虑是否会影响淫秽信息的传递可能性、便捷性。日本最高裁判所在"英文书籍案"（最判昭和 45 年 4 月 7 日刑集 24 卷 4 号 105 页）中判断淫秽性的标准是"有英文阅读能力的日本人、在日外国人等普通人、一般人都可以成为本书读者"。但是，这似乎是想把淫秽"是否传递"这一维度的问题理解为判断淫秽性的要素之一，这种做法有可能把原本应该属于不同维度的判断混为一谈。

在上述（2）的情况下，可以说意思内容已经发生了变化，因此，在判断淫秽性时直接考虑这一情况（即由于淫秽部分没有再现，属于已经被转化为不包含淫秽意义的表现）。

第四节 存在的形式：关于是否为有形物问题的概述

法律法规中经常出现"物""记录"的概念。除特殊情形之外，如"著作物"可以是无形物外，在实定法上，"物"通常指有形物。

某一物在物的物理功能方面是能够产生价值的物（有作为物的价值）。特定种类的工具等，如果想在现实中使用它，那么，它就会因在现实中存在而具有价值（其设计图的内容也可能有一定的价值，但这与物本身的价值不同）。

一方面，某一物表面所表达的数据的意思可能是有价值的。在这种情况下（在无论何时都能再利用这一意义上，还具有附加价值等），物上的信息价值变得很重要。然而，数据被存储于纸质媒体，与作为人类记忆存在，这两者的情况是不同。诚然，人的记忆可谓是在物理上存储于大脑这一物体当中，但它不能被评价为法律法规中的"物"。由于人们的记忆是不固定的，而纸上的数据是固定的，因此，当它们作为证据时，分属于不同类型（人证与书证）。

有鉴于此，需要考虑的一个重要维度是信息以何种形式存在，即"存在形式"层。作为盗窃罪的客体，"物"指的是有形物，而除非有特殊规定，否则无形物不能作为客体。"有形物"

与"无形物"在法学界被频繁使用,在某些情况下,关于"存在形式"层的讨论已经在法学的各个领域广泛展开。

因此,此处并非讨论存在形式本身,而是想从信息保护的角度探讨与其他层的关系。

由于我们对信息、数据以及存在的形式的不同维度、层面进行了讨论,因此必须追问,对大致属于某层法益(利益)的侵犯,是否也会构成对属于其他层利益的侵犯。例如,是否可以说对数据的损害仅仅是损坏了数据层面,不构成对财物的损坏?结论是,难以定论!作为分析轴创建的层,不应该被认为有缩小保护范围的副作用。然而,在跨层侵权的情况下,需要建立关于架起层与层之间的桥梁的逻辑(以下简称"桥梁逻辑"),以解释侵权行为如何跨层发生。以上述数据损坏与财物损坏之间的关系为例进行思考。

专栏 5

数据损坏与财物损坏的关系

在一起案件中,删除计算机数据等的行为是否会因损坏了数据媒体而构成财物损坏罪,引发争论("章鱼病毒事件",东京地判平成 23 年 7 月 20 日判例时报 1393 号 366 页)。由于日本的财物损坏罪中没有关于数据方面的直接规定(数据损坏罪),可谓是侵害了数据的完整性或可用性的犯罪(见本章第三节),因此,数据的删除可否被评价为财物损坏罪成为一个需要探讨的问题。本案结论是，受害者的个人电脑接收了一份名为"章鱼病毒"的程序，"导致个人电脑内置的硬盘中大约有 11081 个文件无法使用，而之后新存入硬盘中的文件也处于无法使用的状态。这种行为危害了硬盘的效用，毁坏了他人的物品"，因此，应当成立财物损坏罪。被告人辩称，"只是导致记录在硬盘里的电磁记录文件暂时无法使用，并没有损害硬盘本身的效用，所以不构成对硬盘的损坏"（换言之，承认数据被损坏了，但主张硬盘未被损坏）。对此，法院在判断记录媒体，即硬盘（当然是有形物）的读写数据的功能是否被侵害后，最终认定成立财物损坏罪。

需要注意的是，我们在讨论是否构成财物损坏罪的时候，应先行论证数据损坏就是数据媒介的损坏。早在计算机犯罪立法时，关于损坏电磁记录（《日本刑法》第 7 条之 2。被存储的计算机数据）与财产损坏罪之间的关系，有观点认为："记录媒体的效用在于保存其记录的特定信息，因此，任意删除、变更其记录的特定信息也可能构成损坏记录媒体方面的财物损坏罪。"[1] 可以看出，该论者有意识地区分媒体的效用与数

1　米澤慶治福『刑法等一部改正法の解説』（立花書房、1988）159 頁〔的場純男〕。

据本身的效用，并将两者联系起来讨论。在国外存在这样一种架桥理论：由于数据的更改必然导致媒体上的粒子的物理状态发生改变，从物理视角观察数据变化的判断立场来看，这相当于财物损坏。在承认架桥逻辑的必要性的基础上，考虑哪种理论更好，属于解释论的方法之一，反之，在立法讨论过程中，也可以禁止采用架桥的方法（部分排他性地适用财物损坏与数据损坏的法律措施）。

第五节　贯彻三分法整体的规制？

在保护信息时，在法律条文上，将信息作为对象的同时，还可以对第二节中罗列的（1）到（3）所有层次进行全面规制。例如，关于《反不正当竞争法》中的非法获取商业秘密罪（《反不正当竞争法》第 21 条第 1 款第 1 项），立法者将商业秘密的获取，解释为"通过媒体等……获取商业秘密本身的行为，以及将商业秘密本身记入自己脑海当中的行为等……以不涉及媒体转移的方式，让自己或第三人获悉商业秘密的行为"。[1] 这种解释规制了包含数据与信息层面所有形式的获取，如存在形式角度的获取（通过转移、占有媒介而获取），以及下载数据与知晓信息角度的获取（尽管从分析的角度来看，各个行为的完成时间上，可能出现偏差）。

另外，也有重视信息以外的数据和存在形式层面差异的规

1　経済産業省知的財産政策室編『逐条解説　不正競争防止法〔第 2 版〕』（商事法務、2019）260 頁。

制。对于行为方式，可以使用相同的措辞，但对于目的语，应通过明确区分来强调差异。例如，《日本刑法》第175条第1款前段的"发布"，是以"文件、图画、电磁记录相关的记录媒体及其他物"这些有形物为客体的，而同款后段又规定了"电磁记录的发布"[1]。"发布"一词原则上意味着有形物的交付，如此一来，在存在形式层面似乎仅限于有形物。不过，通过追加同款后段，使得随着信息社会的到来，诸如发送电子邮件这种与被纳入前段规制范围的发布USB记忆棒的行为具有相同意义的行为，也被纳入规制范围。因此，《日本刑法》第175条第1款前段侧重于作为存在形式的有形物，而同款后段则着眼于数据层面。

第六节　总结

本章定义了信息和数据等概念，同时探讨了分析性讨论的可能性。讨论的素材主要是从刑法规制的视角出发[2]，涉及淫秽概念、计算机数据以及商业秘密侵权法规等相关事项。这些讨论可以广泛适用于个人信息保护、证据法等其他领域。

1　所谓电磁记录，指的是电子计算机存储的数据。如果把电磁记录视为持续的客观存在，那么，处分它的权利似乎是一种所有权，事实上，这种理解也并非不可以。自从将电磁记录这一概念写入《日本刑法》第7条之2以后，20多年后的今天，《日本刑法》第175条第1款前段中增加了"电磁记录相关的记录媒体"作为发布对象，同时，在同款后段中增加了"电磁记录"作为发布对象，从概念整理的观点来看，这是非常重要的。换言之，电磁记录是持久存在于有形物体上的计算机数据，而不是记录计算机数据的有形物体（电磁记录相关的记录媒体）。

2　由于刑法的概念严谨，适合被用于开启此类讨论。

以这种考察为开端，然后讨论各个法律领域的立法与解释论的前提，对于分析日益复杂的法律体系而言，是有益的。而且，这种讨论很容易涉及法律以外的其他领域的知识[1]。希望能借此激发大家考察法律间关系的兴趣，为法律的动态发展奠定基础。

这种分析轴的设定，并非以法律条文为根据。正如作为情报通信模型的 OSI 参考模型也有变动一样，对于信息与数据概念的区分方法也可以有不同意见，且还可以进一步细分。没有必要为定义的争论寻求正确的答案[2]，请大家自行整理头绪。

本章参考文献

宇賀克也 = 長谷部恭男　編『情報法』（有斐閣、2012）

小向太郎『情報法入門〔第 4 版〕』（NTT 出版、2018）

志田陽子 = 比良友佳理『あたらしい表現活動と法』（武蔵野美術大学出版局、2018）

曽我部真裕 = 林秀弥 = 栗田昌裕『情報法概説〔第 2 版〕』（弘文堂、2019）

高橋和之 = 松井茂記 = 鈴木秀美　編『インターネットと法〔第 4 版〕』（有斐閣、2010）

夏井高人　監修『IT ビジネス法入門—デジタルネットワーク社会の法と制度』（TAC 出版、2010）

林紘一郎『情報法のリーガル・マインド』（勁草書房、2017）

福岡真之介 = 松村英寿『データの法律と契約』（商事法務、2019）〔データ法を体系的に説明しようとする〕

1　目前，三分法同时受到符号学方面以及信息通信的模型方面的启发，希望能够整理出适合于法学考察的概念。

2　当然，关于定义的评价有高有低。诸如采用"信息 = 意思内容""数据 = 信息"这种表述的定义可能过于抽象且拙劣。如果是这样的话，请大家思考自己的分析方法。

　　松井茂記＝鈴木秀美＝山口いつ子　編『インターネット法』(有斐閣、2015)

　　判例集として　穴戸常寿　編著『新・判例ハンドブック情報法』(日本評論社、2018)

　　关于以上所述，详见西貝吉晃「コンピュータ・データへの無権限アクセスと刑事罰(1)」法学協会雑誌 135 巻 2 号(1)頁内、(11)頁以下〔概念整理の章〕、および同(45)頁以下〔情報セキュリティと法規制〕。

第九章

终　章

太田胜造

小剧场

B：终于到最后一章了。

A：就像动作片一样，接连不断的有趣话题、激发智慧的分析，以至于根本没时间让我们喘息。

B：确实啊。也多亏于此，原本对法与社会模糊不清的印象，如今变得非常清晰了。

A：不仅如此，我还充分感受到，我们以前之所以对法与社会的关系印象模糊，很大一部分原因在于我们的理解是不准确，甚至是完全错误的。

B：不过，这本书中引用或提及了一些法律，如《宪法》《民法》和《刑法》等，但没有作出整体或统一的解释。当然，接下来只要去上法学院的相关课程就好啦。

A：是啊。幸好我们学习法学院安排的专业法律课程之前，得以学习法与社会之间的关系。这使我看待法的视角也发生了180度转变。

B：这是对法学的哥白尼转折吧。

A：我得把这本书推荐给我班上和社团里认识的朋友。

B：我也要！

第一节　多层嵌套结构下人类社会的法律规制

众所周知，人类社会具有多层嵌套结构的特性。

多层嵌套结构的"多层"是指人类社会是一种多层结构，如家庭、社区、街道村镇、都道府县、日本、亚洲、世界等。深度学习之所以被称为"深度"学习，是因为神经网络下层的神经元和上层的神经元之间的节点的"深度"体现在它是多层次的。

所谓"嵌套结构"，指的是一种下层的元素为上层元素的一部分的结构。嵌套结构也被称为镶嵌结构（Nesting），经常被想象成俄罗斯套娃。因为它类似于娃娃的肚子里装着娃娃的结构。然而，俄罗斯套娃并不能准确描述这一结构。因为里面的娃娃并非外面的娃娃的一部分，只是单纯放在里面而已。更能用于描述这一结构的是歌川国芳的欺骗画（寄绘）给人留下的印象，特别是"人聚成人（人かたまって人になる）"这幅画，下方的人成为上方的人的一部分。

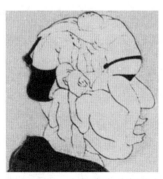

歌川国芳：人聚成人（部分）

由于人类社会也是这样一种多层嵌套结构，所以，控制人类社会的法律系统也必须符合多层嵌套结构。

正因为法律体系也是一个多层嵌套的结构，因此，本书中随处可见的元构造都是被纳入法的框架之下。在本书中可以看到的元结构及其产生的问题如：法的判断、立法事实、正当化的图尔敏模式、法的固有悖论、互联网社会复杂的法律规制（的缺失）、PROLEG 例外事由的谓语必要性、自由意志与犯罪、信息三分法的多层级别，等等。

总之，要理解作为多层嵌套结构的人类社会和同样作为多层嵌套结构的法律之间的共同演变，就必须理解元结构。

专栏 1

嵌套结构的鹪珠鸡社会

人们生活在一个多层嵌套的社会当中。在这样的社会当中，人们构筑起一个非常复杂、环环相扣的人际关系网络。

鉴于此，人们不仅需要单独识别与记忆他人，还需要记忆与识别网络连接，以及记忆与识别多层嵌套结构的多重归属。如此看来，所需的人类认知能力和记忆能力，其量是相当巨大的。

其他的社会性动物呢？社会性灵长类动物，如黑猩猩，具有很高的认知能力，似乎表现出多层次的嵌套社会。

那么，高水平的认知能力是形成多层嵌套社会的基本前提吗？

最近，在非洲的鹭珠鸡群体中也发现了多层嵌套的社会。与哺乳动物相比，许多鸟类的大脑重量占体重比较低。在这些鸟类中，这种鹭珠鸡的大脑占体重比相对于其他鸟类要低得多。因此，一般认为，鹭珠鸡并没有明显的认知能力。

这种鹭珠鸡与群居的鸟类一起组成了一个相对较大的社会，数量约为 60 只。研究人员通过给鸟儿系上脚环（可以通过颜色组合来识别个体），或者在鸟背上安装带有太阳能电池的小型 GPS 来观察这些鸟儿的集体行为。

结果，研究报告显示，研究人员通过细致观察发现了以下事实：鹭珠鸡们似乎先形成一个由亲近个体组成小群体，再由小群体组成的中等规模的群体，进而由中等规模的群体形成相对较大的社会整体（参见 Preston，2019 年）。

总之，研究人员发现，鹭珠鸡的大脑重量占比较小、认知能力较低，但即便如此，也构成了多层嵌套结构的社会。认知能力与社会构造的关系，可能比以人类为模型的情况下更为复杂。又或者，人类的认知能力实际上可能并不像人类所引以为豪的那般强大。

第二节　无缝连接的个人：未来的挑战

在本书中，每个人都被假定为一个完整的个体。可以说，每个人都被视为独立思考、独立决策，以及独立行动的独特个体。

的确，在个人主义之下，应享受基本人权的个人可谓是一种独特的存在。你有你的身份（自我认同），我有我的身份。你和我是彼此独立、独特（独一无二）的存在体。

然而，这种独特性（独一无二）不应该是绝对的 0 与 1 之间的区别。从 DNA 排列看，不同的人的 DNA 当然不是完全一致的（尽管同卵双胞胎几乎完全相同），如果是同一个人，他们的 DNA 比例应该是完全一致的。这可以被看作是在基因层面的共享。但是，尽管我们在许多方面表现出不同，如价值观、想法、能力、爱好和品位等，然而，人与人之间的差异被自然地限定在一定范围之内。这被称作模因层面的分享（Dawkins，2006；太田，2000）。从体型看，不存在 10 米高的巨人，当然，也不存在能比量子计算机运算得更快的人。

追根究底，我们的价值观、兴趣以及身份认同，是以基因为出发点，通过教育与成长的社会环境逐渐形成的。就信息量而言，基因和模因的总和，应与他人存在更多共同之处。形象地说，被称为人类的山脉，其群峰中的每一座山峰都是"个人"。

山脉的根部是连通的，从这个意义上说，个人都是无缝连接的。就像每座耸立的山峰一样，每个人都只有一小部分被认为是彼此独特、相互不同的。除此之外的绝大部分，就像连绵的山脉一样，彼此之间无缝共享。

只关注极少一部分差异的个人组成了多层嵌套结构社会，在这个社会当中，个人以复杂的方式彼此互动。治理这种人类社会的复杂工具是同样具有多层嵌套结构的法律。通常情形下，法律是通过影响个人而不是社会集体本身来规范社会秩序的。

这样一来，法的运作可能无法完全发挥其社会控制作用，除非它正视这样一个事实，即在独特且独立的个体之下，存在类似于山脉的根部的巨大共通部分。

换言之，在社会与法的协同进化之外，除非构筑起"个体连接"、社会与法的"三重进化"的模式，否则法律可能无法发挥其全部作用。

应对这种可能性，是未来年轻一代将面临的课题。

专栏 2

矛盾的人类

著名的灵长类动物（包括人类）社会行为研究者弗朗斯·德瓦尔曾指出：

"钻研法律、经济和政治的人类，却没有工具来客观看待自己所处的社会。他们把社会比作什么？首先，他们鲜少提及人类学、心理学、生物学和神经科学领域积累的大量关于人类行为的知识。一言以蔽之，这些领域的研究告诉我们，人类是一种集体动物。虽然其中也有极为注重合作、愤世嫉俗、好斗的人，但大

> 部分人是喜好和平的，忽视人类这一倾向的社会绝非理想的社会。事实上，由于人类也是受利益驱动的动物，关心如何保住地位、地盘与食物，而忽视这些倾向的社会不是理想的社会。我们人类这一物种，既有社会性的一面，也有自私的一面。"（德瓦尔，2010）

虽然有若干变化，但我们人类基本上都具备这些矛盾的属性。

第三节　结束语

本书彻底摆脱了传统法学入门的范畴，法学研究者、法社会学研究者、AI 研究者、认知神经脑科学研究者相互合作，从文理融合的跨学科方法论和真知灼见出发，尝试构建 AI 时代的新法学入门。

本书可能充斥着对一些传统法学家们而言难以接受的分析，或无法理解的方法。恳请大家不吝赐教和批判。

然而，我们在行文的时候更加注重的是采取一种易于让思维活跃的大一新生所理解与信服的分析和方法，并辅以连高中生都能广泛理解的文体与内容来进行阐释与说明。

至于这一雄心勃勃的计划有多成功，又或者说沦为了堂吉诃德式的幻想，只委由各位读者自行评判了。

无论是成功还是失败，抑或是无功无过，希望本书出版以后，将有更多的文理融合的跨学科研究团队能够反复进行这种尝试。

本章参考文献

太田勝造（2000）『社会科学の理論とモデル7：法律』（東京大学出版会）

ドーキンス、リチャード（2006）『利己的な遺伝子〔増補新装版〕』（日高敏隆＝岸由二＝羽田節子＝垂水雄二　訳）（紀伊國屋書店）〔Dawkins，Richard 1989 The Selfish Gene（30th anniversary edition），Oxford Univ. Press〕

ドウ・ヴァール・フランス（2010）『共感の時代へ―動物行動学が教えてくれること』（柴田裕之　訳）（紀伊國屋書店）〔de Waal，Frans 2009 The Age of Empathy：Nature 5 Lessons for a Kinder Society，Crown Pub. Group〕

Preston. Elizabeth（2019）"Tiny Brains Don't Stop These Birds From Having a Complex Society." The New York Times，November 4，2019

图书在版编目(CIP)数据

AI时代的法学入门:跨学科视角/(日)太田胜造
编著;林偶之译. —上海:上海人民出版社,2024
(数字素养丛书/於兴中主编)
ISBN 978 - 7 - 208 - 18256 - 1

Ⅰ. ①A… Ⅱ. ①太… ②林… Ⅲ. ①法学-研究
Ⅳ. ①D90

中国国家版本馆 CIP 数据核字(2023)第 068523 号

责任编辑 冯　静
封面设计 苗庆东

数字素养丛书

AI时代的法学入门
——跨学科视角

[日]太田胜造 编著

林偶之 译

出　　版　上海人民出版社
　　　　　(201101　上海市闵行区号景路 159 弄 C 座)
发　　行　上海人民出版社发行中心
印　　刷　苏州工业园区美柯乐制版印务有限责任公司
开　　本　635×965　1/16
印　　张　20.25
插　　页　5
字　　数　224,000
版　　次　2024 年 1 月第 1 版
印　　次　2024 年 1 月第 1 次印刷
ISBN 978 - 7 - 208 - 18256 - 1/D · 4127

定　　价　98.00 元

上海人民出版社·独角兽

阅读,不止于法律,更多精彩书讯,敬请关注:

微信公众号　　　微博号　　　视频号